房地产信托

风险管理与案例剖析

胡 鑫 编著

● **交易结构 全景呈现**　　● **风险因素 敏锐透视**　　● **经典案例 深入剖析**

经济管理出版社

ECONOMY & MANAGEMENT PUBLISHING HOUSE

图书在版编目（CIP）数据

房地产信托风险管理与案例剖析/胡鑫编著. —北京：经济管理出版社，2016.12
ISBN 978-7-5096-4719-6

Ⅰ.①房… Ⅱ.①胡… Ⅲ.①房地产投资—信托投资—投资风险—风险管理
Ⅳ.①F293.338 ②F830.59

中国版本图书馆 CIP 数据核字（2016）第 270818 号

组稿编辑：杨国强
责任编辑：杨国强 张瑞军
责任印制：黄章平
责任校对：赵天宇

出版发行：经济管理出版社
　　　　　（北京市海淀区北蜂窝 8 号中雅大厦 A 座 11 层　100038）
网　　　址：www. E-mp. com. cn
电　　　话：(010) 51915602
印　　　刷：三河市延风印装有限公司
经　　　销：新华书店
开　　　本：720mm × 1000mm/16
印　　　张：19
字　　　数：236 千字
版　　　次：2017 年 1 月第 1 版　2017 年 1 月第 1 次印刷
书　　　号：ISBN 978-7-5096-4719-6
定　　　价：68.00 元

前言

房地产信托常见的类型包括传统贷款型、股权投资型、复合型和其他创新类型。房地产信托的风险涉及多个方面，既包括经济、货币与地产行业政策等宏观层面，也包括信托项目本身所涉及的信用风险、交易结构风险等微观层面。

宏观方面，近年来国家经济形势及货币、地产行业政策发生了很大变化。中国经济在经历了多年的高速增长后，逐步进入调整经济产业结构、保持中高速增长的新时期。伴随经济发展趋势的调整，货币政策亦经历了"四万亿"时期的宽松供应，到2012年中期的适度紧张，再到2014年以来为了保增长、促进企业融资的相对宽松时期。在行业政策方面，房地产行业经历了黄金十年后，相继迎来了"国八条"、"国十条"等艰难时刻，致使房地产企业的股权融资、银行贷款融资等渠道受阻，而房地产信托则以其较强的灵活性和相对宽松的监管政策，获得了飞速发展。但是，在当时严格的调控政策下，企业融资后销售受阻，使得很多房地产信托遭遇兑付危机，给风险控制工作带来了严峻挑战。2014年开始，国家为了去库存、促消费，逐步松绑地产调控政策，地产企业通过债券、银行信贷等渠道进行融资逐步好转，部分大型地产集团信托融资成本甚至低至5%~6%，房地产信托业务开展面临很大困难，能够接受信托公司高融资成本的房地产企业资质一般，因此，虽然国家信贷环境及房地产行业景气度均有所回暖，但信托公司的风险防控任务仍然不能松懈。

微观层面，在各线城市房地产景气度逐步分化、房地产企业逐步整合的大背景下，交易对手的情况也参差不齐。另外，随着信托创新业务的开展，以及规避监管政策的需要，交易结构更为复杂的房地产信托产品日益增多，给房地产信托风险控制工作带来了难度。房地产开发是专业性很强、区域差别大、资金密集型的行业。房地产开发涉及很多复杂的环节，包括获得土地、取得各项批证、建设、验收、销售等。无论哪个环节出现问题，都可能使得整个项目失败。因此，相关从业人员对于专业知识的积累非常重要。

由于目前信托从业人员总体呈现年轻化特征，且随着大资管时代的来临，信托公司资深的项目经理及风控人员流失严重，导致信托公司熟悉房地产信托风险管控的人员明显不足。目前，市面上尚无针对房地产信托风险防控的专门书籍。本书结合目前行业发展的背景，以房地产信托的风险控制为核心，对常见的风险点、风控措施、风险案例进行了大量列举和总结。同时，由于信托行业与证券公司、银行、房地产开发企业等其他机构合作紧密，核心内容殊途同归，目标一致，本书亦可作为相关从业者的工作参考，受众广泛。

本书以认识房地产企业开篇，力求为从业人员了解地产企业提供一个新的视角。第二章进入信托风险控制措施的梳理和应用案例介绍，第三章逐步深入总结各类房地产信托模式的交易结构设计与风险控制要点。针对最为复杂的投资类房地产信托，本书在第四章列举了 6 个经典案例进行重点分析。在第五章，又以多个风险案例强化对房地产信托的认识和理解。最后一章基于风险控制前移的思想，本书回溯至房地产信托开展后最初阶段，即"尽职调查"，力图将前五章所讲述的风险点、风险意识融合于一份完整详尽的尽职调查指引中，相信本书能够为广大金融从业者了解房地产信托投融资提供丰富的知识资源。

由于作者本人经验及业务知识仍有欠缺，如有不足，欢迎各位读者指正。

目　录

第一章 认识房地产企业
——基于开发流程与财务管理角度

　　房地产企业所生产的"产品"既关系到民生，也关系到一个城市的规划发展和经济增长。因此，其开发建设需要分阶段取得若干资质和许可证，建设期往往超过一年，销售需要满足一定条件并且经过监管部门批准。不难看出，房地产企业在运营过程中有着自身的鲜明特点，从而造就了地产公司财务独特的特点。每一个信托项目都需要对房地产企业进行财务尽职调查，因为财务管理是房地产企业经营的重要核心，是房地产企业经营情况的全面反映，只有理解了房地产企业的财务特点，才能更好地评判交易对手。

　　由于房地产开发项目在各个阶段特点不同，其财务核算的侧重点也有所不同。具体来说，房地产开发阶段可分为可行性研究阶段、获得项目开发用地阶段、项目公司的设立和项目前期准备阶段、项目建设开发阶段、房地产销售及利润分配阶段。上述开发流程，决定了各阶段地产开发企业财务管理的核心内容，即：①筹措项目开发资金；②核算土地价款及后续建设开发成本，管理经营收支，有效控制成本；③监控产品销售进度，尽量加快回款节奏；④完成收入及成本的结转，核算企业利润，缴纳税款。

一、可行性研究阶段

在一线城市，土地成本已经占据项目开发成本的 50% 以上。地产企业一般会在土地购买前就对目标地块进行可行性分析，把开发风险管控和成本控制做在前端，具体的考虑因素包括区域市场、目标客群、售价和地价的关系（现金盈余空间）、内部收益率、产品嵌套、规划方案、开工条件等。根据可研结论，制定土地价格的获取上限。一旦获得目标地块，就迅速开工，早日达到预售条件。

地产行业属于资金密集型行业，在进行项目决策以及项目最终核算时，IRR（内部收益率，Internal Rate of Return）是一个关键指标。IRR 是指资金流入现值总额与资金流出现值总额相等、净现值等于零时的折现率。IRR 指标被细分为项目整体 IRR、自有资金 IRR 以及股东投入资金 IRR 等。如果项目需要举债，则自有资金 IRR 需要大于项目整体 IRR 才具备可行性。很多房地产企业内部和投资类房地产信托项目（可参见本书第四章投资类房地产信托"案例一"）都以 IRR 作为重要考核指标（如可通过房企最高能接受的地价测算 IRR）。这是因为，不管是股东投入，还是债权借款，都面临机会成本、资金成本以及通货膨胀的影响。IRR 的优点是能够把项目寿命期内的收益与其投资总额联系起来，将项目的 IRR 与同行业基准投资收益率对比后便可以确定该项目是否值得建设，揭示在现有投资期内，所投入的资金每年可以赚取多少，以及是否可以承受通货膨胀和资金借贷成本。

对于房地产项目来说，首先 IRR 应该满足银行大额存单利率约 3.2%，通货膨胀率 6%~8%，以及 2%~3% 的收益，则 IRR 的基准水平一般定在 12% 左右。通过对项目现金流入和流出进行简单假设可以发现，不同情况下的 IRR 测算值差异很大（详见表 1–1），这就要求在项目建设前要就项目本身条件的建设、销售、各项证照的获取时点进行充分调研，考虑融资到位时间、回款时间和回款条件、设计部出规划图、工期与工程付款节点等因素，并做相应压力测试，同时在项目运行过程中进行动态监控，随时进行调整，保证 IRR 决策的有效性。

表 1–1 不同预测条件下项目 IRR 的差异表现

方案一	第一年	第二年	第三年	
拿地	−120			
建设	−5	−10	−5	
销售	80	60	40	IRR
期末净现金流	−45	50	35	60%
方案二	第一年	第二年	第三年	
拿地	−120			
建设	−5	−5	−10	
销售	60	70	50	IRR
期末净现金流	−65	65	40	43%
方案三	第一年	第二年	第三年	
拿地	−120			
建设	−5	−5	−10	
销售	55	65	55	IRR
期末净现金流	−70	60	45	34%

二、获得项目开发用地阶段

主流地产公司均对土地储备的比例有一定的规划。随着全国地价的普遍攀升，以及企业持续经营的需要，地产企业都面临着以合理价格获得具有开发前景土地的难题。为了控制项目管理层的拿地决策和后续开发风险，包括万科、碧桂园等企业都在实施合伙人制度，通过项目跟投制度控制风险，并激励管理层实现利益最大化。

房地产企业获得项目开发用地的方式主要包括参与招拍挂和前期土地

整理、股权收购、债权收购等。

我国大部分商业土地一般通过招拍挂这一较为透明的方式取得。《根据城镇国有土地使用权出让和转让条例》的相关规定，以出让方式取得土地使用权进行房产开发的，必须按照土地使用权出让合同约定的土地用途、动工开发期限开发土地。一个全国性的地产企业，可能在全国各个目标城市参与多个目标地块的竞拍，这需要大额的投标保证金。有的企业通过债务方式取得，有的则通过过桥资金取得。或反映在债务科目，或反映在其他应收款科目。在实际业务中，资金链紧张的企业甚至可能无法支付投标保证金。地产企业取得土地后，一般按照土地竞拍价格将土地核算计入存货科目。土地没有拿到所有权前，也有可能计入其他应收款或者预付账款。如果成功取得地块，那么地产企业需要统筹后续各期土地款的缴纳资金，并支付相关税费。为了偿还拍地时的借款或进行后续开发，房地产企业取得土地使用权后会迅速进行质押融资。

还有一种独特但较为普遍的方式是，地产开发商先与政府展开前期合作，由地产企业出资对标的地块实施拆迁和安置补偿，上述工作完成后，进入招拍挂程序时，政府会根据地产商和标的地块的情况，设定一定的竞买条件，如承担前期拆迁安置费用等，这些条件将会导致其他不熟悉项目情况的竞买人放弃竞买，前期进入的开发商则顺利获得土地使用权。该种获得土地的模式主要面临政策变化风险、前期资金投入风险、土地一级开发进度风险、不能成功竞买土地的风险等。为应对风险，地产企业通常签订全面的前期开发合同，对项目投入的资金进行严格预算，并签订与竞买相关的保密协议。

以股权受让方式间接取得的土地使用权，地产企业（受让方）主要考虑受让标的风险以及受让项目的风险。首先是收购标的股权的合法有效性，特别是涉及外资股权和国有股权两种情况，必须遵守法定程序，避免导致转让无效。其次是标的项目的风险，特别是收购股权后对于标的公司原有债务或负担的继承，包括未披露债务、未决诉讼、欠税等。

通过收购债权的方式，主要是地产企业将债务人拟进行抵债的地产项目或土地使用权以司法诉讼的方式过户至自身名下。从一般流程看，第一，原债权人与地产企业达成债权转让协议。第二，转让双方将债权转让的事实向土地使用权人或在建工程所有人进行通知。第三，受让人提起诉讼，要求债务人以上述资产进行抵债，签订债务抵偿协议。第四，法院出具判决书或调解书，完成资产转让的变更登记。在该过程中，受让方主要关注的是：①债权是否能够被转让，最好要求原债权债务人共同对债权瑕疵承担连带担保责任；②债权是否已经过诉讼时效，最好明确通知期限和格式；③债权人怠于履行债权转让通知义务的风险。

对于股权受让和收购债权两种方式，应参照《企业会计准则第 7 号——非货币性资产交换》、《企业会计准则第 20 号——企业合并》、《企业会计准则第 12 号——债务重组》进行财务处理。

三、筹备阶段

地产企业一般会成立专门的项目公司对所获得的地块进行后续开发。筹备阶段的主要任务是办理项目公司的成立手续、项目融资、进行项目概算以及规划设计。

成立项目公司包括验资、拟定章程、领取执照、开户等一系列程序。财务管理的重点主要包括资本金以及前期费用，特别是股东现金类/非现金类资产的投资，以及拆借款、信托公司或其他公司的债务性或股权投资的核算。地产企业还将着手购买原材料、机器设备、固定资产等，上述环节将涉及物资的成本核算。在成立过程中发生的验资费等支出则应纳入长期待摊费用科目进行核算。

对于大型地产企业来说，其在项目地块摘牌前就已经对项目定位、规划、盈利预测、投标价格等因素做好统筹规划，以便在取得项目地块后，能够迅速开展建设工作，实现资金回笼。目前，主流房地产企业从拿地到预售的时间均在 6~10 个月左右（市政、售楼处、样板间、绿化及建设穿插进行），首次开盘销售比例一般不低于 5~8 成，现金流回正要求在一年左右。

表 1–2　主要房企从拿地到开盘时间统计

房地产企业名称	拿地到开盘时间
万科地产	南方 8 个月，北方 9 个月
绿地集团	6~10 个月
保利地产	7~10 个月
中海地产	9~11 个月
恒大地产	6~8 个月
碧桂园	6~8 个月
华润置地	7~10 个月
世茂房地产	6~9 个月
龙湖地产	6~9 个月

资料来源：CRIC，2013。

项目总投资是指项目从拍地到竣工交付这一过程中所有费用之和，主要包括土地及拆迁费用、前期费用、建安费用、基础设施建设费用、公共配套设施费用、开发间接费用、财务费用、销售费用、管理费用、不可预见费用等。在进行项目总投入的测算后，需要进行项目资金的筹措。

对于自有资金的认定是一个关键问题，即要确认自有资金是否达到监管部门的规定比例，这涉及对于自有资金来源和金额的认定。具体看，土地使用权、固定资产或其他实物方式投入的资本金，应注意其价值的核算，原则上讲，评估溢价部分不应作为资本金。与项目无关的土地或股东资产，应该予以剔除。如果一个地产公司名下有多个在开发项目，应将资本金在多个项目中进行合理分配。应重点关注实收资本是否与注册资本一致且足额到位，是否存在大股东抽逃出资的情况，资本公积和盈余公积的形成是否符合现行会计制度的规定；未分配利润是否存在虚增的情况等。也可通过开发成本验证自有资金投入比例，即，从项目公司存货科目中的开发成本余额减去有息负债余额（如有）和预售收入（如有），可大略等于地产企业自身投入的资金。

四、筹资活动与负债管理——重点关注债务管理、假按揭、利息支出的核算

（一）债务管理

目前，房地产企业资金来源较为多样（如表1-3），包括自有资金、债券、金融机构融资、销售回款、施工方垫资等。作为地产企业，应该重点把控资金筹措的渠道、金额、成本、汇率、时间匹配性、还款来源（包括流动性管理）。既要保证项目建设资金链不断裂，同时也要合理控制资金成本。符合条件的融资成本最终会资本化，因此受利率影响大，一个地产项目，原则上应尽量实现快速周转，否则每延长一年，需分摊的利息费用都将翻倍，大大降低项目的盈利能力。

表1-3 某地产企业期末负债明细

单位：元

项目	金额
直接银行借款	8000000.00
间接银行借款	18300000.0
民间借贷	143630516.0
银行按揭	14621306.4

续表

项目	金额
税收滞纳金	256400.3
工程、材料款	5156406.27
往来款	6486172.03
诉讼判决	230000000.0
退房	—
房屋租金及滞纳金	—
其他款项	6989879.03
预收房款	78627060.9
应付利息	132545.20
合计	85749485.13

注：①间接银行借款为：企业通过其他企业法人或自然人提供担保而间接向金融机构取得的银行贷款；②民间借贷指企业向非金融机构的企业法人或者自然人借入的款项；③银行按揭指企业向金融机构取得的房屋按揭贷款，该部分按揭款实际使用人为企业，并记在"其他应付款"项下。

地产企业通过预售取得的价款通常在预收账款中核算，是一种名义上的负债。由于房地产项目建设周期相对较长，因此，虽然企业在实现预售的时候，同时获得了货币资金，但货币资金的周转要明显快于预收账款，导致预收账款在一定时期内作为短期负债存续于企业财务报表，造成项目竣工前地产企业资产负债率较高。如果想要了解地产企业在某个时点的负债压力情况，去掉预收账款测算净负债率也是一种方式。但前提是，与预售账款挂钩的待交付存货不会发生大额的应付工程款、税费等，否则，盲目去掉预收账款而计算资产负债率是不准确的。

（二）假按揭贷款

按揭贷款的全称是购房抵押按揭贷款，是指购房人支付一定比例的首付款，剩余款项则以所购买的房产作为抵押，向银行申请抵押贷款。申请成功后，银行将剩余款项代替购房者支付给地产商，购房者则按月向银行支付贷款本金和利息。一般而言，按揭贷款需要将房产抵押，同时要求开发商为购房人的贷款行为进行担保。商业银行有权从购房款中扣除一定比例的保证金，一旦购房者还款违约，银行将直接扣除保证金。对于银行来说，按揭贷款是一项相对优质的信贷资产，对于购房者来说，按揭贷款解决了资金难题。但需要注意的是，一旦按揭贷款被开发商利用，也就是说，贷款主体由购房者变成了开发商，将变成以按揭贷款变相套取银行资金的行为，俗称假按揭。

假按揭一般包括以下特征：一是购房合同可能没有正常合同填写的完整；二是通常由地产企业负责支付银行利息与本金；三是可能存在与虚挂企业的资金往来；四是房产在"卖出"后仍被闲置，小区入住率较低；五是将按揭贷款记为短期借款而非预收账款。

假按揭的一般操作手法为，地产公司以其内部员工及关系人的身份办理银行按揭购买房屋，由地产公司承担按揭办理的本金及利息。报告期后再办理销售退回手续。在办理假按揭后，地产公司内部员工的工资均出现明显增加，主要是为了偿还每月按揭本息，同时造成管理费用大幅增长。

通过上面的例子可以看出，假按揭是一种违规的融资手段。假按揭既可以使得企业提供销售收入增加利润，同时也可以让企业从银行获得低成本的资金，并吸引客户。

（三）利息支出的核算

利息支出是与企业融资相关的核算重点。房地产企业进行利息资本化的比例是相当高的，普遍在70%~90%。一般情况下项目公司的借款都用于具体项目，除了补充经营资金的利息外，绝大部分都予以资本化。当期的房屋销售成本中，以前年度资本化的借款利息随当期房屋销售进入损益，而将该进行费用化的利息进行资本化则会影响当年利润。

应根据《企业会计准则第17号——借款费用》重点核实相关费用资本

化或费用化的合理性。根据《企业会计准则第 17 号——借款费用》，企业发生的借款费用，可直接归属于符合资本化条件的资产的购建或者生产的，应当予以资本化，计入相关资产成本；其他借款费用，应当在发生时根据其发生额确认为费用，计入当期损益。实际业务中，地产企业判断借款资本化的起止时间、资本化的范围具有一定难度。

新会计准则中规定应予资本化的借款范围包括一般借款和专门借款，而原会计准则中仅有专门借款利息可以被资本化。专门借款是指为购建或者生产符合资本化条件的资产而专门借入的款项。对于除专门借款之外的一般借款，只有在购建或者生产符合资本化条件的资产占用了一般借款时，才应将与该部分一般借款相关的借款费用资本化；否则，所发生的借款费用应当计入当期损益。

房地产开发企业借款费用资本化应当是在取得开发项目时开始（即资产支出已经发生、借款费用已经发生、为使资产达到预定可使用或者可销售状态所必要的购建或者生产活动已经开始），并在开发项目竣工验收日停止资本化（即购建或者生产符合资本化条件的资产达到预定可使用或者可销售状态时）。在项目开始之前和竣工之后的借款费用都应当计入当期损益。另外，如果在项目开发过程中发生了非正常中断，且中断时间连续超过 3 个月的，应当暂停借款费用的资本化。

五、正式开发阶段——重点在于存货的核算与存货跌价风险的防范

正式开发阶段前，地产企业一般会根据预计开盘时间倒排施工进度，明确关键工程节点和绩效考核制度，在实际开发中，根据实际建设中出现的难点、风险点、不确定性因素及时决策，不断优化调整施工计划。

从财务上讲，建设阶段实际上就是地产企业存货的累计形成阶段。从存货状态看，地产企业的存货主要包括四个部分：一是已收款未结转的销售，二是尚未销售的商品，三是在建商品，四是土地储备。根据会计准则，上述四种情形均作为存货被列示于流动资产中。但实际上，只有开发产品和已达到预售标准的开发成本才能在短期内变现，因此在考量和管理房地产企业流动性时，将尚未达到预售条件、变现相对较慢的开发成本从存货中剔除是较为谨慎的做法。土地方面，对于高价取得的土地储备，必要时应考虑计提减值准备，以反映存货的真实变现能力，进而合理估计其短期流动性。对于尚未销售的存货，应警惕房地产企业是否足额提取存货跌价准备，以及利用存货跌价准备来调节利润。在建设过程中，地产企业还可能形成待摊费用和预付账款，这些项目被划分为流动资产，但并不能产生现金，因此在考虑流动性的时候可以考虑剔除。

（一）存货的核算

进入正式开发阶段后，房地产企业财务管理的重点变为存货的核算。而存货科目主要包括开发成本和开发产品。

1. 开发成本

开发成本主要含拟开发土地和在建开发产品。核算房地产开发成本主要是将地产项目所有的支出（包括土地取得和拆迁成本、房屋建筑成本、配套建设成本等主项）准确地按照标准财务科目进行科学的归集和分摊。地产项目的开发成本主要包括融资、建安和土地三大块。这些各类成本特性不同、涉及不同的专业领域，因而导致成本核算难度较大，存在人为性。此外，地产项目开发周期往往在2~5年，因此项目核算的时间跨度较大。每个项目的产品类型各异，包括商业、普通住宅和别墅等，导致不同项目差异性较大，增加了核算的难度。

（1）土地。从土地来讲，房地产存货中的土地成本应纳入现金对价（包括土地出让金和拆迁补偿款等），同时，还应该根据《企业会计准则第7号——非货币性资产交换》的规则，结合土地招拍挂公告、成交确认书、土地使用权出让合同、开发框架协议等文件，判断是否存在未识别的非货币性义务。此外，按照正常土地出让合同，分期缴纳土地出让金，并被国土资源部门要求缴纳借款利息时，按照《企业会计准则第17号——借款费用》的相关规定企业可以进行资本化，但如果产生罚息或者滞纳金，则需要按照会计准则将相关支出纳入营业外支出中。如果土地存货是在并购背景下形成的，需要判断是否构成业务，如果构成，则需要根据《企业会计准则第20号——企业合并》进行处理，如果在收购时点不构成义务，则需要检查是否已经按照购买资产进行了核算。

（2）建安成本。从图1-1和图1-2可以看出，近五年我国整体住宅建安成本虽然有所波动，但并未出现大幅上涨的情况，且各省市建安成本存在一定差异，因此应该对建安成本的合理性进行充分判断。针对建设成本和未支付工程款的估计问题，可从地产企业预算部门索取工程预算造价，从工程部门拿到进度报告，从合同管理部拿到建造合同，基于上述材料，对比工程造价、完工进度和施工合同，对施工单位已结算款项和开发成本进行比对，详细调查项目公司对外已签约或结算的工程总造价，各施工单位实际完成的工程量金额为多少，项目公司实际已付的工程款金额为多少，尚欠工程款金额为多少；分析房地产开发商是否在资产负债表日按照规定足额核算了房地产开发成本和与之对应的应付工程款。应注意地产公司是否定期获得监理报告，报告是否经地产公司、施工方和监理公司三方确认签字，监理报告内容是否与现场实际勘察进度和成本台账以及存货、应付账款科目一致。

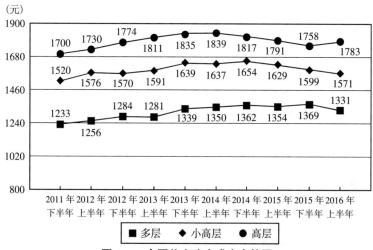

图1-1 全国住宅建安成本走势图
资料来源：中国建设工程造价信息网。

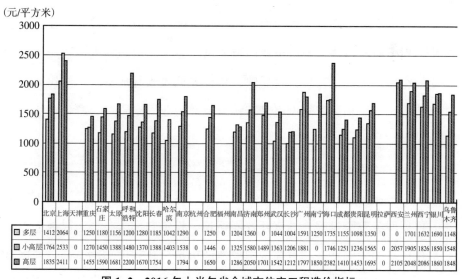

图1-2 2016年上半年省会城市住宅工程造价指标
资料来源：中国建设工程造价信息网。

（3）配套设施。地产项目的配套设施主要包括道路、绿化、小区学校等。应根据地产项目平面图，结合土地转让协议、政府文件、项目建设用

013

地规划许可证、建筑工程规划许可证等资料及附图，核查对配套设施的识别是否完整；并核实企业建设的配套设施是否需要移交给政府，是否是有偿转让等。如果是有偿转让的，则需对配套设施单独核算，合理分配。如果是无偿移交的，则需将相应建设成本合理分摊到存货成本当中。

2.开发产品

开发产品是指建安工程全部验收合格，可以进行对外销售的合格产品。已完工开发产品是开发建设完毕并处于销售阶段的产品。对开发产品的核算重点是在"开发产品"账户中核算产品的增加和减少。其中，借方核算开发产品的实际成本，贷方则核算对外销售的开发产品的成本。月末余额代表地产企业尚未对外销售的产品。地产企业的存货变现时间相对较长，且表现为，开盘时有竞争力的产品销售较快，而尾盘的销售周期则大大延长。不同房地产企业之间的产品周转速度也有较大的差异。存货变现越快，现金回流越快，地产企业的财务风险越小。应该检查已经完成房产移交的房屋是否还在存货科目反映，是否根据收入与成本费用配比原则结转至销售成本。相关配套设施是否转为地产企业固定资产，避免存货虚高的情况。

（二）存货跌价风险

由于房地产企业的开发经营涉及征地、拆迁、勘察、设计、施工、销售、售后服务等全过程，具有开发周期长、投资数额大、经营风险大、受政策环境影响大等特点；目前中国房地产市场分化程度加剧，部分地区泡沫严重，去化周期较长，价格波动较大，使得存货减值风险加大。同时，建造过程中的房地产存货由于其不容易随时变现的特殊性，进一步加大了可能存在的减值风险。应根据《企业会计准则第 1 号——存货》的相关规定，检查是否已经对存货进行了客观计价和减值测试。在进行判断时，应对区域房地产市场有所了解，对周边楼盘销售情况进行调研。同时，应该根据企业目前的战略导向，拿地策略，资金链情况、工期情况、成本及原材料情况、四证取得情况、楼盘销售等情况综合考虑。

金融机构和财务人员应关注以下可能导致存货跌价的因素：

（1）地产项目受宏观政策、经济市场环境等外界因素的影响，导致房屋未能按规划进度销售或未能按规划销售价格销售，甚至低于成本销售，而产生的存货跌价。

（2）受资金、建设条件、拆迁纠纷、四证取得不顺畅等因素影响，导致项目开发停滞，产生存货跌价。

（3）受施工质量影响，导致项目未能通过验收，产生存货跌价。

（4）区域库存较高，房地产价格下滑，周边项目滞销，且在可预见的未来无回升的希望，不能以高于成本价进行销售，可变现净值低于账面成本，产生存货跌价。

（5）项目本身受环境、配套、户型设计等因素影响，导致售价低于成本，产生存货跌价。

（6）由于某种因素导致项目开发预算大大超过前期估计，且预计销售利润无法覆盖新增加的成本，产生存货跌价。

六、销售阶段——重点关注预售制度、销售的确认、现金流与收入成本的关系、税费问题与收入成本的确认

房地产销售根据销售的时间不同分为房地产预售和房地产现房销售。按照销售主体的不同可分为自行销售和第三方代理销售。付款方式包括一次性付款、分期付款和按揭付款等。

（一）预售制度

预售制度是指在建设阶段达到当地部门的要求后，可以对产品进行预售并收取销售款。预付账款核算已经支付但尚未开具发票的款项，实质上是地产企业尚未实现的销售收入，而账面存货实际上是未结转的成本。随着项目完成竣工入伙，项目将完成收入结算。由于竣工不一定完成销售，销售了也不一定及时完成结转，因此应区分竣工面积、销售面积和结转面积三个数据。结算面积、结转金额和当期收入应当保持合理的勾稽关系。体现在财务数据上，上期预收账款余额+本期销售取得的现金−本期预收账款余额=本期主营业务收入。要防止企业将预收账款放入其他应付款或应付账款，并借机转出。

（二）销售的确认

与房地产项目销售相关的重要节点有定金缴纳、合同签订、余额支付、按揭手续办理完毕、项目竣工完成验收、向业主交付钥匙以及业主的房产证。这使得房地产行业的收入确认较其他行业复杂很多。我们先回顾一下房地产销售收入确认应遵循的原则，即已将商品所有权上主要风险和报酬转移给买受人，既没有保留通常与所有权相联系的继续管理权，也不再对已售商品实施有效控制，收入的金额能够可靠地计量，相关的经济利益很可能流入，并且项目成本能够可靠计量。

基于以上原则进行具体分析，在预售阶段，虽然商品房销售（或预售）合同已经签订，相关经济利益很可能流入企业，但由于项目尚未竣工，成本无法准确核算，因此不符合收入确认原则。在房屋验收后，商品房尚未交付，开发商仍需承担商品房毁损、因质量问题而遭遇退房等风险（如面积变动在3%范围外，业主有权解约），不能确认风险完全转移给买受人，因此也不宜确认收入。这样看来，在商品房正式完成交付给买受人后，购房合同才能被认为履行完毕，从谨慎性角度看，在此时确认收入是比较合适的。

例如，招商局地产的收入确认原则为：

（1）买卖双方签订销售合同并在国土部门备案；

（2）房地产开发产品已经竣工并验收合格；

（3）公司收到客户的全部购房款或取得全部购房款权利（如银行同意发放按揭款的书面承诺函）；

（4）办理了交房手续，或者可以根据购房合同约定的条件视同客户接收时。

目前，市场上主流的房地产企业通常按照三种标准确认收入：一是在商品房完工并取得验收合格证时确认收入；二是选择在商品房实际交付时确认收入；三是仅按照会计准则中关于收入确认的一般性原则进行陈述，而不明确收入确认的节点。比较三种情况，显然，第一种在竣工验收时就确认收入，使得财务报表能够尽快地体现项目利润，第二种相对更为严格，而第三种则给了房地产开发企业灵活操作的空间。

（三）财务核算结果的不匹配

在销售阶段，房地产企业的财务报表可能出现三种不匹配情况。一是毛利率和当期企业平均销售价格不匹配，当期盈利水平可能反映的是前几期的成本和房价；而净利润率的情况更为复杂，净利润率既反映了毛利率水平（如前述：主要反映前几期已入伙项目的施工、土地成本和销售价格的关系），同时又反映了当期在建项目所发生的费用，造成数据的失真。二是由于收入确认和预售制度的存在，可能导致收入和现金流不匹配。房地产企业与买房人的签约金额是整套房子的钱，获得的销售回款可能小于签约金额，其余部分为客户尚未获得的银行贷款或尚未足额支付的定金等。三是在财务科目的变动中，有的科目影响了利润表但没有影响经营活动现金流量（如财务费用、固定资产折旧、长期待摊费用摊销、递延所得税资产或负债的变动等），有的影响了经营活动现金流量但并没有影响净利润（如存货），从而产生了将净利润调整为经营性净现金流的过程。

销售阶段是房地产企业财务报表发生较大变化的阶段，涉及存货的减少和收入、成本和现金流的增加，但这些变动之间存在着必然的勾稽关系，熟练掌握收入确认期间的几个重要财务分录是明白主要科目之间勾稽关系的基础。

首先，在商品房进行竣工验收时，需按照实际成本结转"存货——开发成本"：

借：开发产品——房屋

　　贷：开发成本

在商品房进行移交时，确认销售收入，预收账款随之减少：

借：预收账款

　　贷：主营业务收入

月末按期相应结转商品房销售成本，存货相应减少：

借：主营业务成本

　　贷：开发产品——房屋

其次，结转相应房屋负担的税费：

借：营业税金及附加

　　贷：应交税费——应交营业税

　　　　　　　　——应交教育费附加

　　　　　　　　——应交城市维护建设税

（四）初步认识"营改增"

"营改增"之前，房地产开发企业涉及的税种有十余种。其中，拿地阶段主要涉及契税和印花税；建设阶段主要包括营业税金及附加、印花税、土地使用税、城市维护建设税、教育费附加、地方教育附加等；销售阶段主要包括营业税金及附加、土地增值税、企业所得税、印花税、契税等。土地增值税、营业税以及企业所得税是房地产企业的三大税种。"营改增"之前，房地产开发企业需按照"销售不动产"税目征收营业税，税率为5%。

自2016年5月1日开始，"营改增"试点全面开展。根据《国家税务总局关于发布〈房地产开发企业销售自行开发的房地产项目增值税征收管理暂行办法〉的公告》（国家税务总局公告2016年第18号）的规定，一般纳税人采取预收款方式销售自行开发的房地产项目，应在取得预收款的次月纳税申报期，按照3%的预征率向主管国税机关预缴税款。一般纳税人销售自行开发的房地产项目适用一般计税方法计税的，应按照规定的增值税纳税义务发生时间，以当期销售额和11%的适用税率计算当期应纳税额，抵减已预缴税款后，向主管国税机关申报纳税。未抵减完的预缴税款可以结转下期继续抵减。

可以看出，"营改增"后，三大税种中营业税改为增值税，税率由原来的营业税5%改为按11%征收增值税，如果单从税率方面看，税率提高幅度较大。但理论上讲，营业税是根据全部营业额征税，而增值税是价外税，可以抵扣，仅对增值额征税，因此最终会降低整体税负。这里需要注意的是，"营改增"减轻税负的关键在于获得各项成本科目的增值税发票，增加了需求方和供应商之间的博弈，也增加了财务管理的难度。同时，注意原本5%的营业税在计算土地增值税时不再能够扣除。

从财务核算来看，"营改增"前后企业相关的会计处理对比如表1-4所示。

表1-4　对比

	"营改增"前	"营改增"后
获得收入	借：银行存款 　贷：主营业务收入	借：银行存款 　贷：主营业务收入 　　　应交税费——应交增值税（销项税额）
缴纳营业税	借：营业税金及附加 　贷：应交税费——应交营业税 借：营业税金及附加 　贷：应交税费——应交城市维护建设费 　　　应交税费——应交教育费附加 　　　应交税费——应交地方教育附加	借：营业税金及附加 　贷：应交税费——应交城市维护建设税 　　　应交税费——应交教育费附加 　　　应交税费——应交地方教育附加
成本结转（一般纳税人）	借：主营业务成本 　贷：开发成本 　　　原材料 　　　应付职工薪酬	借：主营业务成本 　　　应交税费——应交增值税（进项税额） 　贷：开发成本 　　　原材料 　　　应付职工薪酬

从财务报表看，"营改增"后，同样经营结果下，相关财务科目可能出现如下变动：

1. 利润表

（1）"主营业务收入"科目由于不包含营业税，金额将会减少。

（2）"营改增"后，"主营业务税金"科目中体现的是增值税附加，"营改增"前为营业税和土地增值税附加。

（3）"营改增"后，增值税在利润表中没有体现，而只是在资产负债表中的"应交税费"当中可看出。具体而言，"营改增"前，资产负债表中，应交税费往往为负值，体现的是预缴税金还未结转的部分，而"营改增"后，应交税费体现为尚未缴纳的增值税额。

2. 资产负债表

（1）"营改增"后，资产负债表中资产的整体账面价值较"营改增"

之前减少，进而影响资产负债率、流动比率等财务指标的数值。

（2）存货项目反映尚未实现销售或尚未结转的房地产存货成本，"营改增"后，此部分变为不含税成本，因此数值可能较"营改增"之前减少。

（3）"营改增"后，新购入固定资产的入账原值比"营改增"之前减少，累计折旧数额也相应减少。

（五）税费问题与收入、成本和费用的确认

税费也是销售阶段面临的主要财务问题。

房地产企业的税务风险主要来自于以下几个方面，包括：①部分企业没有建立税务风险管理与控制体系，也没有设立独立的税务管理岗位。企业对税务管理与风险控制的把握，完全依赖财务人员个人的能力、技术水平、责任心，容易导致税务核算的失误。②地产企业为了调整所得税清缴时间，达到缓交或平衡纳税的目的，以成本不能可靠计量或防止购房者退款为理由，故意不及时结转收入和成本，将已实现的收入长期挂账预收账款或利用销售机构截留预收账款。③以开发产品抵偿金融机构借款、抵付其他单位借款或职工薪酬及奖励、换取非货币性资产、对外投资、抵顶拆迁赔偿款、广告支出和其他经营支出等，未及时确认为收入，导致税费计税基数受到影响。④企业利用关联企业逃脱税款。目前，房地产开发企业呈现多元化、集团化发展的趋势。集团化的房地产公司不但拥有地产开发子公司，还拥有建筑安装子公司、地产销售子公司、物业管理子公司等。在经营过程中，地产开发子公司将建设任务交由建筑子公司承建，将销售分配给关联的销售公司，将价外费用交由物业公司代收。上述关联企业可以内部实现对收入和利润的调控，从而达到逃脱税款的目的。⑤通过调节预收账款来避税。在预计销售收入增长迅速的年份，人为冲减预收账款，在销售收入下滑的年份，则调高预收账款。⑥未按规范开具发票。通常情况下，房地产开发企业取得预售收入（包括定金）时，需使用地方税务局监制的"房地产开发预收款凭据"。有的开发商不使用标准发票，只使用内部收据，不做账，不进行纳税申报。⑦提前列支负债、规避纳税义务。

总之，在审查某一时点项目公司或有负债（或税务风险）时，应充分考虑目前项目已经预收多少款项，应确认的收入和成本是多少，应该缴纳多少税费，实际缴纳多少税费。

在检查收入合理性的时候，应结合销售合同中约定的房屋交付条件、方式、手续等条件，把握地产企业销售收入确认政策的一贯性和合理性。应要求企业提供银行开户情况表，核查预售房屋收入是否全部入账。关注地产企业是否存在提前或延迟确认收入的情形，关注资产负债表日后是否发生销售退回，检查收入确认的真实性。常见的销售舞弊现象包括：①集团公司给下属子公司的指标压力，期末净利润等指标与集团下达指标非常接近；②临近报告期前2个月销售业绩明显高于前10个月；③与竞争对手实力相当，但市场占有率却明显高于竞争对手；④存在假按揭。

对于销售成本，纳税人根据项目开发进度，对预售收入按照配比原则确认收入并结转成本，进而计算项目利润，据实缴纳企业所得税。

七、利润核算及分配阶段

毫无疑问，地产开发企业的主要经营目的是获取利润。利润的形成主要包括对营业利润和利润总额的结算。前文我们讨论了收入成本结转与经营税费问题，主业的收入扣除成本及相关经营税费，便得到了营业利润，而经营利润再减去相关间接费用便可以大体得到期末利润情况。按照会计准则，房地产企业在项目开发过程中发生的管理费用和销售费用应作为期间费用，直接计入当期损益。在对地产企业进行分析时，费用控制非常关键。假设某个项目，售价较竞品低 1000 元/平方米，但如果费用控制得当，实际利润率仍可能高于竞品。以销售费用为例，目前行业主流房企的销售费用占比为 2%~3%，一般来说，低于 2% 或接近 2% 为行业优秀水平，超过 3% 则说明房企知名度或项目本身销售前景一般，费用控制不力。

从财务流程看，在期末报告期，房地产企业应将各收益类科目（包括主营业务收入、其他业务收入等）的余额转入"本年利润"科目的贷方，将各成本、费用类科目（包括主营业务成本、所得税费用、销售费用、管理费用、财务费用、营业税金及附加等）余额转入"本年利润"科目的借方。转入完成后，若"本年利润"为借方余额，则反映当年发生了净亏损，如果为贷方余额，则反映当年实现了净所得。年末时，地产企业应将全年净利润/亏损从"本年利润"科目转入"利润分配——未分配利润"科目。企业利润分配的顺序为：①弥补以前年度亏损；②提取法定盈余公积；③提取任意盈余公积；④向投资者分配利润。

在项目尚未完成竣工验收、大量预收账款尚未结转营业收入前可能发生期末亏损，项目盈利能力难以体现。在利润实现阶段，正常结转后项目公司盈利情况将大为改观，表现为期末盈利，利润总额为正。在这一阶段，应该重点关注大额资金往来业务，有些房地产开发企业为了转移利润，先将预收账款转为应付账款，再将资金转给关联企业从而套取资金。通过对大额资金往来业务的检查，可以发现疑点，揭示向其他企业转移预收房款的问题。

第二章 房地产信托风险与防控措施

本章将首先对房地产信托主要风险进行归纳，其次对相应的风险防控措施进行总结，最后通过案例分析加深对房地产信托风险控制措施的理解。

第一节 房地产信托常见风险及应对措施梳理

房地产信托的常见风险包括以下九种。

（1）政策风险。伴随我国经济形势及房地产行业供需关系的不断变化，近年来与房地产行业相关的货币政策、调控政策均发生了较大的变化。2010 年以来实施的限购政策就是很好的例子。信托公司应在项目开展前详细了解国家及项目所处地区房地产开发政策，对相关政策的走向和稳定性进行评价，尽量规避政策性风险对房地产项目的影响。

（2）借款人的信用风险主要指融资人未按时足额偿还贷款本息而对信托贷款造成的风险。为应对该风险，信托公司首先应在项目准入环节严格把关，很多信托公司已效仿商业银行采用了名单制和特殊项目一事一议的制度。在严格把关的基础上，采取各种增信措施加大融资人违约成本，并获得风险处置的抓手。最后，通过信托合同向委托人充分披露上述风险，在委托人知晓并认可的情况下，信托公司尽可能排除未尽受托义务的责任。

（3）保证人的担保风险是指保证人因自身经营不善、担保合同出现瑕疵、履约能力或履约意愿不足等原因，不能按约定履行担保义务，导致信托财产损失的风险。为应对相关风险，信托公司依照对借款人审查的原则，先期对保证人保证能力进行严格审核；在担保合同签署上要求符合保证人内部决策，确保决议有效，必要时对担保合同进行强制公证；在项目运行过程中，及时跟踪和关注保证人的经营和信用状况；在信托文件中向委托人披露上述风险。

（4）信托资金使用风险。信托资金的使用既要遵从信托财产独立性的原则，符合信托目的，同时其投资方向和策略也必须与信托合同的约定相一致。在实践中，信托资金被挪用的案例屡见不鲜。信托资金被挪用不仅危及信托本金及收益的安全，信托公司也有可能被投资者要求承担受托责任。为了控制资金违规使用风险，信托公司通常会在信托合同中对资金用途及使用方式做严格约定，同时通过监管账户、在资金划付前要求融资人提供资金支出凭证、不定期检查融资项目进度等措施进行项目管理，并在委托合同中向投资者充分揭示资金可能被挪用的风险。

（5）项目现金流（或还款来源）预测失误的风险。房地产信托项目的现金流预测包括几个重要方面。一是项目初始投资期对于启动资金筹措的预测；二是进入销售阶段对于销售回款的预测；三是项目各项流出的预测。对于第一条，其容易失误的地方在于，对融资人资本金和银行贷款落实情况拿捏不准（包括落实时点和落实额度）。对于第二条，首先对项目销售前景的预测，其次针对销售进度安排以及销售价格的预测容易出现失误。比如，房地产信托可研报告中较为常见的预测基准有 4：4：2、5：3：2（指未来三年销售计划，并以每季度的销售额平均分布为前提）。但在实践中，项目建设及预售审批的不确定性可能造成销售时点的预测失误。多数地产企业会在预售前通过各种营销手段积累客源，如进行事前登记等，以求掌握市场行情并在预售当天尽量营造销售火爆的气氛。对于热销楼盘来说，可能在开盘当日即销售 50% 以上的房源，因此，房屋销售节奏在一年中并非平滑进行的。对于第三条，工程款的支付本来与建设节点（开工预付、正负零、年底、主体完工、竣工验收）密切相关，但项目可研报告预测经常采用平滑支付的方式，导致资金的季度、月度预测失去监管指导意义。作为应对措施，信托公司风控部门通常派员独立对项目进行二次尽职调查，在对项目前景持有充分理解和客观判断的基础上，对业务部门提供的现金流预测进行独立审查，同时，要求业务部门根据实际可能发生的情况，充分考虑销售进度和销售时点的各类情况，做出相对保守的预测（也可称为压力测试），对项目现金流进行综合判断。

（6）信托计划延期是指，如借款人未能按期偿还贷款本息，则要求保证人承担保证义务或处置抵押物导致信托延期的风险。对此，信托公司除了在信托文件中向委托人披露上述风险外，一些项目还特意设置了资金提前归集措施或者预留项目回购期，使得信托公司能够提前了解借款人的实际还款情况，一旦出现风险苗头，信托公司可提早介入风险化解，实现项目如期兑付。

（7）项目各环节操作风险。房地产信托项目的主要环节包括前期尽职调查，各项协议签署、增信措施办理、运行过程中的后期管理等。为最大限度满足对内和对外的操作合规要求，降低风险，风险控制部门通常会对项目组提出具体的操作要求。

房地产信托因类型不同、项目情况不同，导致项目实施必要条件各异。表2-1总结了一些常见的操作要求，信托公司应该严格执行。

表 2-1 房地产信托常见操作要求总结

项目实施要求	（1）信托计划发行前 ①核实客户提供的材料，并对未加盖客户公章的资料补盖公章 ②了解土地出让金、工程款支付及借款人涉及的未了结诉讼案件的具体情况，取得相关证明资料或由借款人在相关合同中作出承诺 ③须确保抵押物权属真实，无权利瑕疵，取得抵押物的正式评估报告，确定抵押率符合信托公司要求，了解抵押物当地主管部门对于抵押登记的办理要求，确保将抵押担保设置在有效的主债权下，并办理完成以信托公司为第一（或第二）抵押权人的抵押登记手续，登记环节须信托公司人员亲自参与，取得他项权证 ④取得借款人同意借款的董事会和/或股东会书面文件 ⑤取得保证人同意担保的董事会和/或股东会书面文件 ⑥须取得借款人关于用款项目资本金到位的合法有效证明，并对项目资本金来源及到位真实性进行核实。如项目资本金中有部分来源于股东借款，则须取得借款人股东的承诺函，承诺在借款人偿还信托贷款前放弃对全部股东借款的受偿权 ⑦抵押合同中应约定：抵押人应完整披露对其抵押物享有法定优先受偿权的全部债权，否则构成违约，信托公司有权处置抵押权；未经信托公司同意，抵押人不得以出售、出租等任何方式处置抵押物 ⑧在合同中明确约定：抵押物开工的，如抵押登记机构能够办理，应及时追加在建工程抵押；在相关文件中约定项目公司非经信托公司同意不得办理在建工程抵押，项目运行过程中，项目组须关注抵押人申请办理建设工程规划许可等证件的进程，关注抵押土地的施工建设进程及与当地政府部门的沟通情况。如抵押物开工，抵押人须按信托公司要求对抵押物办理以上信托公司为第一受益人的保险，保险金额不低于信托公司未实现的债权金额，保险期限不少于信托计划剩余期限 ⑨完成对《借款合同》、《抵押合同》、《保证合同》的强制执行公证 ⑩要求保证人在合同中承诺其签署合同时不存在未向信托公司披露的对外担保，并且承诺在贷款期间未经信托公司许可不得向其关联公司以外的第三方提供担保 ⑪各项防范措施必须落实在相关的法律文本、决议、文件中 ⑫项目法律文本须面签，业务部门要认真核保，必要时参与核保 ⑬若交易主体位于境外，则出让特定资产收益权、抵押、保证的相关公司股东会/董事会决议程序及签字的真实性，须得到具备相关资质律师提供公证文书 （2）信托贷款发放前 ①《保证合同》生效，且核实保证人同意担保的文件 ②信托计划成立后，按规定向银监会报备 ③在放款前，项目组须对借款人、保证人、抵押人再次进行贷款卡查询，了解其债务情况（包括或有负债）的变化情况 （3）信托计划运行过程中 ①认真进行项目执行过程管理，及时掌握借款人及担保人的经营状况，定期取得借款人、担保人的财务报表等 ②及时掌握借款人项目建设/销售状况（销售单价、进度），以保障第一还款来源的安全性 ③密切关注担保人担保能力的变化，按期取得其经营、财务资料，在其丧失或部分丧失担保能力时，应及时采取应对措施 ④密切关注房地产行业的政策动向，防范政策风险并及时采取应对措施 ⑤须关注抵押物有关租赁合同履约情况、整体经营情况、房屋所有权证办理情况、工程欠款支付情况等；关注相关文件中关于抵押物置换的有关情形、抵押物对应项目办理建筑工程许可证及后续其他手续的进程，对其施工计划保持关注 ⑥应据实核定项目的建设资金需求、资金缺口，根据项目建设进度，逐步投入投资，全面监管建设资金归集、使用，采取受托支付方式，落实用于申报项目建设 ⑦重视对抵押物价值、抵押物抵押状态和解押的控制，销售进度与销售回款的监管

（8）项目公司或有负债风险。在项目公司经营管理方面，应明确信托公司及交易对手的责任义务划分及对方管理不尽责的相应惩罚措施。应确保信托期间内项目公司无法律诉讼或过度举债等情况，保证作为信托财产的股权无瑕疵。融资人向信托公司出具《承诺函》，约定其如存在其他未披露的或有负债，将由原股东负责偿还。

（9）合同（法律）风险：格式合同也称制式合同、标准合同。根据《合同法》第三十九条，格式条款是当事人为重复使用而预先拟订并在订立合同时未与对方协商的条款。实践中，信托公司会要求其聘请的律师事务所对其房地产信托合同的主要条款进行审定，确定主要条款后，根据项目情况做微调。但《合同法》从维护公平的角度出发，对格式条款做了三方面的限制。首先，提供格式合同一方有提示、说明的义务，应当提请对方注意免除或者限制其权利的条款，并按照对方的要求予以说明；其次，免除提供格式合同一方当事人主要义务、排除对方当事人主要权利的格式合同无效；最后，对格式合同的理解发生争议的，应当作出不利于提供格式合同一方的解释。由于房地产信托业务交易结构复杂、融资人及抵押物情况各异，因此在使用格式合同时，容易出现约定不明确、约定不完整、约定不合理三种主要风险。这些风险在项目运行顺利的前提下，即使存在瑕疵也无大碍，但一旦项目出险，将有可能被对方律师抓住漏洞，影响信托公司的权益实现。

（10）其他风险。除以上风险外，房地产信托项目还存在受托人尽职风险、市场风险、尽职调查不能穷尽的风险以及其他因政治、经济、自然灾害等不可抗力对信托财产产生影响的风险。作为控制措施，首先，应在相关法律文件中明确受托人权利义务，细化过程管理各种监管手段及执行标准。其次，受托人应坚持受益人利益最大化的原则，严格履行自己应尽的义务，随时了解和掌握国家的法律政策变化以及市场变化走向，通过信托经理的勤勉工作，不断分析潜在的风险，及时发现可能对信托资金造成损失的问题，对潜在风险和问题努力采取措施进行防范和化解，维护委托人和受益人的信托利益。最后，在信托文件中向委托人/受益人披露上述风险。

第二节　房地产信托重要风控措施详解

实践中，房地产信托项目常见的风控措施包括：抵押担保、保证、结构化设计、交叉违约条款等。本部分将对主要风控措施进行讲解分析。

一、抵押措施

由于房地产信托的相对高风险性，除极少数优质房企可获得信用融资外，大多数融资人都被要求提供抵押物。实践中，以融资项目土地使用权、在建工程和现房作为抵押较为常见，也有的项目使用第三方或者融资人其他项目的地块设立抵押，但无论是哪种抵押物，应在评审过程中关注以下几个核心要点：

（一）抵押物的合法性

抵押物的合法性包括抵押人是否对抵押物拥有合法的权益以及抵押物是否符合国家规定两个层面。融资人应提供合法的权属证明，并说明取得该项资产的合理性。根据《物权法》和《担保法》的规定，土地所有权；耕地、宅基地、自留地、自留山等集体所有的土地使用权（但法律规定可以抵押的除外）；学校、幼儿园、医院等以公益为目的的事业单位、社会团体的教育设施、医疗卫生设施和其他社会公益设施；所有权、使用权不明或者有争议的财产；依法被查封、扣押、监管的财产等不能作为抵押物。基于上述，信托公司应对抵押物的性质以及各项权证文件进行仔细调查，将不合格抵押物排除在外。

（二）抵押物的流动性

抵押物设立的目的之一在于一旦项目出现风险，信托公司可通过快速处置抵押物获得现金以保障信托本金和收益的支付。因此，考察抵押物的流动性非常重要。一般情况下，位于市场不活跃地区且价值过大，有权利瑕疵的抵押物等都不易变现。从区位来看，一线城市抵押物质量一般高于二三线城市。下面是对一些抵押物类型的具体分析。

1. *房产*

（1）从房产类资产变现能力看，一般住宅强于商业用房、商业用房强于工业用房。

（2）对于市场不活跃地区的大宗房产（评估值在 1 亿元以上）如整栋商场、整栋写字楼等，由于购买物业所需资金量大，一次性买断的潜在买家少、变现难。进行分层抵押的整栋商业、分割抵押的整层商业等，需结合变现能力谨慎选择作为抵押物，特别是无独立通道或不能合法享有及分摊整栋商业权益和各项服务配套设施的，会造成处置不畅。面积小或可以分割出售的则相对易于变现，如独立门市和摊位等。

（3）商业房产，应重点关注整体经营内容、经营情况，与重要商户所签的租约期限等是否有重大变化。对于位于郊区、新区或商业氛围不浓的商业用房应谨慎作为抵押物。另外，租赁期偏长且解约罚金高、租金明显低于市场价格的房产不适宜作为抵押物。

（4）工业厂房，特别是非工业园区内的厂房，在配套设施、交通便捷性及产业协同性方面较差，可能影响变现。特殊行业根据生产工艺而设计的厂房，谨慎选择作为抵押物。

（5）公建用房不能作为抵押物。

2. 车位

（1）对车位进行抵押的，信托公司应核实所有权人是否为小区业主，由于业主对小区车位享有优先购买权和使用权，弱化了车位的流动性。

（2）关注车库权证是否对每个车库面积进行了分摊，或是否为一个大证。到房产、规划部门核实具体车位数量。

（3）对于不发达城市车位的销售前景应保持警惕。

（4）如果一个项目出现风险，其车位的销售肯定也将受到影响。因此，在计算抵押物价值时，应充分考虑车位销售的风险，必要时考虑去掉车位价值而衡量抵押率。

3. 土地使用权

（1）核实土地基本情况，避免证载用途与实际用途不一致，如证载用途为办公，而实际用途却为商业；再比如，证载用途为综合用地，但证件及出让合同没有具体说明具体用途及各类用途构成占比，若设定用途和实际用途不一致，将导致评估价值不准确。应在规划部门核实该地块片区的整体规划用途，了解各个业态的开发先后顺序。

（2）如果某项目土地证被分割成若干个，应依据项目整体规划，对分割后的地块进行区别性评价，避免融资人将开发前景较差的零碎地块以同样的评估基准进行抵押。

（3）根据法律规定，单独的集体土地不能用于抵押，但荒山、荒地和荒滩是特例。集体土地房产可以抵押，但处置时只能在农村集体内部转让，影响了其变现价值。

（4）对于土地证记载无土地终止日期的土地，储备用地、长期未开发土地应谨慎选择作为抵押物。

（5）根据有关规定，以出让方式获得土地使用权并进行房地产开发的，需在动工开发期限内按照土地使用权出让合同指定的用途对土地进行开发。超过规定的动工日期满 1 年未动工开发的，可以征收一定数额闲置费，满 2 年仍未动工开发的，可以由政府无偿收回（特殊情况除外）。实践中，经常遇见项目抵押地块未如期动工开发，由闲置费造成的或有负债可能加重融资人负担，造成抵押物价值减损；若被无偿收回，则第二还款来源面临落空风险。应详细调查土地闲置的真正原因，如资金不足、开发前景一般或政府改变规划等，并尽可能取得政府有关部门对土地现状及是否认定为闲置、是否征收闲置费或可能无偿收回的说明。

（6）抵押地块最好为净地，如果土地抵押物上有在建工程的，将会延长处置时间，且建设工程拖欠的施工方工程款，以及抵押权处分费用、拆迁费用等项目将优先于信托公司抵押权受偿，信托财产届时有遭受损失的风险。

（7）对于开发区内享受即缴即退政策的工业用地抵押应予以关注。目前，开发区为促进招商引资，当地国土部门会以即征即退的形式（即零出让）出让园区土地，入园企业可获得完整的土地使用权证、土地出让金及税费交付发票及土地出让合同等。同时，对于园区内企业进行抵押融资的，园区管理部门也积极予以配合。但是在信托公司需要向法院申请处置时，开发区管委会可能向法院申明相关土地的获得是基于相关文件而执行的一项优惠政策，如果需要对土地进行处置，则需要向园区管委会及其他相关部门缴付各类费用，并重新办理土地出让手续，该事项容易造成抵押物处置程序延长和对本息覆盖不足的风险。

4. 在建工程

在办理在建工程抵押过程中应注意以下几个问题：

（1）首先亲自向当地相关部门咨询是否可以办理在建工程抵押，最好获得相关部门的书面回复，不能单纯向融资人进行询问，避免后期抵押办理落空。

（2）在建工程抵押的风险之一是工程款优先受偿权优于抵押权的问题。最高人民法院《关于建设工程价款优先受偿权问题的批复》（法释〔2002〕16号）第一条规定：人民法院在审理房地产纠纷案件时和办理执行案件中，应当按照《合同法》第二百八十六条的规定，认定建筑工程承包人的优先受偿权优于抵押权和其他债权。而《合同法》第二百八十六条规定："发包人未按照约定支付价款的，承包人可以催告发包人在合理期限内支付价款。发包人逾期不支付的，除按照建设工程的性质不宜折价、拍卖的以外，承包人可以与发包人协议将该工程折价，也可以申请人民法院将该工程依法拍卖。建设工程的价款就该工程折价或者拍卖的价款优先受偿。"因此，无论抵押权是否已经进行登记、是否设立存在于工程款产生之前，工程款受偿优先权都受到法律保护且优先于抵押权。然而，现实操作中，工程款优先受偿权作为法定优先权，并不需要办理登记手续，造成相关信息难以准确把握，从而导致抵押权人难以预估项目现金流和抵押物处置价款。基于以上分析，在对在建工程抵押物工程款进行审查时应重点要把握以下几点：

1）要求融资人提供与建设单位签订的建设工程合同，重点审查合同约定的工程总包价、建设工程款支付条件、支付方式以及是否存在施工方垫资建设等情况。应特别了解垫资金额及垫资的起止时间，并与信托期限及现金流测算结合进行分析。

2) 确定在建工程可抵押担保额度时，应将尚欠施工方的工程款从抵押物价值中剔除，要求工程总包单位对信托公司资金提供担保或书面承诺放弃工程款优先受偿权。但需要注意的是，该措施仍不能从源头上避免出现抵押权与工程款优先受偿权之间的冲突。根据最高人民法院的答复意见：时效制度属强制性规定，不允许当事人依自由意志排除时效的适用或改变时效期间。因此，从法理上讲，信托公司要求项目承包方出具预先放弃建设工程优先受偿权的承诺函是无效的。

但是，在信托项目中依然要求出具承诺函的意义之一在于，法律规定建设工程承包人行使工程款支付优先权的期限为六个月，自建设工程竣工之日或者建设工程合同约定的竣工之日起计算。因此，项目承包人在行使建设工程优先受偿权期限届满时的放弃是有效的。承诺函出具的另一个意义是，如果施工企业出具了该类承诺，那么其在项目中的垫资行为可能更加谨慎，使得与在建工程相关的权利负担随之减少。

在部分项目中，出现了融资人伪造施工方公章并进行承诺的情况，需要引起信托公司的注意。

3) 如可能，信托公司还可以要求增加工程总包单位承担连带责任保证担保，若项目建设方主张工程款优先权，信托公司可要求其为抵押物不足清偿部分提供保证担保，使信托资金不受损失。

（3）应注意在建工程的建设规划用途。如抵押物建设用途为库房、车库或者其他类型的营业用房，但工程完工后融资人将其作为公用的设备用房。在法院执行过程中，住宅或商业地产的设备用房是不能单独被拍卖的，造成抵押物价值受损。

（4）信托公司应正确对待在建工程抵押这一措施。对于以用款项目为最终还款来源的房地产信托项目，在建工程的竣工验收及顺利销售是还款的根本。如果融资人因各种原因未能及时竣工并进行销售，烂尾的在建工程价值将大大低于工程完工后进行正常销售或租赁所能取得的收益，抵押物的价值也会随之缩水。

（三）抵押物的评估价值

鉴于全国房地产市场区域分化严重，总体去库存压力较大，价格变数因素较多，信托公司应结合拟抵押资产的变现能力，谨慎对待和确认评估价值，尤其是对不易变现的抵押资产如大宗房产、分层或分割进行抵押、土地性质为集体土地的房产、部分已经抵押给其他金融机构的抵押物等，更应保持谨慎的态度。另外，信托公司应该主动选择公信力高的评估机构，原则上对于融资人提供的评估报告不予认可。

在对抵押物评估价值进行评判时，应从评估报告中几个重要的概念入手。

1. 最佳使用原则

评估机构出具的抵押物评估报告大多基于最佳利用原则，即评估机构假设其按照最佳使用用途进行开发（包括按照监管批复的最高容积率进行开发）并计算其土地部分价值。但项目运行过程中，若出现抵押用地规划不符合评估假设或者开发后销售欠佳甚至开发烂尾，则可能导致抵押物价值被高估。比如，某评估公司出具的评估报告就规划风险提示如下："本次评估我们根据委托方提供的××项目《总平面布置图》中限定的建设经济技术指标对估价对象进行相关设定。在对估价对象建设经济技术指标进行设定时，我们是按照规划建设强度的最大值进行的相关设定（容积率为6.918，建筑密度为34.40%），即达到估价对象宗地的最佳利用方式。若估价对象进行实际开发时，其实际建设强度未达到最佳利用状态，将直接影响其抵押价值。"鉴于最佳利用原则存在的瑕疵，如果条件允许，信托公司应要求评估机构另外出具一个基于现实的快速变现价值，作为极端情况下的参考。

2. 评估方法的选择

房地产评估有四大常用方法，即成本法、市场比较法、收益法和假设开发法。其他评估方法都是上述四大基本方法的派生。

成本法是指求取估价对象在估价时点的重建（或重置）价格，扣除折旧后估算评估对象客观价格的方法。可分为新开发土地成本评估法、新建房地产成本评估法、旧有房地产成本评估法三种方法。成本法适用于房地产市场不发达、难以运用市场比较法的房地产评估。成本法是房地产评估的最基本方法，以重置成本作为评估的理论基础，即通过评估重新复制待估房地产所需要的成本费用为依据，并加上一定利润、费用和应缴纳税金来确定房地产价格。由于房价构成较为复杂，且成本法统计了评估对象的具体利润，其可能受到房地产开发企业的排斥。

市场比较法是在评估时点比较评估标的与同类型房地产交易数据的基础上，以交易日期、交易情况、周边配套、区域位置等核心因素为标准，对类比房产交易价格进行修正，进而估算估价对象合理价值的方法。市场比较法的理论根据是替代原理，其核心的评估步骤包括：①搜集交易时点近期案例；②选取可比案例；③建立价格比较基准；④对交易情况、交易日期、房地产状况等因素进行调整；⑤计算评估价值。从市场比较法的核心原理及操作步骤可以看出，该方法适用于同类房地产交易较为活跃的情况，如住宅、商业物业、工业厂房、写字楼等。而对于交易记录少且可比性较差的评估对象，如偏僻地区的别墅项目、特殊工业厂房等，则难以采用市场法估价。市场比较法也不适用于房地产价格波动幅度大的地区，如某地区地产价格已经存在泡沫，市场比较法很可能高估评估对象价值。

收益法指预测评估对象未来各期的正常净收益，以适当的资本化率将其折现到估价时点后逐一累加，进而估算出估价对象客观价值的方法。收益法适用于评估有收益或潜在收益的房地产，如写字楼、商场、酒店、公寓等。收益法主要基于经济学中的预期收益原理，即收益性房地产投资者的主要购买目的是为了获取资产带来的直接或潜在收益。作为对价，投资者必须针对原所有者让渡出去的权利一次性支付一定的对价，补偿失去的收益。理论上，这一对价每年给原房产所有者带来的利息收入应等于其每期能从房产中获得的纯收益。该对价被视为投资标的物业的理论价格，即：房地产的价格=纯收益/资本化率。该公式的成立依赖三个假设条件，一是收益为无限期，二是物业每年保持固定收益，三是资本化率可以有效确定。收益法的最大优势在于符合投资者的理念，理论依据充分，运用范围较广。但收益法的局限性也是客观存在的，如折旧费是否应该扣除、确定准确的纯收益金额及资本化率较为困难且具有主观性等。若当前收益权利人某些相关要素正好享有特殊权利或受到某种限制，可能导致评估对象的收益偏离真实值。

假设开发法可视为是成本法的一种倒算，成本法是在已知土地成本的情况下估计开发后的价格，而假设开发法则是通过预测开发后的价格计算价值。该方法根据评估对象的内外部条件，进行最佳最有效设计，然后预测开发完成后的价值，从预测的开发完成价值中，再减去建筑开发成本、利息、利润、税金等，倒算出评估对象价值的方法。假设开发法不仅适用于待开发土地的评估，也适用于在建工程、棚户区改造的项目评估。该方法的应用关键在于确定最佳的开发利用方式。

3. 评估参数的确定

对于以上介绍的几种评估方法，评估机构通常会根据实际情况选择其中的二到三种进行分别估算，并且依据一个系数测算出综合结果。因此，该系数的选择对于最终评估结果至关重要。例如，某商业地产项目的评估结果显示：市场比较法估值为 3 亿元，现金流收益法估值为 1 亿元，评估公司选择的系数是 98% 和 2%，选择的依据是"综合该区域市场和社会经济状况"。可以看出，两种评估结果之间的系数配比非常关键，而选择依据又非常笼统，弹性空间很大。总的来说，信托公司应该重视评估公司所采用的系数和依据，对评估结果进行客观评价。

4. 评估一般性原则

通过招拍挂形式取得，且取得时间至评估时点相对较短的土地使用权，应按照土地实际取得成本（包括税费）作为抵押值。如果土地使用权取得时间较长，土地价值变动较大，则建议使用评估值作为抵押参考。但需要注意的是，如果拟抵押地块增值过大，需在评估时充分考虑处置时增值税的影响，并做相应调整。对于开发周期较长，项目销售前景不明朗的土地使用权，应在抵押率上进行严格控制。对于抵押物为在建工程的，应在确定价值前扣除施工单位垫资、预售房款等项目。如果抵押物为现房的，应结合周边市场价值进行客观评估。

5. 评估报告的声明与例外

评估报告最后通常会包括诸如"特殊声明"、"标注"或"重要提示"等内容，有的属于常规免责条款，有的可能潜藏影响评估公允性的重要瑕疵。通过阅读该部分，可以对抵押物的评估公允性做到心中有数。下面一段文字为某评估公司所出具报告的节选：

特提醒报告使用者注意：

1. 本《评估意见函》所依据的权属及其他证明材料，由估价委托人提供并对其真实性、合法性、有效性负责。如因资料失实或估价委托人有所隐匿而导致估价结果失真，估价机构不承担相应的责任。估价人员现场勘察时，估价委托人未能提供估价对象《房屋所有权证》原件进行核对。提请金融机构注意，发放贷款前，抵押物需按照规定进行抵押登记。并确定实际抵押物与本报告估价对象是否一致，如有改变，需进行重新评估。

2. 估价人员在现场勘查时《国有土地使用证》[××国用（2011）第 33 号] 和《房屋所有权证》[××房权证监证字第 0325695~0325698 号]、《国有土地使用证》[××国用（2011）第 32 号] 和《房屋所有权证》[××房权证监证字第 0325692~0325694 号] 与现场建筑物无法一一对应。《房屋所有权证》[××房权证监证字第 0339377、第 0339450 号] 现场建筑物与证载总层数不相符，本《评估意见函》以《房屋所有权证》记载的楼层数作为评估依据，出具正式报告前须协助估价委托人确认估价对象与《房屋所有权证》的对应关系，若与证载不符须重新评估。

3. 估价师所知悉的法定优先受偿款情况说明如下：根据估价委托人提供的《国有土地使用证》[××国用（2011）第 28~34、第 248~254、第 258、第 259 号]、《房屋所有权证》[××房权证监证字第 0325692~0325698、第 0339376~0339379、第 0339450、第 0340281、第 0340282、第 0340598~0340601、第 0342041~0342045 号]（复印件）及《房屋他项权证》[××房他证他权字第 0092308、第 0095000 号]，估价对象已设定抵押权，其中《房屋他项权证》[××房他证他权字第 0092308 号] 对应的抵押物范围为《房屋所有权证》[××房权证监证字第 0325692~0325698、第 0339376~0339379、第 0339450、第 0340281、第

0340282、第 0340598~0340600、第 0342041、第 0342045 号]，登记日期为 2013 年 9 月 10 日，抵押权利人为某资产管理有限公司，抵押权利价值叁亿元整；《房屋他项权证》[××房他证他权字第 0095000 号]对应的抵押物范围为《房屋所有权证》[××房权证监证字第 0340601、第 0342042~0342044 号]，登记日期为 2013 年 12 月 24 日，抵押权利人为某资产管理有限公司，抵押权利价值壹亿伍仟万元整。截至价值时点，以上两笔他项权利尚未注销。根据估价委托人介绍，本次办理抵押登记前，会先注销上述两笔抵押登记。本次评估以在办理本次抵押登记手续前先办理上述抵押登记注销手续为假设前提，估价结果为设定上述抵押担保权已注销时的房地产抵押价值。估价对象不存在除抵押担保权以外的其他法定优先受偿款。

4. 估价对象中《国有土地使用证》[××国用（2011）第 33 号]对应《房屋所有权证》[××房权证监证字第 0325695~0325698 号]、《国有土地使用证》[××国用（2011）第 32 号]对应《房屋所有权证》[××房权证监证字第 0325692~0325694 号]、《国有土地使用证》[××国用（2011）第 250 号]对应《房屋所有权证》[××房权证监证字第 0340598~0340600 号]，每个《房屋所有权证》分摊的出让国有建设用地使用权面积为该证对应建筑面积占该地块总建筑面积的比例所分摊出让国有建设用地使用权面积。

通过以上实例可见，被评估项目抵押权属证件众多、价值分散且分布范围较广，存在处置难、办理抵押所用权属证件与实际抵押物无法一一对应、抵押物缺乏权属证明原件等多重风险，抵押效力一般。即使本项目依据融资人所提供各项权证实现了抵押，上述问题也很可能造成融资人拟定的抵押清单与登记权证证载抵押物不一致，进而造成评估无效及处置困难。若项目实际发生风险，信托公司可能因为承办抵押事项而引发纠纷。

6. 评估机构的选择

在评估机构的选择上，应尽量选择规模大，评级高的机构，并建立准入白名单。最好能和一些评估团队建立长期的信任关系。

7. 总结

简单而言，房地产项目开发价值主要由四部分构成：土地使用权价值，工程价值，营业税、增值税、所得税等税费以及合理的开发利润，房地产评估就是对上述四项结合内外部条件进行合理的估计和计算。在对不同区域、业态的房地产进行评估时，选择何种方法和参数对于评估价值的可靠性影响很大。对于信托公司而言，商业地产项目倾向于收益法，重置成本+市场比较法更适合于住宅项目。再次提醒读者注意的是，在实际评估中，不管采用何种方法，都会涉及大量的参数和假设，如收益法中的收益估算、收益年限、趋势判断、资本化率，市场比较法中的因素比较修正等。虽然评估人员对多数参数的选择都提供了相应的依据和理由，但仍然保持了较强的主观性，评估人员的经验和客观独立性会影响参数的选取，而当这些微小变量互相叠加时，将对估价结果产生杠杆效应。因此，对评估报告的审核不能只看最终评估价，而应该对评估依据做客观性评价，同时，关注评估报告的"声明与例外"。评估报告的评估有效期一般为1年，而房地产信托贷款的期限一般在2~3年，若项目发生逾期，待信托公司向人民法院提起诉讼时，评估结果已经失效，使得信托公司向评估机构追责困难。信托公司应尽量建立信任度高的评估团队名单及中介机构评价体系，从源头上把控评估质量。

（四）抵押率的选择

信托公司一般采用（信托本金+一年利息）/评估价值来计算抵押率，其中抵押物的价值=抵押物评估市价－抵押物处置费用－优先顺位抵押权人债权金额－其他法定优先受偿的金额。

实践中，一般将房地产综合抵押率设置在50%左右，理论上这一数值可以保证信托资金的安全性。但上述判断基于三个重要前提：一是评估价值公允性，二是市场不发生剧烈负面变动，三是有活跃交易（抵押物适用性要强）。目前，抵押率的风险主要来自评估价值虚高，溢价率过高。比如，一块不久前才通过招拍挂获得的土地，半年后评估价值却提升一倍，在建工程每平方米评估价相当或接近于现房价格等，都可能提高抵押率的风险。更危险的是，有的融资人为了迎合信托公司对抵押率的要求，通过拟借款金额和抵押率倒算评估价格，使得抵押率形同虚设。同时，信托公司虽然可以获得抵押权，但并不能控制抵押物所在的区域市场变化。如果出现区域性风险，项目抵押率即使满足要求也可能面临处置难的风险。因此，抵押物的评估必须结合房地产行业和区域经济发展态势综合判断，对一些被媒体广泛披露报道库存压力大、去化周期长的城市应当谨慎对待抵押率。不同的项目也应根据地域环境、抵押物的具体情况、抵押物变现风险综合设定抵押率。

关于抵押率设定的具体案例，可以参见本章第三部分"房地产信托重要风控手段应用案例解析"的抵押措施案例之案例二和案例六。

（五）抵押物的解押

在信托项目运行过程中，房地产开发企业为尽快实现现金回流或偿还股东借款，一般会在开发的过程中尽快实现预售（出于利润考虑而惜售的情况除外），因此抵押物的解押问题经常出现，如果处理不好，将使信托公司失去风险控制的抓手，威胁项目安全。

预售实质是一种转让行为，根据《城市房地产抵押管理办法》第四十四条的规定，开发企业投入开发建设的资金达到工程建设总投资的一定比例，并已经确定施工进度和竣工交付日期，就可以向县级以上人民政府房产管理部门办理预售登记，取得商品房预售许可证明，进而进行商品房预售。《城市房地产抵押管理办法》第三十七条规定，抵押人在征得抵押权人同意的前提下可以将已抵押的房地产进行转让。但《担保法》第四十九条明确规定："抵押期间，抵押人转让已办理登记的抵押物时，应当通知抵押权人并告知受让人转让物已经抵押的情况；抵押人未通知抵押权人或者未告知受让人的，转让行为无效。"除此以外，如果购房人在购买房时需向银行申请贷款的，根据中国人民银行《个人住房担保贷款管理试行办法》第十四条：借款人以所购自用住房作为贷款抵押物的，必须将住房价值全额用于贷款抵押。也就是说，商品房预售时，开发企业应当与信托公司解除已设定的抵押关系，否则购房人将无法获得房屋的产权证。因此，依据上述法律规定，设定抵押的在建工程商品房进行预售，除需要符合房地产转让条件并取得商品房预售许可证外，还必须先取得抵押权人的书面同意，即抵押权人先书面同意解除预售部分的抵押关系或者同意预售，开发商才能与购房者签订合同。

由于土地或在建工程已经抵押给信托公司，如果信托公司同意融资人进行预售，作为抵押物的土地使用权连同房产将被逐步分割销售，信托公司所掌握的抵押权价值将逐步减小，造成抵押率升高。信托公司为保障抵押权的实现，应要求开发商先向信托公司支付与解除预售房屋所需偿还贷款额度相当的款项，或提供其他等值财产作为担保。在此过程中，信托公司设立同意融资人预售的标准和时点成为防范风险的关键所在。

对于已设定抵押权项目的预售，应注意以下几点：

第一，应理清法律关系。计划预售部分应该先行解除与信托公司的抵押关系，然后再与购房者签订预售协议，否则所签订预售合同无效。一般情况下，信托公司应要求融资人提供其他财产作为担保，或者支付与解除预售房屋所需偿还贷款额度相当的保证金。如果仅是在建工程抵押，并且可以办理分套解押，可以销售一套解除一套，并且支付相应保证金（如，抵押人应当按照抵押物评估价值的50%缴纳保证金后，方可解押所对应部分的抵押物）。如果是土地抵押，通常情况下项目土地需要在预售过程中全部解押，需要求融资人提供其他资产进行抵押。这时应该首先对新增抵押资产进行审查，确认其实际价值，达到风控要求后，先办理新增资产抵押，再涂除土地使用权抵押。

第二，一般情况下，信托公司应开立监管账户，签订监管协议，并要求融资人委托监管银行全权收存售房款。支付方式：支付账号应在预售证中表明，并在信托合同或其他相关协议中约定明确，约束所有预售款均需归集至监管账户（也包括在其他银行办理按揭的购房款）。

第三，若融资人希望使用预售款，则需先就用款目的及需求提出申请，原则上，资金的使用应仅用于融资项目。如果预售资金用于支付工程款，则融资人应向信托公司提供监理报告，在与计划进度一致的前提下，信托公司可根据实际情况判断是否可行。一般情况下，工程款应由监管账号直接支付至工程承包企业。在这一过程中，信托公司应防范融资人通过承包方转移预售资金的情况。

第四，信托公司应深度介入预售过程，最好能直接负责或监管销售专用章的使用。对每份销售合同进行核定和统计，从房地产销售管理部门查询销售进度，并与项目库存及销售回款进行仔细核对。重点检查融资人未按规定将预售款归集进入监管账户及违规预售两种情况。对于后者，信托公司应防范融资人将房产进行抵债销售，从而丧失项目现金流。

第五，信托公司应在解押过程中注意避免融资人将变现能力强、抵押价值高的抵押物先行解押，增加项目风险。

（六）抵押物处置

根据《物权法》第一百九十一条：抵押期间，抵押人经抵押权人同意转让抵押财产的，应当将转让所得的价款向抵押权人提前清偿债务或者提存。转让的价款超过债权数额的部分归抵押人所有，不足部分由债务人清偿。抵押期间，抵押人未经抵押权人同意，不得转让抵押财产，但受让人代为清偿债务消灭抵押权的除外。

处置抵押物时，信托公司可选择的途径包括诉讼、经公证债权文书的强制执行以及担保物权特别程序（无法查封抵押物）。

在已进行强制公证的前提下，取得公证处下发的《执行证书》是取得快速处置的推荐方式。该方式详见本章节"强制公证"部分。

针对其他两种途径，根据《中华人民共和国担保法》第五十三条，债务履行期届满抵押权人未受清偿的，可以与抵押人协议以抵押物折价或者以拍卖、变卖该抵押物所得的价款受偿；协议不成的，抵押权人可以向人民法院提起诉讼。《民事诉讼法》规定："申请实现担保物权，由担保物权人以及其他有权请求实现担保物权的人依照物权法等法律，向担保财产所在地或者担保物权登记地基层人民法院提出。人民法院受理申请后，经审查，符合法律规定的，裁定拍卖、变卖担保财产，当事人依据该裁定可以向人民法院申请执行；不符合法律规定的，裁定驳回申请，当事人可以向人民法院提起诉讼。"

实践中，由于诉讼方式周期较长，信托公司还可选择通过诉讼先启动抵押物保全，然后启动担保物权特别程序（需撤销诉讼），直接申请拍卖抵押物。其法律依据为《民事诉讼法》第十五章"特别程序"中关于实现担保物权的内容。该法条规定：担保物权人及其他有权请求实现担保物权的人，可以不经诉讼程序，直接向人民法院提出申请实现担保物权。

总体看，我国目前的法律体系为抵押物的处置提供了法律保障。但在实际业务中，抵押物的处置仍需注意以下风险：

1. 信托公司作为拍卖受托人的相关风险

（1）《拍卖法》第十八条规定：拍卖人有权要求委托人说明拍卖标的的来源和瑕疵。因此，若信托公司受抵押人之托，以自身名义拍卖抵押物，需向拍卖行及拍卖人说明抵押物存在的瑕疵（该瑕疵既包括产权方面的，也包括标的本身的，还包括其他权利负担等）。拍卖成交后，一旦买受人发现抵押物存在委托人有能力披露但未披露的瑕疵，则可能要求信托公司承担责任。

（2）交付抵押物的风险。信托公司对抵押物享有的是他项权利（抵押权）而非所有权，实践中，一种情况是，若抵押人不配合抵押物过户或腾空抵押物的，则可能造成信托公司无法按时按约履行拍卖标的的交付，构成违约。另一种极端情况是，如果抵押人对外同时有其他债务纠纷，则拍卖成交后，抵押物过户前，可能被司法机关查封，致使抵押物无法按期交付买受人。

2. 权利瑕疵影响资产处置风险

（1）因租赁关系而产生的瑕疵。根据《物权法》第一百九十条的规定：订立抵押合同前抵押财产已出租的，原租赁关系不受该抵押权设立的影响，即使抵押权实现，抵押财产被转让，抵押人与原承租人之间原有的合同关系也不当然终止。该条款即"买卖不破租赁"条款。

对于用于出租的抵押物，其价值主要体现为租金。然而，实践中，信托公司可能遇到两种棘手的情形：一是抵押物租赁合同正常，但是全部或者大部分租赁款已经缴清；二是抵押物长租赁期、租金低、违约成本高的情形。上述两种情形将使得信托公司在处置抵押物时处于无法处置或只能以极低的价格卖给具有优先购买权的承租人（该承租人有可能是抵押人的关联企业）的尴尬境地。

于是，在司法处置中出现了两个核心，一是对承租权的处置问题，二是承租人的优先购买权问题。

关于承租权的处置，如果经核查承租权真实合法有效，根据民法"买卖不破租赁"的原理，法院通常会促使承租人与抵押物买受人之间签订新的承租协议，即"带着租户卖"。如果承租权对在先的抵押权或其他受偿权的实现有影响的，或承租关系发生在抵押物被查封之后，执行法院一般会对承租人实施腾退。承租人不服的，可以提出异议。如果房屋暂时不能腾退，执行法院会在拍卖公告或须知中提示买受人相关瑕疵。虽然法律上明确了"买卖不破租赁"的处置方式，但需要处置抵押物时，信托公司应当防范抵押人规避法律，捏造租赁关系（如签订不合理的长租赁协议）阻挠司法处置等恶意情况。执行法院及信托公司应对租赁关系的真实性进行严格审查，实地调查房屋租用及占用时间等情况，防止"先租赁后抵押"情形的出现。并将现场情况记入调查笔录中，且在笔录中对作虚假陈述需承担的法律责任进行明确说明，这样做不但可留存证据，还可起到威慑造假者的作用。

关于承租人所享有的优先购买权，《最高人民法院关于人民法院民事执行中拍卖、变卖财产的规定》明确规定在执行程序中应对优先购买权予以保护。我国司法执行中采取了由执行法院在拍卖前通知优先购买权人于拍卖日到场（未到场则视为放弃优先购买权），优先购买权利人在拍卖当时直接告知是否行使优先购买权的做法。在拍卖过程中，当其他竞买人报出最高应价时，优先购买权人有权以该价格行使优先购买权，若不做买入表示，则报出最高价者获得抵押物。

（2）因抵押共有财产而产生的瑕疵。根据最高人民法院《关于适用〈中华人民共和国担保法〉若干问题的解释》第五十四条规定：按份共有人以其共有财产中享有的份额设定抵押的，抵押有效。共同共有人以其共有财产设定抵押，未经其他共有人的同意，抵押无效。但是，其他共有人知道或者应当知道而未提出异议的视为同意，抵押有效。由上可知，在办理抵押时，应区分"按份共有"和"共同共有"两种情况。最高人民法院《关于适用〈中华人民共和国担保法〉若干问题的解释》第五十四条第二款规定：共有人以其共有财产设定抵押，未经其他共有人的同意，抵押无效。在实践中，信托公司应要求融资人和财产共有人共同签字，否则可能丧失抵押权，造成项目风险。

（3）抵押物被多个债权人查封的风险。在项目出险后，信托公司可能会遭遇其他债权人先行向法院申请对已设立抵押权的抵押物进行查封、扣押的情况。特别是在融资人债务较多的情况下，抵押物被多轮查封的情况非常常见。虽然优先受偿权不会受抵押物被先行查封的影响，但可能会导致抵押权人丧失对抵押物的优先处置权，增加抵押物的处置时间及成本，最终影响到抵押权的顺利实现。

（4）税务优先权——税费负担过重导致流拍。经司法拍卖转让房产涉及的主要税种如下：

卖方需缴纳：合同印花税、营业税及附加、土地增值税、公司所得税、交易手续费等。

买方需缴纳：交易手续费、合同印花税、权证印花税、契税等。

上述税种中，增值税数额最大，且拍卖差额越高，税务负担越重。《中华人民共和国土地增值税暂行条例》第二条规定"转让国有土地使用权、地上的建筑物及其附着物（以下简称转让房地产）并取得收入的单位和个人，为土地增值税的纳税义务人，应当依照本条例缴纳土地增值税。"由于法律未规定上述税费不能约定由买受人承担，从司法实践和现行拍卖一般约定来讲，买方通常被明确要求承担土地增值税。

表 2-2　法人转让居住用房及非居住用房税率

税种	计税条件	纳税义务人	计税公式及税率
营业税及附加	提供上手购房发票	普通法人	（转让收入-上手购入价）×税率
		外资法人	（转让收入-上手购入价）×税率
	不能提供上手购房发票	普通法人	转让收入×税率
		外资法人	转让收入×税率
企业所得税	该税种在每年 5 月 31 日前，地税部门会对金融机构进行汇算清缴，届时金融机构在本次转让房地产中所得收益而需缴纳的企业所得税会在会算清缴当中作当企业所得一并缴存（该部分因需扣减相关费用，如企业经营成本等，因此在房地产交易当时难以核算）。拍卖成交价-原发票价-原契税发票价-本次营业税-土地增值税-拍卖佣金发票价，剩下的差额按25%的税率进行适当估算		
印花税	双方征收		转让收入×税率
契税	—	承受房屋、土地权属的法人或个人	转让收入×税率
土地增值税	提供上手购房发票	—	［转让收入-上手发票价（每年加计 5%）-有关税金］×税率，速算公式按差价越大（税率越高，税率分别是 30%、40%、50%、60%）
	不能提供上手购房发票	—	（转让收入-转让收入×90%）×税率
其他	房屋登记费、权证印花税、房地产交易手续费等		

注：①法人转让居住用房和非居住用房在缴纳税费上不作区分。②土地增值税是扣除了"与转让房地产有关的其他税金（指在转让房地产时缴纳的营业税、城市维护建设税、印花税，因转让房地产交纳的教育费附加，也可视同税金予以扣除）"后的税种。

宁波市镇海区人民法院公布的拍卖信息提供了其所在地区目前司法拍卖实际执行的税费情况。

根据宁波市镇海区人民法院 2015 年 8 月 21 日发布的（2015）拍卖公告第一百三十四期，拍卖标的物为居民住宅，涉及如表 2-3 税费，且拍卖公告约定全部由买受人承担。

表 2-3　转让居住住宅房税率

税种及各手续种类	计税依据	税率及手续费
契税	按交易价格	3%
印花税	按交易价格	0.1%
营业税及附加	提供购房发票，转让收入减去购买房屋价款后按差额	5.6%
	未提供购房发票，转让收入全额	
个人所得税	提供购房发票，按转让收入差额	20%
	未提供购房发票，按转让收入核定征收	2%
土地增值税	提供购房发票	四级超额累进税率（30%~60%）
	未提供购房发票，转让收入核定征收	5%
转让手续费	按建筑面积收取	6 元/平方米
产权登记费	550 元/件。申请共有产权登记的，每增加一本证书加收 10 元工本费	—

资料来源：http://fy.zh.gov.cn/swgk/fygg/zxpmgg/201508/t20150821_422405.html。

根据宁波市镇海区人民法院 2015 年 11 月 6 日发布的（2015）拍卖公告第一百八十八期，标的物为商业用房，涉及如表 2-4 税费，且拍卖公告约定全部由买受人承担。

表 2-4　转让商业用房税率

序号	税种	税率	备注
1	个税	3%	全额的 3%或差额的 20%
2	营业税及附加	5.6%	全额的 5.6%或差额的 5.6%
3	契税	3%	
4	印花税	双方各万分之五	合计千分之一
5	土地增值税	5%	全额的 5%，或按差额土地增值税累进税率计算

资料来源：http://fy.zh.gov.cn/swgk/fygg/zxpmgg/201511/t20151106_498578.html。

从上述司法实践看，房产和土地使用权主要税费均被要求由买受人承担，特别是在原产权人不配合或丧失支付能力的情况下，买受人若不支付税费，将无法办理过户。从法院和拍卖行的角度来说，尽快完成资产处置程序是其主要职责，因此，在拍卖公告中均明确相关税费由买受人承担。转让人则一般需缴纳所得税、印花税等税种。可见，税务负担主要集中于买受人。综合考虑拍卖各个环节的其他费用，以及银行等其他金融机构实际处置抵押物的经验，处置费用仍要占到抵押物成交价格的 20%~30%。高税负同时也造成司法拍卖流拍率高。司法拍卖实行一次流拍打 8 折、二次流拍打 6.4 折的做法，从而加大了信托公司回收欠款的风险。因此，在选择进行司法处置前，应聘请专业评估机构对抵押物实际价值从严进行评估，了解市场行情，聘请专业机构对税务负担进行测算，综合考量拍卖可能的结果。必要情况下，应事先寻求潜在买家参与竞拍，避免出现流拍导致折价的风险。

（七）总结

综合以上，信托公司须注重抵押物的风险防范措施。一是慎重选择抵押物。优先选择变现能力强、权属清晰、无他项权利、无权利瑕疵、无法定优先受偿款的资产用于抵押。二是为保证抵押物评估工作的独立性、客观性，信托公司应建立了评估信息沟通渠道及准入名单，定期由风险控制部门对评估报告有效性进行评测。三是保持风险意识，注重对抵押物的监控，一旦项目出现风险，第一时间采取查封等措施，保障第二还款来源的实现。

二、股权质押

股权质押包括两种主要模式，一是项目公司股权质押，二是以上市公司股票进行质押。

（一）股权质押

股权质押在实际项目中运用相当频繁，一般情况下，信托公司要求融资人将其名下的不动产等资产提供抵押担保时，会同时要求融资人股东将融资人的股权一并质押给信托公司。这样做的好处是，既保障了股权的实际价值，同时，如果信托公司因为融资人违约需要处置抵押物时，信托公司可以选择直接处置资产，也可以选择整体处置融资人的股权，而后者在税务筹划方面可以起到关键作用，使得信托公司在风险化解方面具备更多的灵活性。由于房地产项目融资额较大，项目公司往往会将资产优先抵质押给银行等低成本融资渠道，在项目公司已将其名下的资产全部设置抵押（如土地使用权、在建工程、已完工房屋等）的情况下，即使项目公司的股权质押给信托公司，该股权价值也没有实际价值。当项目公司的其他债权人主张对其资产的抵押权时，信托公司依赖股权质押担保的债权将面临得不到有效保障的风险。一旦信托项目出险，甚至融资人涉及民间借贷，拖欠施工方和职工薪酬等情况，相关股权已毫无变现价值。

（二）股票质押

流动性较好的股票质押一直被视为理想的风控保障措施，其质押率标准一般低于不动产抵押。优质的股票质押项目应具备股票质地好、融资人实力强以及质押率合理等基本特征。

股票质押的关键点在于质押价格，平仓价和警戒线的把握以及补仓机制的设置。一般来说，平仓价对应股价的130%~140%，警戒线对应股价的160%左右。质押的价格一般在20~30日平均价格的3~5折（主板股票要高于创业板）。在房地产信托存续期间，如果质押股票的价格下跌超过或到达警戒线价格，则信托公司应与质押人进行沟通，或要求融资人补充股权，或要求融资人补充保证金，或要求偿还一部分贷款，原则是使得股票现值与融资人补偿的现金总值满足质押率要求。如果股价进一步下跌至平仓线，那么信托公司有权选择将质押股权进行强行平仓，以保证信托项目安全。虽然从产品结构上看，股票质押相对安全，但在发生股灾或融资人资金链断裂或控股股东处置股票规模超过一定比例而受到法规限制等情况下，质押股票可能面临股票处置受限、连续停牌以及因市场情绪而导致股票流动性下降等风险。为了控制相关风险，应该在信托合同中针对项目到期前预留出一定处置期，做好流动性安排。如果因质押股票停牌，影响到质押股票的处置，约定信托计划可以延期，并向投资者进行充分揭示。最后，尽管上市公司股票质押对信托公司来说是流动性较好的质押资产，但当上市公司开始以自身股票质押向信托公司进行融资时，信托公司应慎重考虑该融资人资金链情况。

三、存单质押

存单质押是属于风险较低、效率较高的一种融资方式。融资人以贷款银行签发的未到期的人民币定期储蓄存单作为质押，质押给信托公司或者其认可的商业银行。部分通道类项目采用定期存单收益权的形式。实际业务中，质权人、出质人及质物保管人需要签署权利质押担保合同等文件，并将质押财产审验及真伪鉴定意见书作为合同原件，银行出具的《单位银行定期存单》样本则作为合同附件。

在项目评审时，需要注意以下几点：

（1）融资人存单质押事项应取得股东及内部有权部门的相关决议。

（2）约定出质人在存单质押期间，信托公司不得挂失质押财产、对质押财产提请公示催告或采取其他此类程序。

（3）注意存单质押的操作风险，特别是质押存单的期限。为防止信托到期时为合法节假日，合同应约定存单到期后由存单行自动转存，继续用于债权质押。

（4）信托公司应与融资人约定：若该等质押财产载明的兑现日早于主债权到期日而届至的，信托公司有权兑现质押财产，兑现的款项用于提前清偿主债权或者应按照信托公司的要求进行提存并划入信托公司指定的账户或者作为保证金存入信托公司指定的保证金账户以担保主债权；双方同意，在发生后种情形时，合同双方无须另行签订保证金质押合同，在主债务履行期届满之日而信托公司未获清偿时，信托公司有权就该保证金优先受偿；如主债权到期日先于质押财产载明的兑现日期而届至而信托公司尚未获清偿的，信托公司有权提前兑现或处分该质押财产并以处分所得用于清偿主债权，因提前兑现/处分所导致的利息损失由融资人自愿自行承担（但若因任何原因信托公司无法或不便提前兑现或处分质押财产的，信托公司有权继续持有该质押财产，直到该质押财产到期兑现并清偿完毕被担保的主债权）。

（5）确保存单真是有效，存单质押、支付办理通知书办理妥当。

（6）质押存单应保障本息全覆盖。

（7）质物保管银行负有按照其自身作为质权人同等的注意义务，负有按照其自身作为质权人的审查标准验证《质押财产（权利）清单》项下质押财产（权利）的真实性、合法性、有效性、完整性以及有无其他权利负担进行审查的义务，同时保管银行应办理《质押财产（权利）清单》项下质押财产（权利）登记止付手续，并对上述权利凭证负有验收、保管的义务。如《质押财产（权利）清单》中所列财产（权利）存在真实性、合法性、有效性及权利负担的问题，保管银行应及时通知融资双方并将相关凭证退回；审验无问题且已妥善办理完毕登记止付手续的，保管银行应于实际收到信托公司交付质押财产（权利）原始凭证之日向信托公司出具《保管确认书》(质押财产（权利）审验及真伪鉴定意见书)、存单复印件、代保管清单复印件和存单冻结书复印件。

（8）质物保管银行确认知悉，存款人与信托公司已就如下事项达成协议：①信托公司行使质权的方式为兑现存单；②如质押存单先于贷款期限届满，信托公司有权提前兑现存单；③如贷款期限先于质押存单到期，借款人未履行债务的，信托公司有权立即兑现用于抵偿贷款本息。

（9）质押期间，如用于质押的存单项下的存款被司法机关或法律规定的其他机关采取冻结、扣划等强制措施的，质物保管银行应向该执行机关明确告知该存单已被质押给信托公司的情况，在相关执行文书（如协助执行通知书回执）上注明该存单已被质押给信托公司的情况，并于收到相关执行文书后及时通知信托公司，以便信托公司及时提出执行异议（前述承诺适用于执行机关在质物保管银行柜面办理冻结、扣划等强制措施的情形；若执行机关通过专网进行查询、冻结和扣划的，则质物保管银行应及时通知信托公司，以便信托公司及时提出执行异议）。

四、结构化设计

结构化设计属于房地产信托项目的一项内部增信措施，其对具有不同风险偏好的资金通过不同的收益水平进行了有效引导。根据《银监会关于加强信托公司结构化信托业务监管的有关问题的通知》第六条的规定：结构化信托业务产品的优先受益人与劣后受益人投资资金配置比例大小应与信托产品基础财产的风险高低相匹配，但劣后受益权比重不宜过低。根据银监《关于加强信托公司房地产信托业务监管有关问题的通知》：信托公司以结构化方式设计房地产集合资金信托计划的，优先和劣后受益权配比的比例不得高于3：1。信托项目的次级受益权份额通常由交易对手或其关联方认购，交易对手或关联方为优先级投资人提供信用支持。实践中，融资人或其关联方通常会以现金、股权、债权（如股东借款、关联借款等）、土地等形式认购次级收益权。由于次级收益权在分配顺序上劣后于优先级受益人本金，因此理论上可为优先级受益人提供安全垫。

实务中，结构化房地产信托项目在设计上仍存在一些问题。比如，有的结构化房地产信托产品中，劣后份额由融资人对其关联方的债权进行认购，对于以关联债权认购次级的项目，信托公司应确保借款规模足值，并获得切实有效的汇款凭证、债权人及债务人对应收债权的确认文件等，应对债权产生的背景、支付时点、合同条款等进行细致审核，并聘任会计师事务所对债权有效性进行审计，以确保债权的真实有效性。但需要注意的是，该类增信措施实质效果一般。一是与关联方的债权很容易被伪造，难以保证债权本身的真实性。二是即便债权真实存在，也将依赖于未来产生的现金流，对优先级受益人权益的实质担保力存在很大的不确定性。虽然从法律上关联方有向融资人支付债务本息的义务，但当融资人出现财务危机时，其与关联方之间的债权从合并报表角度看，将互相抵消，没有真实的现金流空间。还有的项目劣后级以项目收益权进行认购，造成信用重叠，实际效果较差。三是通过交易结构化只有在房地产信托项目未达到预期收益，但多数受益人（也可以认为是优先级受益人）的信托利益仍能够得到保证的前提下才有意义。如果融资人在信托到期时资金缺口巨大，那么无论是优先级还是劣后级都可能得不到兑付。四是，从极端情况下来看，当融资人因为自身问题导致无法按期偿还项目本金及收益之时，可能指示次级收益权认购人（通常为融资人的关联方）以次级受益人的身份召开受益人大会，主张信托项目终止，从而导致纠纷。

五、印鉴证照、账户管控及公司治理

房地产信托项目中后期管理要点主要包括三大方面：印鉴证照管理、账户管理和公司治理。

1. 印鉴证照管控

印鉴管理的主要目的在于控制项目公司投融资、对外担保等重要事项，防止融资人未经审批以项目公司的名义对外举债。

信托公司在项目获得批复后，应全面了解项目公司的印鉴证照情况，包括法人章、财务专用章、合同专用章、法人代表人名章等，以及印鉴图样、股东签字样本、董事签字样本、高管签字样本和具有上述公章或签字的所有空白文件、合同等。同时，信托公司应到当地公安机关和工商部门了解核实项目公司制作印章的情况。证照方面，信托公司应取得项目公司的营业执照、税务登记证、组织机构代码证的正副本原件，也包括项目建设四证等其他重要证件。在上述工作完成后，信托公司应要求项目公司、项目公司股东和实际控制人以及重要关联方等出具函件，对项目公司印鉴和证照情况进行说明，以书面形式确认清单内容，并出具承诺函，承诺除清单内已列明并经过双方确认的印鉴和证照外，融资人无其他未披露的项目。否则，由披露印鉴而产生的一切权利负担（包括但不限于担保、给付责任等），由项目公司原实际控制人等主体承担，信托公司也有权因此提前终止信托计划。信托公司应在信托相关协议中明确项目公司建立严格的用章制度及违约责任。并且向项目派驻专员独立或与项目公司共同管理使用公司印鉴和证照。当项目公司有使用需要时，首先应依据用章用印制度进行审核，并提出正式申请，经信托公司派驻专员确认后方可按规定使用。项目派驻人员应遵守印章证照不脱离监管原则，设立保险柜、监控摄像等必要措施。为规避法律及操作风险，信托公司应在相关协议中约定，信托公司对于项目公司印鉴证照的使用批准，仅作为一种行为约束措施，不因此承担使用印鉴证照而产生的法律责任。

以上为信托公司设立印鉴证照监管的基本流程。但需要注意的是，在已发生的风险案例中，项目公司私刻公章的现象时有发生，防不胜防。若项目出现印鉴证照管理失控的情形，信托公司通常应采取两种应对措施，一是在对方仍有合作意愿，且项目风险仍存在较大化解希望，并需要对方配合的前提下，通过谈判、发函等形式要求融资人归还公章证照；二是如果对方完全失信于信托公司，依赖于融资人进行风险化解可能性不大，则应该全面收回现有公章证照，重新备案申领新的公章，必要时更换项目公司法人，遏制失控态势。实践中，第二种措施的实施可能存在一定困难。一是各地工商及公安部门对于公章的注销和重新申领有着严格的规定，通常情况下需要信托公司提交营业执照、组织机构代码证的要件，同时还需要提供公司法人代表、股东、股东会、董事会等出具的同意材料，并在媒体上发布公章注销声明；上述程序中，如果没有项目公司各方的配合，是无法完成的，因此，信托公司只能事前在相关协议中约定，如果信托公司发函提出更换公章，项目公司及股东应当予以配合，否则信托公司有权认定融资人违约，并且支付罚金。二是相关部门出于地方保护主义等原因，可能怠于协助信托公司。

综上，印鉴证照管理制度实际上是对已知晓、可控制的操作风险进行全面的管控，但是对于私刻公章等道德风险，信托公司往往束手无策。但可以肯定的是，项目公司私刻公章的原因往往是在资金链紧张的情况下进行的，因此，在做好印鉴证照管理的同时，在审批过程中审查融资人开发能力和资金充裕度，在项目运行过程中时刻监控了解融资人的现金流情况，同样非常重要。

2. 账户管理

账户管理的实质是控制项目现金流。一是控制信托资金，保障其合理地投入到项目中；二是控制项目销售回款，控制第一还款来源。

这里所说的账户管理，既包括融资人既存账户的管理，也包括新设账户的管理。在条件允许的情况下，信托公司首先应摸清融资人目前所有账户情况，特别是资质较差的融资人，应要求对其账户进行监管，防止资金挪用以及利用其他账户回流项目现金的情况。

对于新设账户，根据《中国人民银行关于信托投资公司人民币银行结算账户开立和使用有关事项的通知》规定，信托投资公司对受托的信托财产，应在商业银行设置专用存款账户。信托财产专户的存款人名称应为受托人，即信托投资公司全称，不同的信托财产应开立不同的专户，并对应不同的账号。根据《信托公司集合资金信托计划管理办法》的相关规定，信托计划存续期间，信托公司应当选择经营稳健的商业银行担任保管人。信托公司依信托计划文件约定需要运用信托资金时，应当向保管人书面提供信托合同复印件及资金用途说明。信托公司在设立监管账户时，应就账户功能的设置、项目资金的收付、授权规定与划款指令的下达、归集内容的确定方法、违约条款等进行详细约定。同时，为了避免监管银行在极端情况下因为自身与融资人发生的其他债务纠纷而冻结监管账户，应尽量选择与融资人没有债权债务关系的银行作为监管行。

与账户管理相关联的是上文所提的印鉴管理。由于账户的收支涉及提供公章、财务章、网银密钥等，因此应该设计严密且具有可操作性的账户印鉴管理措施。建议对账户资金的收付附加设立银行资金受托支付专用

（监管）章，要求监管银行使用电脑核印的方式，对银行资金受托支付专用（监管）章进行核验，防止私刻公章的发生。

从目前的风险案例来看，几乎每个项目都设置了资金监管措施，也制定了如果不能按时归集，则提前结束和收取罚金的条款。但仍然有一些尴尬的局面，一是项目中后期管理不到位，责任心不足，资金归集日很久后才发现账户资金不足。二是监管条款执行不严格，资金进出没有很好地执行既定方案，事前设立的现金覆盖程度测算公式过于机械化。三是信托公司项目人员缺乏专业知识和必要责任心，对账户资金进出凭证审核不到位，或者不具备审核其合理性的专业知识。四是出现归集日时点企业账户资金充足，但之后又转出；私刻公章、私开网银、企业恶意违约事件频发。五是真正发现企业未按约定归集、资金发生挪用后，除了提前结束信托计划并诉讼外，几乎没有任何其他预案，这时如果融资人表示尚能还款，信托公司则面临结束项目和相信融资人可以整改的两难境地。

3. 公司治理

目前信托公司主要通过股权投资或者向项目公司派驻具有一票否决权的董事等方式参与公司治理。上述措施有助于信托公司介入项目公司经营管理，缓解信息不对称的问题，并且在重大事项上获得决策权。比如，信托公司对项目销售价格进行监控，当项目需要通过降价而实现兑付时，信托公司可以通过重组董事会及管理层，掌握项目的定价权。

在参与公司治理前，信托公司首先应根据项目实际情况及自身需要在信托文件中与项目公司构建治理框架并拟定双方的权利和义务，并明确违约罚则等。同时，信托公司应该详细研究项目公司现有章程，了解融资人的议事方式、决策机关、决策程序和股东权利，然后根据实际管理需要，对公司章程进行修改，必要时签订补充协议，保障信托公司行使权利的合法合规性。

在约定内容上，可从以下几个方面进行考虑：①信托公司应具有对项目销售、财务、现金流、投资等一系列信息的知情权，并建立融资人定期报告制度；②信托公司应尽量争取项目公司高管及法人代表的任免权；③约定由合作方主要负责项目运营并承担运营风险；④信托公司拥有对项目公司对外签署协议、举债、担保、投资、抵质押等重大事项的决定权；⑤单独召开董事会和股东大会的权利；⑥在满足条件的情况下，更换项目公司公章，申领新的营业执照的权利；⑦其他有利于信托公司保障自身权益且合法合规的条款；⑧上述条款未得到执行的违约责任。

需要注意的是，信托公司参与公司治理，虽然可以实现监督和控制，但是也面临着一定的风险。如果信托公司持股项目公司股权，则将被正式登记为公司股东，在被赋予股东权利的同时，也需要对外承担股东责任。信托公司应该一方面提高自身管理能力，另一方面坚持适度合理监管原则，并在相关协议中尽量降低自身面临的风险。

六、担保措施

金融机构向企业融资时，通常要求融资人的控股股东或实际控制人提供连带责任担保，这样可以一定程度上防控融资人或实际控制人通过转移财产等方式逃避债务，提高项目安全度。

保证担保应注意两个核心：一是保证合同的效力问题，二是保证人的实质担保能力问题。

对于第一个问题，除了要求按照《担保法》等相关法律制定保证合同外，还要确保保证合同的签署符合保证人的内外部程序，特别是要依据公司章程对提供担保的效力进行判断。如果是国有企业提供担保，还应该符合国有企业相关规定。根据《担保法》第五条第二款的规定，在担保合同无效的情况下，无效后的责任，应当由债权人、债务人、担保人三方根据各自的过错承担相应的责任。

实际操作过程中，有时会遇到融资人（母公司）要求控股子公司为其进行担保的情况，但部分项目仅获得担保人（控股子公司）出具的公司董事会决议，未获得公司股东会决议。由于控股子公司的其他小股东未能获悉进行担保的事项，若提出异议，将导致法律纠纷。根据《公司法》第十六条规定，公司为公司股东或者实际控制人提供担保的，必须经股东会或者股东大会决议。前款规定的股东或者受前款规定的实际控制人支配的股东，不得参加前款规定事项的表决。该项表决由出席会议的其他股东所持表决权的过半数通过。《公司法》第六十条规定：董事、经理以公司资产为本公司的股东或者其他个人债务提供担保的，担保合同无效。在立法时，该项规定的设立主要是为了防止公司大股东或控股股东通过关联交易为自身谋利，损害中小股东的利益。因此，在办理上述担保程序时，应明确要求控股子公司（担保人）出具除母公司股东外的其他股东签字的有效股东会决议，避免出现法律风险，保障信托公司权益。

对于保证人为外籍或注册地为海外企业的，应就其提供保证事宜应由委托公证人出具委托公证文书。保证人提供保证担保构成"外保内贷"，根据《外债登记管理办法》（汇发［2013］19号）、《外债登记管理操作指引》等规定（以下统称"外保内贷相关规定"）需办理"外保内贷"的相关手续：即被担保人应向外汇管理局核定外保内贷额度，该额度内可直接签订外保内贷合同，同时信托公司应每月初10个工作日内同时向信托公司及被担保人所在地外汇局报送外保内贷项下相关数据。

针对第二个问题，应该依担保人的情况进行具体分析。在实际操作中，有的担保人是融资人的关联企业，如同一控制人旗下的建筑公司；有的担保人是融资人的子公司，实际担保效力很差。

除了法人担保外，法定代表人或实际控制人提供连带责任保证也在房地产信托项目中较为常见。但应该注意的是，连带保证无法锁定财产，很多项目甚至未掌握保证人的财产清单，只是从形式上设定了保证条款，保证人甚至可以通过家族信托或者财产转移等方式实现财产隔离。此外，个人债务也难以核实清楚，保证人所关联企业一旦失去信用，其财产会出现多家机构进行查封的情形。所以法定代表人的实质担保能力难以确定。即使进入司法程序，自然人财产强制执行中容易出现权属争议，尤其是夫妻共同财产的问题会给法院的强制执行带来很大困扰。因此，应要求夫妻共同对项目进行担保，并要求配偶出具同意担保的说明。综合以上，实际控制人或法人代表提供的连带责任担保只能对项目产生一定约束力，是一种辅助增信措施，但并不完全可靠。

七、备用贷款支持

在少量通道类及集合类房地产信托项目中，备用贷款支持有时被选择为风控措施之一。如在银行介绍的通道类项目中，委托人（即银行）承诺对某个项目提供备用贷款支持，信托项目到期时，如果融资人未能偿还贷款，则委托人可向项目发放开发贷款，以保证信托计划项目如期兑付。严格来讲，后备贷款能否落实存在较大不确定性，且国家及银行授信部门对于房地产行业的信贷政策时有变化，因此银行提供的备用贷款，并不能构成对项目的实质性担保。

八、对赌协议

对赌协议常见于投资类房地产信托中。对赌协议最初被大量应用于风险投资，是在 PE 增资中对溢价增资所产生的估值风险的一种补偿，同时也是股东对于管理层及其他股东的激励，其设计原理是公平且合理的。在房地产信托项目中，类 PE 的投资项目不在少数，因此对赌协议也被逐渐认识并应用到股权投资类房地产信托项目中。

对赌协议在房地产投资信托中的使用初衷是约束融资人的行为，达到融资人、融资人股东和融资人、债权人之间利益的平衡，降低发生不利条件时信托公司的投资收益和股权价值不受损失。对赌条款一般涉及对融资人经营业绩的约定，如开发进度、销售收入、净利润、去化比例、现金流等内容。在触发设定条件时，信托公司可要求融资人采取现金补偿或按照事先签订的回购协议进行股权（或股权收益权）回购等措施。由于预设条件能否触发具有一定的不确定性，所以区别于强制回购条款，使得信托计划股权特征更为明显。

2012 年，在关于"海富投资案"的再审判决中，最高法院对公司股东之间签署的对赌协议进行了有条件的认定，肯定了新股东与原股东之间对赌协议的真实意思表示。因此，只要符合法律法规的相关要求，与定期无条件回购协议能够区分开，对赌协议的合法性和实用性一般就能够得到保障（但也不排除地方法院对于对赌协议的不同理解）。但特别应注意的是，签订对赌协议的根本原则应为不存在损害公司债权人及公司本身利益的情形，且意思自治、表示真实、回购款及违约金计算公式明确、协议约定不存在双方误解、未滥用股东权利。另外，信托公司应避免与融资法人主体进行对赌，而是选择与融资人股东、实际控制人或者管理层进行对赌，以避免对赌协议被认定为无效的风险。

九、向委托人披露风险

风险信息披露是信托公司满足尽职要求的重要方面之一。信息披露不完整，说明信托公司项目尽职调查不完整或者故意回避了项目风险。在当前信托公司兑付压力大、打破刚兑呼声越来越强烈的背景下，完善全面的风险信息提示已经不单单是信托公司满足信息披露要求的手段，也是信托公司适应行业发展需要的关键。

同时，信托公司也应该认识到，风险披露并不意味着风险转嫁。如果信托公司未尽到受托管理的基本义务，在项目交易设计、法律文本签署、增信措施登记办理、过程监管等环节存在重大瑕疵，那么即便向委托人披露了上述风险，投资者亦有可能要求信托公司承担责任。比如，一些单一通道类业务中，房产抵押等环节需要由信托公司进行承办，但通道类项目中信托公司获得的抵押物资料很少，且多采用桌面调查的方式，如果抵押物本身或者手续办理存在瑕疵，则作为法律主体的信托公司可能被追责，在法律上与项目推荐方无关。再比如，信托公司未尽到资金监管责任，未及时披露项目管理报告等，都属于自身的失责行为。

十、还款要求设置

设立还款要求的基本原则是贷款的发放与收回要与项目建设进度和销售回款进度相匹配。项目运行过程中，信托公司应加强对项目销售款的监管，通过现场调查、查阅当地房管部门网上销售备案系统、要求申请人按月提供项目销售明细表、查询企业销售合同、分析企业财务报表等方式核实分析项目销售情况，控制好销售资金回笼。在实际案例中，有的信托公司会提出诸如销售回款的 50% 用于归还本次融资，当项目销售达到 70% 时信托公司融资要全部收回等要求。

还有的还款要求设置资金提前归集措施。提前分期归集还款本金主要是防止融资人集中还款可能产生的流动性风险。但如果提前归集的还款本金不能冲减融资本金，则会造成融资人的实际融资成本升高。总体来说，资金提前归集措施使得信托公司能够更早知晓融资人资金情况，减少风险敞口，获得更多主动权。

十一、强制公正

作为一项风险控制措施，强制执行公证被广泛使用。《最高人民法院、司法部关于公证机关赋予强制执行效力的债权文书执行有关问题的联合通知》第二条对公证文书的范围作了举例，包括：（一）借款合同、借用合同、无财产担保的租赁合同；（二）赊欠货物的债权文书；（三）各种借据、欠单；（四）还款（物）协议；（五）以给付赡养费、扶养费、抚育费、学费、赔（补）偿金为内容的协议；（六）符合赋予强制执行效力条件的其他债权文书。《民事诉讼法》第二百一十四条规定："对公证机关依法赋予强制执行效力的债权文书，一方当事人不履行的，对方当事人可以向有管辖权的人民法院申请执行，受申请的人民法院应当执行。公证债权文书确有错误的，人民法院裁定不予执行，并将裁定书送达双方当事人和公证机关。"

《支付协议》是申请公证处出具《执行证书》的基础。根据《最高人民法院、司法部关于公证机关赋予强制执行效力的债权文书执行有关问题的联合通知》关于可办理强执公证的有关规定：公证机关赋予强制执行效力的债权文书应当具备以下条件：（一）债权文书具有给付货币、物品、有价证券的内容；（二）债权债务关系明确，债权人和债务人对债权文书有关给付内容无疑义；（三）债权文书中载明债务人不履行义务或不完全履行义务时，债务人愿意接受依法强制执行的承诺。信托公司需要在已有各类信托文件的基础上，与相关各方另行签署《还款协议》（或《支付协议》），以求在协议中进一步明确融资人在特定条件成就时应履行的给付义务，并要求融资人承诺在不履行或不完全履行义务时依法接受强制执行。

信托公司一般会与融资方及融资方股东、实际控制人等就信托借款办理强制公证，办理强制公正的文书包括担保合同、支付协议等，并最终取得由公证处出具的《公证书》。办理强制公正的好处在于：一旦融资人不能按合同偿还本息，信托公司可直接向公证机构申请出具执行证书，向人民法院申请强制执行担保财产，而不必经过漫长的诉讼程序，极大地降低了实现债权的成本，并可以对交易对手形成一定的心理威慑。

这里需要注意的是，信托公司在项目设立初始阶段，往往认为对合同进行了强制公正，在项目出险时，就可以顺利实现抵押物的处置。但在近年的实际案例中，强制公正得不到有效执行的案例比比皆是。详细可见"房地产信托风险案例"一章之"案例一"，主要问题包括公证机关因为种种原因不能出具执行证书，或地方法院因为执行证书存在效力或管辖权争议、抵押合同有瑕疵等原因拒绝强制执行等。对于以上问题，信托公司应在项目设立初期就向专业律师事务所以及当地法院咨询相关事宜，规避可能影响强制执行的各种瑕疵，使得强制公正措施能够真正起到快速处置抵押物的作用。

这里金杜律师事务所争议解决组关于强制公证操作过程中的意见值得借鉴："在签订《支付协议》时，应注意：①保证协议的意思表示明确性、合理合法性及可操作性，不能与其他信托文件产生矛盾、歧义。②对信托贷款金额、利息及其他费用（包括追偿费用）支付和计算方式、判断违约的条款及时间（特别是加速到期条款，对于分期偿还的信托贷款，应明确任何一期违约将导致信托计划全面违约，信托公司有权主张后面各期的本息）、可供执行财产的内容等信息作明确且全面的约定。在信托计划尚未结束，贷款本金、利息及违约金都可能发生变动的情况下，计算公式要具有可操作性。③要求融资人承诺：在达到协议约定的特定条件后，融资人无条件接受法院的强制执行判决，融资人放弃任何向公证机关抗辩的权利。同时承诺：融资人同意债权人对其提供的担保财产进行强制执行（《担保合同》一并办理强制公证）。需要注意的是，如果信托公司在相关协议中约定不明，项目出险后信托公司主张协议之外的其他费用或赔偿金，公证处将不能认可，导致强制执行失败。如果信托公司接受了公证，又另行诉讼或通过其他程序实现抵押权等，则融资人可能主张信托公司已经接受了相关协议的约定，放弃了本息之外的其他费用，导致两难境地。④相关协议关于违约金、赔偿金的约定应该合法合理，且不应重复计算，否则将造成执行困难。⑤若项目实施过程中就《支付协议》签订了《补充协议》，则应就《补充协议》也及时进行公证，避免融资人对未公证《补充协议》进行抗辩以及公证人仅针对《支付协议》出具强制执行的情况。⑥协议中不应保留融资人抗辩、举证的权利。⑦办理强制公证前需要向公证处及有执行管辖权的法院咨询，当地关于强制执行的政策，特别是《担保合同》是否可以通过公证被赋予强制执行效力。"

十二、拖带权设立

拖带权（Drag-along Rights）在发达资本市场的私募融资中经常被使用，亦被称为"强制随售权"、"领售权"、"带领权"、"强卖权"等。它使得私募股权投资者有能力单方面迫使公司创始人、原股东或其他投资人出售投资标的股权。在项目运行未满足私募股权投资者的预期和利益时，私募股权投资者可能会考虑打包出售项目股权这一措施以实现资金回流。但是，项目实际控制人和其他股东未必同意这一举措。为防止股权处置出现障碍，私募股权投资者在实践操作中特别设计了"拖带权"以保护自身的利益。基于"拖带权"，私募股权投资者可以要求管理层及原公司股东按照其与第三方达成的转让约定（包括价格及其他交易条件等）与自己一起向意向购买者转让其持有的股份。实践中，私募股权投资者一般要求其他股东按照不低于自身出售股份的比例将股权出售给第三方。

从西方司法判例来看，法院实质上认可了"拖带权"所内含的双方自治理念，肯定了拖带权的司法效力，因此其在国内的使用应该也不存在障碍。但需要注意的是，首先，拖带权的设立和执行条款应该通过项目公司章程和投资协议进行具体约定。由于"拖带权"并非是一种法定权利，而是一项约定权利，因此在公司章程中进行约定要明显优于投资协议的约定效力；其次，在处置股权时应严格遵守信托文件相关规定，特别是对价应当保持公允，避免出现迫使项目公司原股东接受信托公司或投资顾问关联方以低价受让项目股权，获得不平等利益而引发司法诉讼的情况。

关于拖带权设立的案例，可参考"投资类房地产信托案例"一章之"有限合伙型房地产投资信托案例"之"案例二"。

第三节　房地产信托重要风控手段应用案例解析

本节将以案例的形式对上一部分中提到的风险手段进行举例分析。

一、抵押措施案例

案例一

某信托项目中，××房地产开发有限公司以其持有的××商业广场部分地块及其上商铺现房（以下简称"抵押物A"）、××城市发展有限公司（该公司为与××房地产开发有限公司同属于一个集团的兄弟公司）以其持有的××城市广场上地使用权（以下简称"抵押物B"）提供抵押担保。拟用于抵押的土地（含现房）是融资人旗下的××房地产开发有限公司在某省所开发的××商业广场的部分用地。××商业广场共分两期建设，第一期为纯住宅项目，已销售完毕；第二期总建筑面积约为2.5万平方米，包括购物中心、商业街、车位及酒店式公寓。具体情况如表2-5所示。

表2-5 抵押物

抵押物A	权利人	××房地产开发有限公司	土地证编号	×土国用（2007）第×××号
	发证日期	2007年8月24日	土地终止日期	2047年8月23日
	土地用途	商业服务业	使用权类型	出让
	面积	9.64万平方米	坐落	××市
抵押物B	权利人	××城市发展有限公司	土地证编号	×国用（2009）第××号
	发证日期	2009年3月17日	土地终止日期	商服：2059年3月16日 住宅：2081年3月16日
	土地用途	商服、住宅用地	使用权类型	出让
	面积	11.36万平方米	坐落	×××市

1. 抵押物A的分析意见

抵押物基本情况：抵押物为"×土国用（2007）第×××号"土地使用权，以及其上已基本完工的部分商业用房。抵押物现已取得土地使用证、预售许可证，目前正在办理竣工验收备案，尚未取得房屋所有权证。由于"×土国用（2007）第×××号"土地上部分房屋已经对外销售，本次可供抵押的商业房屋面积约为 4.6 万平方米，办理抵押登记时抵押人将向土地主管部门申请办理土地使用权及房屋分割，同时办理在建工程抵押。

抵押物权利负担：

（1）拟用于抵押的"×土国用（2007）第×××号"地块目前抵押给某银行，抵押期限至 2012 年 8 月 24 日，尚未办理他项权利注销，融资人承诺，本次信托计划发行前完成前述抵押登记注销。

（2）拟抵押的 4.6 万平方米商业建筑中，合计有 6342 平方米商铺已经对外出租，具体为：

01001 号，抵押面积为 4283 平方米，出租给××青年旅社（租赁合同的总租赁面积为 8900 平方米，本次抵押的是其中部分承租面积），租赁期限 8 年，抵押范围对应可收取的第一年租金约为 35 万元（租金价格每年递增 3%）。租赁合同明确约定承租人具有优先购买权。

01002 号，抵押面积为 1062 平方米，出租给王某用以经营超市（租赁合同的总租赁面积为 1520 平方米，本次抵押的是其中部分承租面积），租赁期限 8 年，抵押范围对应可收取的第一年租金约为 8.8 万元。承租人有优先购买权。

03004~03006，出租给某连锁餐饮公司，租赁期限 12 年，租金方式为年度收入提成，保底年租金为 70 万元。租赁合同明确约定承租人具有优先购买权。

抵押物评估值：根据××房地产估价有限公司的评估报告，抵押物目前评估价格为 42000 万元。其中住宅评估单价为 6120 元/平方米，商铺单价为 11241 元/平方米。评估采用市场比较法和收益还原法，以抵押物可依法取得房屋所有权证为假设前提条件，评估的价值为房屋建筑物及其分摊土地使用权价值之和，评估值已扣除 960 万元未付工程款项的优先受偿权。根据抵押物所在城市房地产信息网的查询结果显示，××市当年住宅地产成交均价为 6262 元/平方米，商业用房成交均价为 11152 元/平方米，与项目抵押物的评估单价基本一致，该抵押物评估价值具有一定的合理性。

综合判断：该项目抵押物为土地使用权，其上建筑物尚未取得房屋所有权证，因此拟办理在建工程抵押，鉴于抵押物需要办理分割手续，为确保抵押权的完整，亲自到抵押登记部门参与抵押登记过程，确认抵押房屋与土地权证一致；部分抵押房屋签署了长期租赁协议，根据相关"买卖不破租赁"的法律原则，未来如处分抵押物时，受让人仍须继续履行租赁合同。经过对租赁合同的分析，租金收入大幅低于评估价值，因此上述长期租赁合同的存在对其流动性应有较大负面影响，并且，抵押人并未完整抵押租赁合同的全部租赁面积，进一步削弱抵押物的流动性；拟抵押土地上目前设有他项权利，根据抵押人的承诺，有关银行借款将按期清偿完毕，可在信托计划发行前注销抵押；抵押物评估值以取得完全所有权为评估前提，即按照现房的标准进行评价，但抵押物目前正在办理竣工验收备案，尚未取得房屋所有权证。对此，要求于信托合同中约定融资人在合理期限内取得产权证，否则借款人应置换其他可接受的抵押物。

2. 抵押物 B 的分析意见

抵押物为融资人旗下的××城市发展有限公司所持有的土地，2010 年 8 月与×××市国土资源局签署土地出让合同，地块总面积为 25 万平方米，土地出让金已全部缴纳完毕，本次拟抵押地块面积为 11.36 万平方米，具有独立土地使用权证。根据××房地产估价有限公司出具评估报告，抵押物评估总价为 53800 万元，采用假设开发法、市场比较法，评估设定容积率为 4。抵押地块尚未取得工程规划许可及其他证件。宗地现状开发程度为宗地红线外"七通"（通路、通电、通信、通上水、通下水、通燃气、通暖气），红线内场地已经平整，无其他建筑物。

该地块已闲置近一年，融资人解释为政府要求对规划进行部分调整。土地使用权出让合同中约定，如果超过约定开工日期满一年未动工，或者虽已动工，但是开发建设面积未达总面积 1/3 或已投资额占总投资额不足 25%，且未经批准开发建设连续满一年的，要按照出让金的 20% 收取土地闲置费；如果满 2 年未动工的，出让方有权收回土地。因此，抵押土地可能存在被征收土地闲置费的风险。信托公司应就土地闲置原因进行进一步调查，并且要求当地相关部门出具不认定抵押地块为闲置土地的说明。

3. 抵押物 A、抵押物 B 综合分析意见

综合来看，抵押物 A 未取得房屋所有权证，导致价值具有不确定性；已有的长期租赁合同以及分割抵押将限制抵押物的流动性；抵押物 B 存在被征收土地闲置费的风险。根据××房地产评估公司出具的评估报告，抵押物 A 和抵押物 B 总预评估价值为 9.58 亿元，按照 50% 抵押率要求，可贷款金额为：9.58×0.5/1.12=4.276 亿元，抵押物能够覆盖贷款本息，基本符合对抵押率的要求（由于抵押物 A 流动性一般，上述测算未将其视作现房，采用的抵押率为 50%）。

在取得抵押物正式评估具备充分合理性的基础上，上述抵押物具备一定的担保能力。信托公司须核查落实抵押物 B 的情况，合理评估/排除其被征收土地闲置费的风险；亲自参与抵押登记环节，确保约定的抵押范围可以落实，尤其要关注抵押物 A 申办房屋所有权证情况、租赁合同履约情况、800 万元建筑工程款支付情况，同时，须在合同中限制抵押人对外出售或出租抵押物。

4. 项目风险揭示

一旦融资人没有按时足额支付贷款本息，则信托公司将提请司法处置

本项目的抵押物，如果抵押物出现大幅贬值，则处置抵押物的收入可能无法覆盖贷款本息，信托贷款有遭受损失的风险。

（1）位于××市的抵押物 A 部分土地上有长期租赁合同，且租金较低，并且租赁面积仅部分抵押，未来处分时仍需要继续承受该租赁合同，将增大处分难度、流动性受到影响、处置期限较长。

（2）抵押物 A 未取得房屋所有权证，抵押物 B 尚未取得《建设工程规划许可证》等许可，未来变现能力有一定不确定性。

（3）抵押人披露其目前尚欠 800 万元工程施工款，如果仍有其他享有法定优先权负债的，抵押物对信托公司债权的保障降低；未来处分时，抵押权处分费用等项目将优先于信托公司抵押权清偿，信托财产届时有遭受损失的风险。

5. 控制措施

（1）抵押合同中应约定：抵押人应完整披露对其抵押物享有法定优先受偿权的全部债权，否则构成违约，信托公司有权处分抵押权；未经信托公司同意，抵押人不得以出售、出租等任何方式处分抵押物。

（2）信托合同中约定：抵押物 A 上房屋的所有权证未能于 2012 年底前完成办理的，借款人应置换其他可接受的抵押物，否则视为借款人违约。

（3）项目运行过程中，项目组须关注抵押物 A 有关租赁合同履约情况、整体经营情况、房屋所有权证办理情况、工程欠款支付情况等。

（4）抵押物 B 抵押合同中须明确约定：如项目开工的，应及时追加在建工程抵押，或者由抵押人事先重新提供价值不低于本抵押物的其他担保。项目运行过程中，须关注抵押人申请办理建设工程规划许可等证件的进程，关注抵押土地的施工建设进程及与当地政府部门的沟通情况。

（5）在信托合同等相关文件中向委托人披露上述风险。

案例二

本案例的交易结构为：A 地产有限公司以其享有的甲置业有限公司（A 地产子公司）和乙商业地产有限公司（A 地产子公司）100% 股权收益权委托给某信托公司用于设立财产信托，信托期限 3 年。A 地产将按照约定以标的股权收益权产生的未来现金流及该公司未来综合经营收入支付信托收益。

1. 项目保障措施

（1）A 地产提供信用增级，即承诺若信托计划存续期限内实际获得的收益未达到其承诺的预期收益金额，则 A 地产承诺对信托计划实际获得的收益与预期收益金额之间的差额承担补足义务。

（2）甲置业有限公司以其所有的某市 ×× 广场商业、酒店及地下车库现房为 A 地产的信托收益补足义务提供抵押担保，办理第二顺位抵押权。

（3）为担保 A 地产履行信托收益补足义务，A 地产母公司向某信托公司提供连带责任保证担保。

2. 抵押物分析

本项目抵押物为 ×× 商业广场房屋现房。该抵押物业态为商铺、酒店、地下车库等，目前处于出租经营状态，其中部分面积与第三方租赁合同期限超过信托计划预计存续期间；该抵押物上已设置抵押权，第一抵押权人为某银行，担保的主债务为某银行发放的 18 亿元 10 年期长期贷款（贷款期限为 2009 年 3 月至 2019 年 3 月，该贷款已偿还 6 亿元），信托公司仅能作为第二顺位抵押权人。

根据项目组提供的 ×× 房地产评估有限公司出具的预评估报告，抵押物合计预评估价值为人民币约 39 亿元；除去目前第一抵押权人某银行贷款余额 17 亿元，可覆盖信托计划融资本息，一年本息综合抵押率约为

59%。但上述抵押率测算未考虑处置抵押物费用等因素，且第一顺位抵押权担保的主债务金额亦具有不确定性，因此该抵押率仅具有参考意义。

3. 项目风险分析

（1）抵押权劣后受偿风险：本项目中某信托公司享有的抵押权为第二顺位抵押权，在该抵押物上还存在为某银行本金17亿元长期贷款提供的第一顺位抵押担保，如对抵押物进行处置，信托公司将劣后于处置费用、某银行的相关债权等受偿，可能导致剩余的处置价款不足以支付信托计划收益。

（2）抵押物处置风险：抵押物多为附着有长期租约的商铺，其上还存在第一顺位抵押权（且其担保的主债务期限长于信托计划预计存续期间），这些因素均可能使信托公司需要处置抵押物时，不能及时、顺利处置，或处置价款低于预期价值等。

以上风险均可能造成抵押物不能为A地产的信托收益补足支付义务提供完全担保，进而给信托财产造成损失。

4. 控制措施

（1）根据评估公司预评估结果，抵押物总评估价值人民币约39亿元，除去目前第一抵押权人某银行贷款余额17亿元，可覆盖信托融资本息，一年本息综合抵押率约为59%，有一定的对抗抵押物贬值的空间。

（2）项目组须在项目实施前办理完毕房屋抵押登记手续并取得相关他项权利证书等。

（3）建议在抵押合同中约定抵押人须提供其出租抵押物的租赁合同复印件给信托公司备案，将在抵押物上设立第二顺位抵押的事实书面通知抵押物承租方并向信托公司提供承租方的知悉确认回执。

（4）建议在抵押合同中约定由抵押人为抵押物投保相关财产保险（鉴

于抵押物上存在第一顺位抵押权，信托公司只能作为相关财产保险的第二顺位受益人）。

（5）密切关注抵押人对第一顺位担保债务的清偿情况及第一顺位抵押权人对抵押物采取的相关措施等，及时按照抵押合同等文件的约定采取应对措施。

（6）项目执行过程中定期关注抵押物的市场价值变动情况及其经营情况等，在其出现价值明显减损情形时及时向受益人披露并按照抵押合同的约定采取应对措施。

案例三

本项目的交易结构为开发贷款+抵押担保+机构连带责任保证。即：信托公司以集合信托资金向××房地产开发有限公司发放贷款，用于其某地产项目三期的开发建设，融资人及其关联人以某市 A 地块、某项目部分土地提供抵押担保，融资人控股股东××置业集团为信托贷款的本息提供保证担保。抵押物情况及相关分析如表 2-6 所示。

表 2-6　抵押物情况及相关分析

	宗地名称	A 地块	土地证编号	××国用（1996）第×号
抵押物 A	登记时间	2008 年 9 月 6 日	土地终止日期	2064 年 9 月 5 日
	土地用途	商住	使用权类型	出让
	面积	65762 平方米	权利人名称	××房地产开发有限公司
	坐落	××市		
	其他	该地块由抵押人从某房地产开发有限公司受让取得，因此截至目前土地使用权剩余年限为 58 年。建设用地规划许可证已经取得。证照显示抵押用地土地性质为商居用地，容积率≤4.5，建筑层数≤27 层，建筑高度≤85 米		
抵押物 B	宗地名称	B 地块	土地证编号	×××国用（2010）第××号
	登记时间	2010 年 3 月 4 日	土地终止日期	2080 年 3 月 3 日
	土地用途	住宅用地	使用权类型	出让
	面积	55347 平方米	权利人名称	××置业有限公司
	坐落	×××市		

抵押物 A 于 2008 年取得，目前尚未取得建设工程规划许可证、施工证等，存在土地闲置而被政府收回的风险。但是根据融资人反馈，由于政府占用该地块周边部分土地，导致需要重新划定红线，因此目前尚未办理余下各项规划许可证，并且本地块属××项目三期对应地块，与××项目一期、二期在地理位置上相连，可作为一个项目来看待，而信托计划期限仅为 1 年，所以认为被政府收回的可能性不高。为了降低土地闲置被收回的风险，信托公司应向有关土地主管部门做必要的现场核实工作，如可能则取得主管部门证明土地非闲置的书面文件。

抵押物 B 是本项目主要抵押物，该地于 2010 年取得，目前尚未取得建设用地规划许可证。根据该土地出让合同的约定，受让方应在 2011 年 5 月底前开工建设，不能按期开工的，应提前向出让方提出延建申请，但延建时间最长不得超过一年。项目可研报告显示，该地块邻近××景区，虽然居住环境较好，但地理位置较为偏僻。

评估公司出具的预评估结果显示，上述抵押物在评估基准日的预评估价值约为 14.23 亿元，按照一年期本息计算抵押率为 48.23%，一年期贷款本息抵押率不高于 50%，但上述抵押率的测算中未排除可能优先于抵押权受偿的其他负担（包括处置费用、税费、施工方的工程款等）。

综上，作为主要抵押物的 A 地块靠近某景区，所处地理位置较偏，不属于成熟区域，导致对其价值的判断存在一定难度；须核查落实抵押物情况，确保其不存在闲置而被政府收回的风险；在对抵押物进行正式评估并保证评估值不低于预评估值的基础上，抵押物具备一定的担保能力。

案例四

本项目的交易结构为开发贷款+抵押担保+机构连带责任保证。即：信托公司以集合信托资金向远方房地产发展有限公司（以下简称"融资人"）

发放贷款，用于其某市地产项目 A1 地块、A2 地块及 B3 地块的开发建设，远大房地产发展有限公司以其持有的 B 市某项目用地为借款本息提供抵押担保。

本项目抵押物为某市土地使用权，项目用地为远方房地产发展有限公司开发的 A 项目 A1 地块、A2 地块及 B3 地块，土地面积共 74350 平方米，土地款约为 12.7 亿元，已经全部缴付完毕。目前抵押用地取得土地使用权证及建设用地规划许可证，融资人预计于 2013 年 6 月取得建筑工程规划许可证，并于 2 个月内取得工程施工许可证。宗地用途为商业、住宅，其中商业部分出让年限至 2052 年，住宅部分出让年限至 2082 年。

此外，目前在抵押物土地即 A 项目 A 地块与 B 地块之间，还存在一片尚待拆迁的"城中村"，该区域不属于抵押物项目用地的范围，相关拆迁工作预计会由当地政府组织开展，但具体进度目前无法通过有效文件予以确定。

根据某房地产评估咨询有限公司出具的预估基准日的预评估结果显示，上述土地使用权单价较 2012 年的拿地价值有较大溢价，按项目预计的技术指标计算，楼面价值已超过 4500 元/平方米（容积率约为 4.3% 的情况下），在某市该地段已属偏高，但综合考虑 A 项目前期的销售均价，某市目前土地市场趋热的背景，该评估价值具备一定的合理性，但也存在未来因房地产市场的波动而发生价值减损的风险。

按照上述评估值，本项目一年期本息抵押率为 47.63%，符合信托公司对土地抵押率的要求。但上述抵押率的测算中未排除可能优先于抵押权受偿的其他负担（包括处置费用、税费、施工方工程款等），亦未考虑融资人还应支付的 2% 财务顾问费。

此外，如果抵押物土地旁边的"城中村"不能尽快拆迁，将可能影响到抵押物项目的整体品质及未来的销售前景等，甚至可能影响到项目顺利拿到建筑工程规划许可证等，进而影响抵押物价值。

综上，在对抵押物进行正式评估并保证评估值不低于预评估值的基础上，该抵押物具备一定的担保能力，但其未来价值存在较多不确定因素。

案例五

本项目的交易结构为：股权投资+到期以受偿债权分配退出+抵押担保+质押担保+保证担保，即：信托公司发行结构化集合信托计划，合格投资人认购8亿元优先级受益权，用以平价受让项目公司的部分股权，项目公司的关联公司以其对项目公司的借款认购信托次级受益权（借款额度为8亿元×（1+20%）=9.6亿元）。本项目还款来源为A项目的销售回款和后期进入的银行开发贷款等。信托到期时，项目公司向信托公司偿还借款本息，信托公司对优先级进行分配；之后将剩余的所有信托财产向次级受益权人进行分配，信托计划终止。

为确保偿还借款本息，保障措施为：

（1）项目公司以其持有的某市A项目土地提供抵押担保。

（2）项目公司以其向关联方产生的应收账款提供质押担保。

（3）项目公司另一股东B投资控股有限公司以对项目公司的剩余股权提供股权质押担保。

（4）A置地有限公司母公司提供保证担保。

1.抵押物风险分析

（1）抵押物尚未取得土地使用权证、各类规划许可证等，会影响其未来变现能力和流动性。

（2）根据本项目融资安排，项目后期拟引入银行开发贷，银行开发贷进入后信托公司将由第一抵押权人变更为第二抵押权人（应事先和当地抵押登记部门确认是否可办理第二抵押权登记），信托公司作为第二抵押权人的抵押率无法确定，以及未来处置时由于第一抵押权的存在而导致程序较为复杂，并且处置时间及处置价值有较大不确定性的风险。

（3）根据相关法律规定，开发商取得土地使用权后要限期开发，且通常土地出让合同中会对动工及完成施工时间有明确要求，存在由于不能按时履约而产生违约责任，包括但不限于征收闲置费、土地被收回的风险；如果处置抵押物时其上有在建工程的，处置变现期限可能较长，且建设工程施工方的工程款、抵押权处分费用等项目将优先于信托公司抵押权清偿，信托财产届时有遭受损失的风险。

2. 控制措施

（1）信托发行前，应完成出让金及配套费缴纳、取得土地使用权证，（开始）办理土地抵押登记，并由第三方机构出具评估报告，初始抵押率应不高于 50%。

（2）信托公司应提前参与/控制项目公司融资方案，包括融资额度、期限、资金用途等，确保所融资金进入项目公司或者作为信托公司信托资金退出的有效渠道。项目公司开发贷款只能封闭使用于 A 项目。

（3）银行开发贷款融资协议正式签署完毕后，信托公司办理解押手续的前提是项目公司将足额现金质押给信托公司或以其他可为信托公司接受的抵押物置换原抵押物。借款人就补充提供土地使用权抵押出具承诺函。

（4）在相关文件中约定项目公司非经信托公司同意不得办理在建工程抵押，项目过程中，业务部门须关注抵押人申请办理建设工程规划许可等证件的进程，关注抵押土地的施工建设进程及与当地政府部门的沟通情况。

（5）如抵押物开工，抵押人须按信托公司要求对抵押物上信托公司为第一受益人的财产险，保险金额不低于信托公司未实现的债权金额，保险期限不少于信托计划剩余期限。

（6）在信托合同等相关文件中向委托人披露上述风险。

案例六

本项目的交易结构为开发贷款+在建工程抵押担保+连带责任保证担保。即：信托公司以集合信托资金向 A 房地产开发有限公司发放贷款，用于融资人旗下某房地产项目开发建设，A 房地产开发有限公司以项目 4.5 万平方米土地及上附在建工程提供抵押担保；A 房地产开发有限公司股东××地产为贷款本息的偿还提供连带责任保证担保。

本项目中，A 房地产开发有限公司以项目 4.5 万平方米土地及上附在建工程提供抵押担保。目前该项目一期已全部销售；二期 1#、2# 已经封顶；三期 5#、7#、8# 已经封顶；四期尚未开始动工。根据房地产评估有限公司出具的预评估报告，该抵押物的评估价值为 3.5 亿元，按照目前一年本息计算抵押率为 44.5%，符合某信托公司对抵押率的要求。在项目销售过程中，项目资金的投入可使抵押物的抵押价值增加，而项目销售解押会使抵押物价值减少。经测算，在项目销售率到达 30% 以前，可能会出现一年期贷款本息抵押率在 50% 上下浮动的状况，对此信托公司将通过销售控制等手段动态监测抵押率是否高于 50%。同时，信托公司通过借款人提前还款及缴纳保证金制度，降低抵押物价值减少所带来的风险。具体控制措施为：若一年期内项目销售率达到 35% 时，借款人应立即偿还 9000 万元一年期贷款本金；在偿还 9000 万元本金后，若借款人项目再销售超过 30%，每销售 1 平方米，即按照其对应的贷款本息数向信托专户支付还款保证金。

由于抵押物为在建工程项目，新增楼层无法办理抵押登记，因此，该新增楼层可能被其他债权人申请查封等，存在无法成为信托公司抵押权效力所及的法律风险。

综上，对于本项目，在取得抵押物正式评估报告并动态监测抵押率是否超过 50%后，以及抵押物权属明晰以及无重复抵押的前提下，该抵押物具备担保能力。但就新增楼层等无法办理抵押登记，存在可能无法为某信托公司抵押权效力所及的法律风险，应在信托文件中向委托人如实披露，并做好过程监控，确保抵押率在贷款期间出现大幅突破。

另外，为对抗新增建筑物无法办理抵押登记的风险，需落实要求融资人承诺信托公司贷款存续期间借款人不得新增对外担保，新增借款须经信托公司同意的约束条款。

具体风险防范措施如下：

（1）应在项目实施前取得抵押物的正式评估报告，确保抵押率符合信托公司要求。

（2）须核实抵押物的土地使用权证、房产证（如有），确保抵押物权清晰，在贷款前核实抵押物上不存在抵押权，保证信托公司作为第一抵押权人的优先受偿权利，抵押人须就该抵押物购买以信托公司为第一受益人的财产险。

（3）在抵押物上的在建工程需要对外销售时，销售率达到 35%时，融资人应立即偿还 9000 万元一年期贷款本金，之后剩余抵押物再销售 30%以上时，每销售一平方米即按照其对应的贷款本息数向信托专户支付还款保证金。

（4）须定期派人考察项目进度及抵押物状况。

（5）如在建工程完工后，成为现房并获取相应房产权证，建议办理以信托公司为抵押权人的现房抵押。

（6）在信托文件中向委托人/受益人披露上述风险，且重点说明，由于抵押物为在建工程，新增楼层等无法办理抵押登记，存在无法为抵押权效力所及的法律风险。

二、股权质押案例

本案例背景与抵押物案例四相同。该项目的股权质押保障设置为：信托公司以 8 亿元受让项目公司部分股权后，项目公司的另一外资股东以其持有的项目公司剩余全部股权质押给信托公司。

股权的价值取决于 A 置地有限公司后续运营情况，即主要为开发项目所产生的收益和负债，具体体现为该项目所产生的销售回款。可作为本项目的辅助保障措施，如未来融资方无法按约偿还借款本息的，在一定程度上便于信托公司灵活处置担保物。

另外，需要注意的是，由于该股权为外商投资企业股权，依照相关法律规定，其质押需要经过外资主管部门的事前审批方可生效，未来质权实现时也同样需要审批。因此信托资金发放前，应完成股权质押的审批登记。

风险内容：标的股权价值未经第三方专业机构评估，存在溢价受让的风险；如果 A 置地有限公司经营管理不善，将导致投资标的贬值，从而使信托财产遭受受损。

控制措施：

（1）信托公司受让股权前，项目公司完成土地出让金、配套费及其他税费的缴纳，确保土地权属无负担；项目公司注册资本全部实缴到位；核查落实项目公司其他资产及负债情况，并由其在相关法律文件中进行披露、承诺。

（2）信托公司通过修改项目公司的章程、委派董事、加强公司治理、建立公司预算执行制度、控制公司对外融资等重大事项以及其他方式加强对项目公司经营的监督，充分保护委托人的利益。

（3）受托人将定期向受益人通报项目公司的经营及项目开发情况，遇重大事项及时披露。

（4）在信托文件中向委托人/受益人披露上述风险。

三、应收账款质押案例

在某房地产信托项目中，融资人以其对关联方的应收账款质押作为增信措施之一。融资人与信托公司签订《应收账款质押协议》，将项目公司与关联公司之间未来产生的应收账款质押于信托公司名下。由于待质押应收账款是未来发生的，所以目前应收款项金额及交易对手不确定，从而对其保障力度及可实现性无法分析，仅可作为本项目的辅助风控措施。

控制措施：

（1）项目公司发生应收账款的，应向信托公司提供明细，并通过协议约定如果对应的债务人在信托到期前提前偿还债务的，应直接支付给信托公司，或进入资金监管账户。

（2）在信托文件中向委托人/受益人披露上述风险。

四、担保措施案例

案例一

本案例的交易结构为：A 房地产有限公司以其享有的甲房地产有限公司 50%股权收益权委托某信托公司设立财产权信托，信托期限 2 年。

项目保障措施如下：

（1）A 房地产有限公司提供信用增级，即承诺若信托计划存续期限内实际获得的投资收益未达到 A 房地产有限公司承诺的预期收益金额，则 A

房地产有限公司承诺对信托计划实际获得的收益与预期收益金额之间的差额承担补足义务。

（2）A 房地产有限公司以持有的甲房地产有限公司 50% 股权质押，为其收益补足义务担保。

（3）为担保 A 房地产有限公司履行信托收益的资金补足支付义务，其集团母公司向受托人提供连带责任保证担保。

项目分析：

A 房地产有限公司主要资产体现为对下属企业的其他应收款及长期股权投资，资产负债率处于 85% 以上的较高水平，但其负债主要是集团内借款及应付款项，占比达 75% 以上，企业自身无外部借款。流动比率、速动比率偏低，短期偿债能力一般。融资人净资产收益率波动较大，主要与其开发销售安排有关，但仍具备一定的盈利能力。由于缺少现金流量表，无法判断其现金流状况。

作为集团下属的子公司，A 房地产有限公司净资产为 6 亿元，2010年净利润为 3.52 亿元，相比于 20.06 亿元的信托本金及收益，企业担保能力不足。

综上，A 房地产有限公司偿债能力一般，具备一定盈利能力。由于信托项目本息金额远大于其净资产及年净利润之和，故判断其担保能力不足。案例中项目交易对手的财务状况、担保能力等对项目的保障程度均较弱，因此向委托人/受益人及潜在的信托受益权受让人进行充分的风险披露尤为重要。鉴于项目交易对手及其母公司在行业中资质较好，且单一信托受益权受让人为具有较高风险判断能力和较强风险承受能力的专业金融机构，在落实项目风险控制措施、明确股权收益权内涵、严格项目过程管理，并在向委托人/受益人及信托受益权受让人充分披露项目风险的前提下，信托项目才具有一定可行性。

案例二

本案例的交易结构为开发贷款+抵押担保+机构及个人连带责任保证。即：信托公司以集合信托资金向××置业发展有限公司（以下简称"融资人"）发放贷款，用于其某地产项目的开发建设。

项目风控措施设置如下：

（1）为担保偿还贷款本息，××置业以其持有的某项目土地使用权为贷款本息偿还提供抵押担保。

（2）某房产开发有限公司（以下简称"保证人"）为贷款本息偿还提供保证担保。

（3）××置业董事长及其配偶为融资人偿还贷款本息提供无限连带责任担保；对相关合同进行强制执行公证。

项目分析：

融资方的实际控制人及其配偶为贷款本息偿还提供无限连带责任担保，王某是××集团第一大股东，××集团通过某房产开发有限公司实际控制××置业。王某同时担任几家公司董事长之职。

担保人具有一定的经济实力和收入来源，作为实际控制人，将其本人及配偶与融资方捆绑在一起，可在一定程度上降低融资方恶意违约的风险。但由于自然人的负债状况无法通过有效途径查询，信托期间担保人对其名下资产的处置不在信托公司监控范围内，且如交易对手违约时通过处置其所有的股权可获得的赔偿额度具有不确定性，因此无法对王某及其配偶的担保能力进行准确评价，只能将之视为一项辅助风控措施。

案例三

本案例中，信托项目资金用于融资人支付土地款。融资人母公司为上市公司，出于各种原因只能同意项目地块抵押，但不能提供担保。

在取得土地证前，信托公司原则上要求项目公司所属房地产集团担保和项目公司股权质押。如果不能获得集团担保的，要求其提供远期担保承诺，签署相应的合同文本。项目公司全部股东应事先与信托公司签署担保协议，约定：如规定时间内未能办妥项目全部相关土地的抵押登记手续，则由项目公司全部股东承担连带责任保证担保。融资人、融资人股东签署的担保协议应依照企业内部审批流程，出具有效授权文件，确保相应担保手续的落实。不经某信托公司同意，土地不得抵押给除信托公司以外的任何第三方。

五、备用贷款支持案例

项目的交易结构为开发贷款+连带责任保证。即：信托公司以单一信托资金贷款（银行通道项目）向房地产开发有限公司（以下简称融资人）发放项目的建设资金，融资人以项目销售回款或其他资金来源作为第一还款来源。借款人控股股东为借款人的本息偿还提供连带责任担保。

委托人某银行将对项目进行贷款审批提供备用贷款支持，到期如借款人未能偿还贷款，则委托人可向项目发放开发贷款，以保证信托计划项目如期兑付。但信托公司认为，某银行提供的备用贷款，并不能构成对项目的担保，且后备贷款能否落实存在较大不确定性。

六、资金监管案例

在某个房地产信托项目中，信托公司与融资人制定了如下项目资金监管协议：设立房地产销售回款专户，用于归集融资人开发的某房地产项目的还款保证金。还款保证金的计算基数是全部销售回款的40%。当且仅当保证金账户金额能够覆盖当期信托贷款本息时，在确保后续销售回款仍能够满足后续各期信托本息的前提下，经过信托公司许可，超出部分可以用于项目建设，支付工程款。

从字面上看，委托人在销售资金提取标准、监管资金动用条件和监管资金用途限制三个重要方面均设定了处理原则，但仔细阅读可以发现，实际操作起来相关条款仍可能暴露瑕疵，导致无法认定融资人违约责任。

首先，在销售资金留存方面，资金监管协议没有明确是对全部销售资金进行监管并留存40%，还是不对销售资金进行监管，而仅要求融资人向监管账户转付40%的销售资金。显然，后者无论是在时效性还是可操作性方面都不如第一种，也不方便信托公司对销售情况进行充分了解。其次，后续各期信托资金本息虽然可以计算得出，但后续销售回款的估计则面临很大的不确定性和人为性，容易造成监管措施的落空。

一种更为明确的说法是：在监管银行开立监管账户，在建工程每销售1平方米，则公司需要提前向监管账户划入3万元保证金，然后由信托公司解押对应面积的在建工程，对于每平方米售价超过3万元的资金实施全封闭监管，并在信托计划资金退出前不得用于其他项目。如果监管账户资金达到信托公司设定的额度，可不再计提保证金。信托公司可以对股东借款、每满1000万元的销售保证金及提前还款账户资金进行理财，则该理财资金及收益可以直接冲抵还款资金。

第三章　房地产信托主要交易类型

从房地产信托的交易结构看，常见的类型主要包括融资类和股权投资类（纯股权投资类以及股债结合类）。

一、融资类房地产信托

融资类房地产信托属于纯债务融资，信托公司只向融资人收取约定的固定收益，不承担房地产开发企业的经营风险。融资人无论业绩如何，到期都应该偿还项目本息。融资类房地产信托的风险主要集中在开发商自身的还款能力上，即经营风险。信托公司通常设立抵质押、担保等措施对项目进行增信。当融资人无力支付项目本息时，信托公司可要求保证人进行代偿，或处置抵（质）押物。

融资性房地产业务主要模式包括信托贷款，股权投资附加回购、股权收益权投资附加回购，特定资产收益权附加回购等"名股实债"模式。其中信托贷款是交易结构最为简单的一种，主要关注交易对手还款能力及担保措施，相关内容请参照本书第二章和第六章，本章不再赘述。

"投资附加回购"模式的创设主要是出于降低融资人资产负债率、监管套利以及通过持股加强控制的目的。对于"投资附加回购"等"明股实债"模式，需额外重视法律风险，具体而言，主要是交易结构设计的合理性，特别是主债权的构建是否存在瑕疵，从而导致极端情况下信托公司不能顺利主张融资人或其股东的还款义务，也不能基于债权而处置抵押物的风险。

从信托公司角度看，"明股实债"类房地产信托项目的本质仍是通过股权回购等方式实现固定回报，增资行为实际为控制项目公司有效净资产，信托公司不参与地产项目实质经营。从一般认识来看，无论是融资人还是信托公司都认同该模式实质上是借贷关系，监管机构也从实质重于形式的角度出发，要求其满足监管机构关于房地产信托贷款的相关要求。在一些司法判例中，主债权明确，严格按照借贷相关特征设计的交易结构获得了认可，但在另一些司法案例中，信托公司在设计交易结构时，过于依赖融资人与信托公司之间的"意思自治"，以简单的"股权投资+债权方式回款"的约定设计项目，合同文本设计过于牵强，没有明确融资人或其股东的回购义务，法律逻辑混乱，很难被认定为债权，在融资人陷入破产程序时，将"股权"申报为"债权"也变为泡影。

任何金融创新，都应在重视"实操概念"的同时，更应重视其在法理依据上的稳固性。比如，针对债权性质的认定，《贷款通则》有详细的定义，至于更为复杂的混合投资模式，2013 年国家税务总局所公告的第41 号文则明确了在满足以下五大条件的基础上，才能被认定为债权投资：

（1）付息性特征：被投资企业接受投资后，需要按照投资合同或协议约定的利率定期支付利息（或定期支付保底利息、固定利润、固定利息，下同）。

（2）还本性特征：有明确的投资期限或限定的投资条件，定在投资期满或者满足特定投资条件后，被投资企业需要赎回投资或偿还本金。

（3）投资企业对被投资企业净资产不拥有所有权。

（4）投资企业不具有选举权和被选举权。

（5）投资企业不参与被投资企业日常生产经营活动。

基于以上分析，我们不难看出，"明股实债"的交易结构中，信托公司应该重视以下风险：首先是信托公司的投资是否能被认定为债务性投资的风险，以及其所带来的借款利息的抵扣，信托公司缴纳营业税等现实问题；其次是在发生融资人破产程序后，股权投资劣后于债权获得受偿的风险；最后是回购方的回购能力及回购意愿风险、因成为股东而需对外承担股东责任的风险等。

二、投资类房地产信托（基金）

在融资类房地产信托中，委托人和信托公司注重债权的安全性和项目现金流的稳定性。在股权投资类房地产中，委托人和信托公司除看重现金流的获取外，还注重项目的盈利能力，希望通过股权获取浮动收益。因此，融资类房地产信托和投资类房地产信托在中后期项目的介入程度也不同。从融资方的角度来看，一般在项目前期，获取银行贷款尚不满足条件的情况下，融资方接受股权融资的意愿更强，到项目中后期阶段，出于收益分配方面的考虑，融资方更愿意接受债权投资。

近年来，股权投资类房地产信托日益增多，主要有两方面原因：一是由于监管机构对于融资类信托向未取得"四证"的房地产企业贷款实施较为严格的监管措施。二是随着融资成本的降低，依赖债权从"开发商兜里"获得高额收益不能长期持续，对于房地产运营管理能力强的信托公司，通过股权投资类房地产项目，可以获得更加丰厚的信托收益，同时实现向主动管理型信托公司的转型。

股权投资类房地产信托的关键步骤在于信托资金的进入、项目的中后期管理及信托资金的安全退出。其对交易结构设计的合规性、周密性和可执行性要求很高。本章的重点也在于对股权投资类信托关键环节的讲解以及对相关关注点的提示。较为常见的投资类房地产信托包括房地产股权投资类信托、特定资产收益权类房地产信托和股权收益权类房地产信托。

投资类房地产信托项目中，信托公司均会进行增资、受让股权等操作，但是在持股比例和项目中后期管理方面差异较大。有的信托公司产品仅持股项目公司 10%~20% 的股权，剩余信托资金全部以债权形式体现，且该部分资金设置了强制保底回购条款。在退出路径设计上，该模式下信托公司有权向第三方出售股权，但信托公司并未参与项目实际运作，对整个项目公司的股权价值变动的把握程度一般，因此实质上只可归类为类股权投资类房地产信托项目。在另一类更能体现投资属性的房地产信托项目中，信托公司通常持股比例较高，且聘请第三方投资管理公司、咨询管理公司一同参与项目中后期管理，明确参与项目分红，且对项目公司设置了严格的对赌条款，从某种程度上讲，即相当于信托公司从社会募集资本后，以私募股权投资人的身份获取和增加项目公司股权，并对项目公司原管理层提出业绩要求，如果原管理层运营未达到理想效果，特别是未达到信托公司的收益目标，则信托公司有权向任何人以任何价格处置股权，保护自己利益，从以上角度看，后者更具备投资类信托特征。

简要总结，投资类房地产项目在资金进入方式、投资收益率、投资管理、退出选择、投资期限延长等方面具有以下十大特征：

（1）信托资金的进入一般采取的是股东增加项目公司实收资本受让股权、成立新公司的方式，信托计划享有的是项目公司的所有者权益。

（2）信托公司通过修订项目公司章程、控制项目公司董事会、授权董事会决策重大事项等途径实质行使股东表决权的同时，以联合管理和聘请第三方监管的方式真实掌握目标公司的经营管理权。

（3）信托公司通过安排具有高资质等级的房地产开发、工程咨询、工程监理企业对项目公司和开发项目进行专业化管理，并进行房地产项目关键经营事项和业绩目标考核，保证项目开发价值的实现。

（4）信托计划预期收益将与项目最终实际销售均价、项目净利润或其他指标挂钩，根据房屋销售均价或其他指标的变动，优先级受益人和受托人之间将按一定比例分成。此浮动收益的实行严格区别于普通融资项目的固定收益安排。

（5）信托资金的退出可能采取向市场转让项目公司股权的方式，股权的价值依赖于项目价值，而非项目公司其他股东（原股东）或关联方或其他第三方的购买承诺。

（6）融资人优先购买信托公司转让的项目公司股权是其权利而非义务，在未完成项目关键经营事项或项目公司业绩目标时，融资人承担的是违约责任而非履行承诺义务。

（7）信托计划可能因第三方认购次级信托单位而持有对项目公司的债权，但并不通过主张该债权实现信托收益。

（8）融资人及其实际控制人提供的担保是为履行《股权投资框架协议》、《财务顾问合同》等合同项下义务提供的履约担保，以及为承担目标公司或有负债责任提供的担保，而非为偿付信托资金本金和收益提供的担保。

（9）在管理决策上，或成立管理公司，或成立投资决策委员会。在管理公司框架下设立投资决策委员会和风险控制委员会等作为基金的投资决策、风险控制、合规管理和运营管理机构。信托公司可通过持有管理公司的股权，分享管理公司的收益，该收益既包括固定基金管理费，也包括根据经营业绩收取的浮动基金管理费。

（10）投资协议一般约定，在满足一定条件的情况下，受托人或受益人大会有权决定是否退出投资计划及是否延长投资期限，因其退出和延长条件均与特定期间物业的实际销售均价或其他销售指标、业绩表现相关，反映了投资者与融资人原股东就项目投资回报预期的判断，也体现了受托人为维护受益人最大利益履行投资管理职责的理念。

三、投资类房地产信托的基本交易流程

本部分将以股权投资类和投资类特定资产收益权房地产信托为例，对投资类房地产信托的基本交易流程进行梳理。

（一）股权投资类房地产信托的基本交易流程

在界定投资类房地产信托计划方面，信托资金的注入和退出方式是否具有充分的投资（股性）特征非常关键。

1. 股权投资类房地产信托资金的进入

股权投资类房地产信托资金的进入方式主要包括：①与房地产企业共同发起设立新的项目公司、受让原股东持有的项目公司股权或向项目公司进行增资；②购买有限合伙企业的 LP 份额，通过合伙企业对项目公司进行股权投资。

信托计划通过上述模式，以信托资金入股房地产开发企业，成为融资人的股东。信托计划到期时，信托公司通过减资分红，对外转让股权。

常见的交易安排为：信托公司与房地产企业签署《股权转让合同》，约定房地产企业将其持有的＿＿％项目公司股权转让给信托公司，信托公司以次级受益权为转让对价支付给房地产企业。标的股权转让完成后，信托公司（代表信托计划）持有项目公司＿＿％股权。

在该过程中，存在信托公司与融资方关于股权比例的博弈。信托公司

通过持股项目公司实现对项目公司的实际控制，项目公司股东成为信托的次级受益人，为信托计划提供了一定增信。如果信托公司能够100%持有项目公司股权，在发生处置信托财产事件时，信托公司可以更为方便地处置该股权。但实际业务中，信托公司很难获得项目公司100%的股权，因此，对于未转让的股权应当进行股权质押。

信托公司在操作过程中，应注意：

（1）在《公司法》及项目公司章程框架下，信托公司应取得项目公司股东会决议，同意信托公司代信托计划进行增资扩股或者受让项目公司股权，并到工商管理部门办理企业股东变更登记，成为房地产开发企业的股东（相当于信托公司为信托计划代持房地产企业股权）。

（2）信托公司和房地产企业需按照《公司法》及工商部门关于新成立公司的要求进行操作，双方应签署《项目合作开发协议》，就公司设立事项、项目开发的规划、退出方式以及双方的权利和义务做详细约定。

（3）如果信托公司未取得项目公司控制权，应尽量将剩余股权的收益权加入信托计划的次级，同时办理质押手续。

（4）根据《公司法》相关规定，有限责任公司其他股东对公司股东转让的股权具有优先购买权，有限公司股东对于公司的新增资本具有优先认缴权。因此，在具体操作时，项目公司其他股东应向信托公司出具关于放弃优先认缴权的承诺。

（5）在受让股权或增资前，应对项目公司股权价值进行客观评价，排除潜在的或有负债和其他可能影响后续持有股权的不利影响，合理确认股权转让对价。双方签署增资扩股协议，就各方的出资比例、享有的表决权、收益分配、退出模式、参与公司治理等各方面进行约定。特别应注意排除原股东不合理不合法的债务负担。这种排除不应该仅停留在合同层面，而应该事先通过各种渠道，对项目公司存在的或有负债进行调研，同时在《增资协议》、《合作框架协议中》对信托资金进入时点前后项目公司的债权债务事项进行详细约定。另外，如果信托公司是以溢价受让项目公司股权的，本身可能造成溢价收购风险，应将相关风险向信托公司做风险揭示。

（6）如果信托资金的一部分最终通过有限合伙企业向项目公司发放股东借款的，其相对于项目公司其他债权（如后续可能引进的银行贷款）可能会被认为有劣后性，对于债权的实现可能产生不利影响。因此，在现有交易结构下，合伙企业向项目公司的借款仍应以委托贷款的形式操作为宜。

2. 股权投资类房地产信托资金的退出形式

《公司法》第二十条第一款规定："公司股东应当遵守法律、行政法规和公司章程，依法行使股东权利，不得滥用股东权利损害公司或者其他股东的利益；不得滥用公司法人独立地位和股东有限责任损害公司债权人的利益。"可以看出，在正常情况下，在公司存续期间，股东基于其投资从公司可通过利润分配或减资程序退出公司获得财产，以其他方式取得公司财产不应当构成对公司及债权人权益的损害，规避被认定为滥用股东权利的风险。

除以上根本性原则外，股权类信托资金的退出设计还应满足以下条件：①尽可能控制项目各类、各种形式的现金流，保证其流入项目公司指定账户，并用于偿还信托本息；②尽可能建立和保持信托公司对现金流的明确债权关系；③对于退出现金流的计算方式要明确且具有可操作性；④构建信托资金退出方式的多样化和不确定性，增强退出方式的股性特征并绑定多方利益，扩大现金流来源；⑤尽量减小信托资金退出的税务负担。基于以上原则，实践中信托计划的退出形式是丰富多样的，常见的退出方式如下：

（1）通过信托财产中的债权所偿还的本息来支付优先级受益人的信托

本金及收益，包括项目公司偿还股东借款的本息及权利维持费等。

（2）次级受益人（一般为融资方或其关联方）承诺收购全部优先级受益权。

（3）融资人或其关联方行使购买选择权所产生的现金流（按照合同约定享有在一定期限内购买信托公司持有的有限合伙的 LP 份额或项目公司股权及权利）。

（4）通过认购次级信托受益权的方式支付优先级委托人的本金及收益。

（5）处置信托财产，包括但不限于标的股权、标的债权、有限合伙份额。

（6）项目公司股权分红等获得的资金（通常适用于信托公司持股比例较高的情况）。

（7）项目公司减资。

（8）在满足银行开发贷条件时，通过置换将股权投资转化为纯债务融资。

下面将重点介绍六种信托资金退出方案：

信托资金退出方案一——依靠项目现金流和第三方转让。之所以将依靠项目现金流和第三方转让列为第一条，是因为真正的投资类房地产信托应该是依赖前景看好的地产项目，通过运营与规划，实现资本与开发技术的融合，通过项目现金流实现股权退出。即使由于各种原因不能退出，也可以通过折价出售等方式找到接盘者。这是投资类房地产信托最本质的退出路径，而方案二至六，则都不同程度地具有将股权转换为债权的特征，是信托公司出于谨慎性角度而设计的方案，在实际操作中，一个信托计划可能设计有多重退出方式，以求在复杂和不确定的情况下，尽可能实现项目的安全退出。

信托资金退出方案二——偿还债权本息。在信托资金进入阶段，项目公司原股东将其对项目公司已经形成的债权或应收账款信托转让给信托公司，或者信托公司向项目公司发放股东借款，因此相关债权成为信托财产的一部分。该模式债权债务关系明确，方便信托公司从项目公司获取现金流。在实务中，该模式应注意：①在操作过程中涉及原股东与项目公司之间的债务重组，可能面临债权无效的法律风险；②信托本金及收益的支付节奏可能与债权的本息偿还不能有效匹配（刘柏荣，2011）；③在信托项目"股+债"的结构下，如果债务占比过大，可能影响监管对其投资性信托属性的判断（可参照《投资类房地产信托案例》一章"有限合伙型房地产投资信托"之"案例一"）；④若融资项目或融资人自身出现信用危机，则可能无法再依赖债权实现现金流；⑤应关注同一控制人下关联企业之间关联债权的有效性。如果信托计划普通受益权由项目公司原股东方与其形成的债权进行购买，信托公司应加强与原股东沟通，避免因纠纷导致相关债务利息的约定及担保措施缺乏保障。

信托资金退出方案三——受让优先级信托受益权。该模式主要依赖双方签订的合约来对次级委托人进行约束。当满足触发条件时，次级委托人有义务受让优先级信托受益权。

但项目中仍需注意：①如果信托项目优先级受益人过多，则受让优先级信托受益权的操作可能较为繁琐，可操作性一般（刘柏荣，2011）；②如果预先设立该转让约定，则信托计划可能被监管部门认定为债务性融资，需通过触发条件的设立来增强信托项目的投资属性。

信托资金退出方案四——认购信托计划次级份额。认购信托计划次级份额可被视为信托的退出渠道，也可以视为一种流动性补偿机制（刘柏荣，2011）。在项目本金及收益不足以兑付时，原股东或其关联方（次级受益人）向信托公司承诺认购次级受益权，信托公司以其认购资金支付信托计划本金及收益。该模式形式较为简单，基于信托资金的交付义务，债权债务关系明确，认购次级受益权金额只要能达到资金缺口即可。该模式的风险也较为明显。首先，信托计划成立时，双方仅签署认购承诺书，未来信托金额尚未确定，导致债权并未特定化，进而使得该笔资金无法与承诺方的其他资产区别开来，影响了可强制执行性。其次，如果次级委托人未来不向受托人交付信托资金，或者认为信托计划不应由原股东承担差额支付义务，或者以认购资金未取得公允对价为由进行抗辩，强制执行的要求可能不被法院认可。

信托资金退出方案五——购买选择权。购买选择权是信托公司赋予意向购买方于未来的特定时间段内购买项目公司股权或其他财产的权力（如有限合伙人 LP 份额等）。在缴纳权利维持费的前提下，如果权利方决定行权，则信托公司需按照合同约定的价款及交易条件转让给权利方。如果权利方不行权，则信托公司无权强制要求对方购买。该模式退出路径清晰，且并无强制回购义务条款，可以规避银监会关于债务性集合资金信托计划的相关规定。在实践中，信托公司一般要求购买方先支付对价，再办理股权过户手续。在这一过程中，应提前确定好价格的计算方式并评估可操作性。其中的一种计算方式为：信托公司设置两种回购价款，一种回购价款按照信托预期回报及本金和其他费用，设定了价格。另一种回购价款与标的资产在特定期限内所产生的现金流、净利润等指标挂钩。在最终确定回购价款时，取两种价格的最大值。该项设计可确保信托公司获得固定收益的前提下，还有机会分享到标的资产的经营溢价，使得交易结构股性特征更为明显。需要注意的是，该退出模式的实现仍依赖于融资方的信用情况和履约意愿。为控制不确定性，信托公司可以从以下几个方面增强抗风险能力：一是增大标的物的价值，激励融资人行权，这其中，信托公司持有的股比越高越能增大回购方的机会成本；二是追加担保措施，通过增加项目公司土地抵押、由原股东提供连带责任担保、剩余项目公司股权质押等措施，为回购方行权后的付款义务提供增信；三是在项目筛选阶段要对项目市场前景有充分灵敏的预判，与资产管理公司、房地产开发企业及其他潜在购买方建立联系，在极端情况下，项目可实现向第三方快速转让；四是通过信托计划控股双 SPV 模式增强回购可能性。该模式下，信托计划项下同时控股两个项目公司，在回购期间，安排其中一家项目公司受让另一家项目公司股权，使得收购的不确定性大大降低。

信托资金退出方案六——减资。项目公司按照法定程序减少注册资本时，减资款形成项目公司对信托公司的债务，使得信托公司的投资行为转换为债务融资，信托公司以项目公司减资收回投资本金。

在减资过程中需要注意以下几点：

（1）应首先履行减资的必要法律程序。在项目公司股东会依据公司章程作出同意项目公司减资的决议且项目公司依法履行上述减资程序的前提下，才不违反《公司法》及其他相关法律法规的强制性规定。

（2）减资程序本身相对比较复杂，根据《公司法》第三十八条、第一百七十八条和第一百八十条的相关规定，项目公司如果进行减资，须编制财产清单和资产负债表，并自减资决议作出后 10 日内通知债权人，于 30 日内在报纸上公告。债权人自接到通知书之日起 30 日内，未接到通知书的自公告之日起 45 日内，有权要求公司清偿债务或者提供相应的担保。此外，减资对于内资、债权结构相对简单的房地产项目公司较为合适，当项目公司股权涉及外资成分时程序较为复杂。

（3）受最低资本金投入的限制，不能将项目公司的注册资本无限制减资。项目公司减资后注册资本不得低于法定的最低限额。

（二）股权投资类房地产信托风险的揭示和防范

1. 股权投资风险的表现形式

在信托计划股权投资的过程中主要存在以下风险：

（1）融资人股东对融资人未按照相关信托文件进行增资扩股风险。

（2）融资人股东未按照相关信托文件规定办理股权份额变更登记风险。

（3）融资人股东将增资扩股所获得的信托计划股权投资的信托资金不用于增加融资人资本金和用于项目建设的风险。

（4）融资人股东未按照相关信托文件规定修改公司章程的风险。

（5）信托公司行使融资人股东权利风险。

（6）信托计划终止前，未能向第三人转让风险或转让股权价格风险（如融资人股东利用禁售股权行权期或其他原因，阻止、妨碍信托公司第三人转让其持有的融资人权利）。

（7）融资人股东、融资人未按照相关信托文件规定，履行业绩对赌条款义务的风险。

（8）信托计划采用股权投资，信托计划运用信托资金规模较大且信托期间较长，信托计划在运营管理过程中存在诸多管理风险，其主要包括：办理融资人股权变更登记、修改融资人公司章程、融资人股权质押、股权证书和土地使用权证收押等事项中的操作风险；信托公司指派的董事在行使融资人董事职权中存在的风险；在信托计划的信托资金运行、流转管理过程中的风险；在监管项目的证照取得、楼座封顶、工程进度等事项中存在的风险；信托公司对项目销售回款管理过程中存在的风险等。

（9）在触发业绩对赌条款的情况下，融资人股东未按照相关信托文件规定，履行回购信托公司所持有的融资人股权的风险。

（10）信托计划需以信托资金的股权部分作为资本金的一部分，同时需要对外承担债务责任，信托公司的股权资金以及以股东身份进行的拆借可能在清偿顺序上劣后于一般债权人。

2. 股权投资风险防范措施

为了防范股权投资风险，信托计划主要采取了以下措施：

（1）在《合作协议书》、《增资扩股协议》等信托文件中规定，信托公司与融资人股东就融资人股权事项签署《增资扩股协议》，规定公司原股东与新增股东的权利和义务。融资人股东和信托公司同意，以信托资金增加融资人新增注册资金的价格为___亿元。信托公司运用信托资金共计___亿元，融资人持有___%的股权份额。

（2）在《合作协议书》、《增资扩股协议》等信托文件中规定，融资人股东承诺：其增资扩股所取得的前述信托资金全部用于增加融资人资本金和项目建设（如果项目分期建设，且一期工程建设和拆迁形成了难以预估的债务，建议新设项目公司进行运作）。

（3）对于股东的投入，可以以股东借款的方式，并承诺退出前不撤回，也可以以股东借款的方式认购次级，后一种方式更为理想。

（4）在《合作协议书》、《增资扩股协议》等信托文件中规定，融资人股东、融资人在信托公司按照《协议书》和其他相关信托文件的规定支付新增注册资本金之前，应当向信托公司提供已签署可以办理股权变更的全部文件；在支付新增注册资本金的同时，到融资人注册登记地的工商行政机关办理增资扩股变更登记及其他相关的法律手续。融资人股东、融资人应当在前述股权变更登记完成当日将变更登记后的股权证书正本原件及其他权利证书交至信托公司持有。

（5）在《合作协议书》、《增资扩股协议》等信托文件中规定，信托公司、融资人股东根据信托公司管理信托计划的需要，修改《公司章程》。在本次增资扩股前的融资人股东同意并草签修改后的《公司章程》，保证在信托公司按照《协议书》和其他相关信托文件的规定向融资人投入增资扩股资金之日起＿＿＿日以内召开股东会会议，选举、增加新的董事，依据前述修改后的《公司章程》的本文，作出修改公司章程的决议。

（6）在《合作协议书》、《增资扩股协议》等信托文件中规定，信托公司委派信托计划的项目执行经理或其他管理人员出任融资人董事。对融资人的重大经营行为和其开发、建设项目重大经营行为具有知情权、表决权。融资人对于以下重大经营事项，股东会会议作出如下决议，必须经代表＿＿＿以上表决权的股东通过：①修改公司章程；②增加或者减少注册资本；③公司合并、分立、解散或者变更公司形式；④对外融资；⑤对外担保；⑥以公司资产设立信托。融资人对于以下重要经营事项，须向信托公司派出董事报备：①对外支付的＿＿＿万元以上的付款；②签署与开发、建设相关的＿＿＿万元以上大额合同，以及签署工程总承包合同、＿＿＿万元以上材料设备采购合同、与销售公司签订的销售代理协议；③其他与信托公司持有融资人股权和信托资金相关的重要事项。

（7）在《合作协议书》、《增资扩股协议》等信托文件中规定，经信托公司、融资人股东、融资人的确认和同意：信托计划设置禁止售股行权期，在信托计划成立之日起至信托计划结束前＿＿＿日期间，信托公司不行使转让其持有的融资人股权份额的权利。在前述禁止售股行权期内，融资人股东、融资人向信托公司支付权利维持费。

（8）在《合作协议书》和《对赌协议》等信托文件中规定，融资人、融资人股东系信托计划融资成本的享有者和受益者，是融资人经营业绩的实现者，承担着信托计划股权投资保值增值的义务，对信托计划股权投资的风险负有责任。为了保证信托计划所投资的股权投资信托资金安全，信托公司与融资人、融资人股东签署《对赌协议》。

融资人股东、融资人承诺：按照《协议书》和其他相关信托文件的规定，实现业绩对赌条款所规定的内容。《协议书》和《对赌协议》中所规定的业绩对赌条款的基本内容如下：

1）融资人取得项目开发、建设文件的时间；

2）项目各楼座封顶的时间；

3）项目的销售业绩；

4）融资人向监管账户和保管账户上支付的金额和时间。

融资人、融资人股东同意，如违反《对赌协议》和《协议书》所规定的任何一项规定，同意承担以下责任：

1）信托公司不受《协议书》或其他信托文件所规定的禁止售股行权期的限制，信托公司有权向融资人现有股东以外的第三人部分或全部出售信托公司所持有的融资人股权份额。融资人股东在同等条件下享有优先受让权的前提下，不得对信托公司前述股权转让行为进行否决、干涉、妨碍和影响。

2）融资人股东具有按照《协议书》和其他相关信托文件的规定，回购信托公司所持有的全部融资人股权份额的义务。

3）融资人股东回购信托公司所持有融资人___%股权份额的价格构成包括：信托计划用于股权投资的信托资金本金+在信托期间融资人股权的增值+融资人股东未实现业绩对赌条款规定内容的违约责任。经融资人股东和信托公司确认和同意：融资人股东回购信托公司所持有的融资人___%股权份额的价格为___亿元。

4）信托公司根据《协议书》和其他相关信托文件的规定，在业绩对赌条款所规定的客观事实情形出现后，向融资人股东制发《承担业绩对赌责任通知书》。融资人股东应当在接到前述通知书规定期限内，履行《协议书》和其他相关信托文件所规定回购信托公司所有融资人全部股权份额的义务。

5）融资人股东对前述回购信托公司所持有的融资人股权份额负有连带履行责任。

（9）为强化业绩对赌条款的履行，在《合作协议书》和《对赌协议》等信托文件中规定：信托公司与股东签署《融资人股权质押合同》，在融资人进行增资扩股变更登记以前，融资人及其股东应当向信托公司提供已签署的办理融资人股权质押所需要的全部文件；在融资人完成增资扩股变更登记之日起的＿＿日以内，相关各方办理股权质押登记手续。《融资人股权质押合同》以融资人按照《对赌协议》和《协议书》的规定为担保主债，以股东以其认购信托计划次级信托单位后仍持有的融资人＿＿%的股权质押于信托公司为内容，规定各方的权利和义务。在融资人未按照《对赌协议》和《协议书》规定履行相关义务的情况下，信托公司有权按照《融资人股权质押合同》的规定，处置前述质押股权。

融资人承诺：为了按照《对赌协议》和《协议书》的规定，对信托公司的融资人履行的相关义务提供抵押担保。融资人与信托公司签署《土地使用权抵押合同》，在信托计划成立后且该地块具备设置土地使用权抵押条件之日起的＿＿日以内，在其所拥有的土地使用权上设置第一顺位抵押权。

（10）部分项目中，土地抵押措施在信托计划增资、项目公司缴纳完土地出让金后方可操作，增资与抵押间存在空档期，为控制相关风险，应落实：①在相关交易文件中明确约定办理土地使用权抵押的条件、期限等，并加重交易对手的违约责任，应尽量要求交易对手缴纳一定额度的保证金；②对增资款进行监管使用，确保其用于支付土地出让金，以使项目公司尽快获取土地使用权证；③应通过派驻董事、修改项目公司章程中董事会/股东会表决机制等方式有效控制项目公司的重大经营活动，确保在项目公司获取土地使用权证后及时将土地使用权抵押给信托公司，信托公司在项目过程管理中应派员参与土地抵押登记手续等的办理。

（11）针对管理风险，应要求项目公司每季度向信托公司提供包括但不限于项目的证照取得、建设用地拆迁、楼座封顶、工程资金使用、工程进度和其他工程重要事项的进展情况的报告。信托公司按照该报告监测、督促开发、建设项目的实施。信托公司有权向融资人就项目实施情况提出问题，并要求融资人作出说明。为保证信托公司履行对信托投资的管理职责，有权随时查阅融资人和项目建设资料、资金收支情况、财务账册、银行账户、相关法律文件等信息、资料和文件。

为了保证对项目商品房的销售及销售款的管理：①融资人向信托公司提交由专业人员制作的项目销售策划报告和销售计划报告，向信托公司提供预期销售总值、预期销售进度的数据。②融资人根据协议书、《账户监管协议》和其他相关信托文件的规定，设置监管账户；融资人应当将在项目上取得的销售款全部存入前述监管账户，并接受信托公司和监管银行的资金监管。③在项目开始销售后，融资人在每月向信托公司提交包括销售面积、销售金额等内容的反映上一个月销售业绩情况的报告。信托公司根据前述销售计划报告和销售业绩报告，了解和掌握项目的销售情况和取得销售款情况，监测、督促融资人有效开展项目的销售工作。信托公司有权派专人现场监督销售，并与其他方共同管理房屋买卖专用合同专用密钥。

如果项目运行未能达到约定指标，信托公司有权自行处置所持股权，或者向原股东溢价售股，如原股东未能履行购买责任，信托公司有权追偿担保方责任和处置抵押物。项目土地使用权虽然竞拍成功，但土地性质，土地容积率、土地使用年限、建筑高度、配套要求等与信托文件规定出现10%以上的变化，信托计划应当提前结束。

信托公司若选择由融资人或者合作方主要运行项目，则应该在相关协议中约定，合作方承担项目公司在经营活动中产生的责任及风险，但对重大事项有决定权、监督权和知情权，对高管及法人代表有任命权，同时也保留更换第三方管理机构的权利。

（12）如项目公司不能按期向标的信托支付贷款利息或本金，信托公司有权按照在市场上具有快速销售可能的价格销售项目公司所开发项目可出售物业，包括不限于商业住宅、写字楼、公建建筑和地下车位。考虑到信托公司通过标的信托实际持有项目绝对控股股权，所以通过调整销售价格变现项目公司名下可售物业，进而保证贷款本息的按期偿付的方式，不存在任何法律规定、执行程序或公司治理结构上的障碍。

为了进一步保证信托公司对项目公司销售定价权的控制落到实处，还应该采取以下措施：

1）信托计划成立之后，信托公司将对销售顾问公司和项目公司签订的《代理销售合同》进行全面审核，对于可能损害信托公司利益的条款进行修改，必要时要求销售顾问公司和项目公司重新签订《代理销售合同》；

2）项目公司支付给销售顾问公司的款项，包括不限于销售费用、奖励等，均由信托公司直接审核、划拨；

3）项目公司所有有关项目销售的重大会议均需有信托公司派驻人员参加，所有重大销售决策均需由信托公司审核同意方可执行；

4）销售顾问公司应每月向信托公司提报详细销售进度报告，信托公司可随时询问销售情况，了解销售进度；

5）信托公司有权撤销、更换销售顾问公司派驻的销售人员，并对销售顾问公司的销售方案作出修改。

（三）投资类特定资产收益权信托

特定资产收益权包括融资类、投资类的特定资产收益权，此处的特定资产收益权是指股权投资类或是股债结合模式下的特定资产收益权。特定资产收益权类信托项目的两个重点是：一是明确特定资产，二是明确特定收益。

1. 基础概念梳理

根据《信托法》第七条的规定：设立信托，必须有确定的信托财产，并且该信托财产必须是委托人合法所有的财产。因此，特定资产收益权中的特定资产，要求是合法享有并可依法转让的财产或财产权利，且可以被特定化的资产，包括土地使用权、在建工程、地上建筑物、股权及其他资产等。在实际操作中，特定化一般以"特定资产清单"的方式列明。在房地产信托中，信托公司一般在法律文本中明确将《特定资产清单》所列明的项目土地使用权，以及《特定资产收益权转让合同》签订时现存的和《特定资产收益权转让合同》签订后建设的在建工程、房屋等不动产，界定为"特定资产"。需要注意的是，在特定资产收益权信托中，基础资产并未实际过户给信托公司，也就是说，资产的产权和收益权是分离的，不能实现与转让方的隔离。

特定资产收益是指经营、管理、处置特定资产（包括但不限于将特定资产出租、出售、转让）产生的收益以及因特定资产产生或与特定资产相关的其他任何收入。

特定资产收益权即是合法享有特定资产收益的权利。合同双方可以根据项目交易结构对相关权利的内容和取得进行个性化约定。需要明确的是，这种资产收益权，在法律上属于期待利益，不适用于物权的定义，债权属性非常弱，在项目设计时，需解决资金安全性的问题。

基于以上基础概念，信托公司的项目审核时应该明确：①融资人是否是特定资产及特定资产收益权的真实所有权人，取得方式是否合法合规；②标的资产及其收益权是否已经设立其他权利负担；③如何保障资金的安全性。

2. 股权投资类特定资产收益权房地产信托基本模式

在该类项目中，信托公司通常以募集资金收购项目公司的特定资产收益权。信托公司依照特定资产收益权转让合同在投资计划存续期限内优先收取并获得特定资产收益中的特定收益总额（初始投资和投资收益），融资人负有向信托公司交付特定收益总额的义务。为进一步明确特定资产收益权转让合同项下融资人的支付义务并办理担保登记，受托人与融资人需签署《支付协议》。

信托公司对目标公司享有的是因投资于特定资产收益权而要求支付特定收益的债权，与信托公司基于目标公司股东身份依据《公司法》享有的要求目标公司支付股息、红利的法定权利不同，该债权是基于合同约定产生的一种权力。因特定资产收益产生在扣除开发成本和税金之后，该项债权的设定不损害目标公司其他债权人的利益。特定资产收益权转让合同、支付协议的签署主体具有相应的民事权利能力和民事行为能力，只要合同、协议的签署系各方真实意思表示，内容不违反法律、法规的强制性规定，未损害社会公共利益，即合法有效。

特定资产收益权信托与集合资金信托存在明显的差异。在特定资产收益权信托中，委托人将特定资产交付给信托公司，委托人是融资人。信托公司通过募集资金，受让资产收益权，受益人是投资者。而在资金信托中，信托公司通过募集资金，投向标的项目，委托人和受益人都是普通投资者。

111

在投资类特定资产收益权信托中，信托公司获得的特定资产收益完全与特定资产产生的现金流挂钩，特定资产收益权可解释成不属于信托贷款，进而无须满足信托贷款的要求，可以规避房地产开发商或其他控股股东二级资质的要求。

该业务的风险显而易见，即特定资产收益的不足以及以支付特定资产收益而派生的债权的不确定性。信托公司一般要求融资人按照《财产权信托合同》约定的时间节点将一定数额的资产收益价款及时支付至信托专户，如资产收益价款不足，则融资人有差额补足义务。

为了尽可能地控制投资风险，股债结合类的特定资产收益权信托被创设。在交易结构设计上，特定资产收益设立了多种核算方式，包括按照信托预期回报和本金、按照特定资产实际收益、按照利润指标等方式，在确定最终支付价款时，取最大值。

此外，信托公司一般要求委托人将资产收益权的基础资产抵押给委托人。对房地产登记部门而言，房屋及在建工程的抵押一般担保对象为"贷款"，特别是对于在建工程，但《财产权信托合同》却很难被认定为"贷款"。实际操作中，信托公司为了顺利实现抵押权的建立，往往与融资人签订"阴阳合同"，已经有构成法律纠纷的实例，应注意防范相关法律风险。

（四）房地产信托投资载体与运作框架介绍

通俗地讲，房地产信托基金是合理运用投资规则，在拟定的运作框架下进行建立，并以资金对接项目的一种模式。股权投资类房地产信托（基金）主要包括公司型房地产投资信托、信托型房地产投资信托和有限合伙型房地产投资信托（见表3-1）。

类型一，信托型房地产信托基金

信托型房地产信托基金的基础是"信托—受托关系"，即信托公司以自

表 3-1 不同类型房地产投资信托比较

	信托型房地产投资信托	有限合伙型房地产投资信托	公司型房地产投资信托
主体资格	不具有主体资格	具有主体资格	具有法人资格
法律责任	信托公司以其持有的信托财产为限承担责任	有限合伙人以其持有的基金份额为限对基金承担法律责任；无限合伙人以其全部财产对基金债务承担连带责任	投资公司的法律责任独立于管理人以及股东的责任
出资方式	可分期或一次募集	认缴制	实缴资本制，灵活性较小
财产登记制度	缺乏相应的信托财产登记制度	合伙企业财产权属登记制度明确	公司财产权属可以进行明确的登记
基金财产独立性	基金财产作为信托财产独立于委托人、受托人和受益人的财产	有限合伙人的财产独立于信托财产，无限合伙人对基金债务承担无限连带责任	基金财产即是公司财产
管理人的权利义务	投资基金的管理为受托人，受托人为受益人的利益管理信托财产	管理人可为普通合伙人或者外聘管理公司。有限合伙人一般不参与基金管理和执行	除另有规定外主要由股东股比大小决定，也可外聘
投资人的权利义务	依据信托合同的约定	主要由有限合伙协议约定	主要由公司章程规定
收益分配	可按项目情况进行分配，灵活性大	可按项目情况进行分配，灵活性大，收益分配可不按照出资比例来灵活安排	公司盈余时才能分配，收益分配不灵活
税收	在信托层面上暂不征收所得税。但是在信托财产转让过程中需要缴纳印花税、契税等税费	仅由合伙人分别缴纳所得税，避免双重征税	基金受《公司法》和相关税收法规的约束，投资公司投资所得和股东分红双重征税

资料来源：大成律师事务所。

身名义对信托资产进行经营，最大限度地实现资产的保值增值。

1. 纯独立管理型房地产信托基金

该类型中，信托公司同时担任信托计划的受托人和房地产基金的管理人。通过设立房地产信托基金，投资于目标公司（或项目）。

纯独立管理型房地产信托基金的优势在于无须专门成立公司或有限合伙企业，而是利用法律关系将各方联系在一起，从而避免大量人力和物力的投入，通过当事人之间达成合作协议，运营成本和税负成本相对较低。

信托型基金由信托公司主动发起设立，信托公司拥有较大的管理权限，信息充分、控制力强、项目收益可观（见图3-1）。

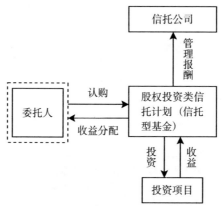

图 3-1　纯独立管理型房地产信托基金

独立型房地产信托基金的劣势在于基金收益完全依赖于项目利润，对信托公司的项目筛选和主动管理能力要求很高。同时，投资者的认可度、信托公司的项目资源及风险处置能力和处置渠道面临挑战。

独立型房地产信托基金的实施关键与风险点：

（1）对信托公司选择项目的要求很高，需要对项目前景、成本和资金管理有深厚的经验。信托公司应建立专业的房地产业务管理团队，深度研究房地产开发流程和中后期管理。

（2）成立投后管理团队和风险处置小组，制定相关风险处置预案。必要时，应与当地资产管理公司及房地产企业建立战略合作关系，在风险处置方面密切合作。

（3）设置投资预警点止损点，重视项目风控措施设置：包括但不限于第三方担保、抵（质）押、资金监管、结构化设计、掌握股权、参与公司治理、控制项目核心资产等。

2. "房地产信托基金+投资顾问模式" 房地产信托基金

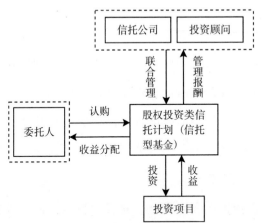

图 3-2 房地产信托基金+投资顾问模式房地产信托基金

该模式下，信托公司负责资金端的资金募集、财产监管和交易结构设计，具体投资决策和中后期管理由专业的房地产投资管理机构负责。

房地产信托基金+投资顾问模式除具有独立管理型房地产信托基金的优势外，该模式由于引入了专业外部机构负责投资和后续管理，降低信托计划的管理难度；减小了项目投资风险和信托公司的经营压力，产品吸引力亦得到加强（该模式实例可参照《投资类房地产信托案例》一章"案例一"）。

房地产信托基金+投资顾问模式的劣势在于，信托公司或信托财产需向投资顾问公司支付管理费，降低了项目收益。同时，该模式对于投资顾问公司的利益及风险承担责任绑定有限。

地产信托基金+投资顾问的实施关键及风险点：

（1）需选择口碑好、投资管理能力强的专业投资顾问机构（优先选择在当地业务开展较为丰富的地产集团旗下投资管理公司）；建立对投资顾问的管理考核机制，要求投资顾问定期向信托公司披露项目信息，包括工程、财务、销售以及其他重大事项，同时应尽量要求投资顾问进行跟投，绑定投资顾问的义务和收益。

（2）成立风险处置小组，制定相关风险处置预案。应与当地资产管理公司及房地产企业建立战略合作关系，在风险处置方面密切合作。

（3）成立投后监督管理团队，重大投资决策均需信托公司确认并对重大事务拥有一票否决权，日常管理和特定事项可由投资顾问依法依约进行。

（4）目标公司相关风控措施设置，包括第三方担保、抵押/质押、结构化设计、设置风险预警点止损点，资金监管、委派董事、掌控核心项目公司股权、控制项目核心资产等。

（5）设置投资预警点和止损点，重视项目风控措施设置：包括但不限于第三方担保、抵（质）押、资金监管、结构化设计、掌握股权、参与公司治理、控制项目核心资产等。

类型二、以有限合伙企业为平台的房地产信托基金

股权投资类房地产信托由于交易结构复杂，对运营管理要求高，资金募集、资金使用及管理以及产品交易和退出是三个最重要的环节。信托计划与有限合伙制度的结合，发挥了信托计划与有限合伙基金各自的优势。在此类信托中，有限合伙企业的角色包括：前期筛选项目、前期投资和中后期管理等。

有限合伙基金利用合伙人之间的协议安排对合伙企业的管理和分红等关键事项进行灵活约定，实现管理机制、激励机制的重构，使各方资源得到合理配置，责任权利清晰，决策效率高，运营成本相对较低。在税收上，按照我国 2007 年 7 月 1 日修订的《合伙企业法》，有限合伙企业不是纳税主体，有限合伙制投资基金的税费由合伙人各自承担，避免了重复征税，税收优势明显。此外，由信托计划认购有限合伙基金的有限合伙份额，可以解决有限合伙企业受 50 个合伙人人数限制导致资金规模募集受限的问题。融资人可以以其物业资产换取部分有限合伙份额，也可以使旗下物业管理公司成为有限合伙企业的普通合伙人。

（1）有限合伙型房地产股权投资基金的运行要点。

设计有限合伙型房地产股权投资基金应关注出资、决策机制及收益分配等主要环节。

有限合伙私募基金的出资方式采用认缴制。认缴制使得有限合伙企业的资金可以逐步到位，增资灵活，合伙人可以根据合伙企业的实际投资需要和投资收益选择是否追加资金。现有法律对有限合伙型私募基金的最低出资数额尚没有明确规定，但在办理备案手续时，需满足有关部门关于出资数额和方式的要求（比如，上海地区要求股权投资有限合伙企业出资额不低于 1 亿元，且仅限于货币形式，单个投资者不低于 500 万元）。实务中，有限合伙企业一般依靠普通合伙人的投资决策与经验，而非普通合伙人出资义务。因此，普通合伙人一般只进行象征性出资，其出资的比例一般占总出资额的 1%~2% 左右。关于出资人的数量，法律规定有限合伙企业的合伙人为 2~50 人，有的有限合伙人为了规避上述限制，采用以集合资金信托计划认购有限合伙份额的形式。但需要注意的是，部分省市禁止信托计划成为有限合伙人，如上海地区相关部门要求股权投资企业的合伙人应当以自身名义进行出资，实际上相当于禁止信托计划进行投资。

关于决策机制，有限合伙企业的组织架构实现了高度专业化分工与合作的管理机制。信托公司负责产品设计，并监督项目运行和控制现金流。有限合伙企业普通合伙人管理基金的整体运行，并承担无限连带责任。这里应注意有限合伙人的"安全港原则"（Safe Harbor），即，按照《合伙企业法》第六十八条的规定：有限合伙人不执行合伙事务，不得对外代表有限合伙企业。有限合伙人的下列行为，不视为执行合伙事务：（一）参与决定普通合伙人入伙、退伙；（二）对企业的经营管理提出建议；（三）参与选择承办有限合伙企业审计业务的会计师事务所；（四）获取经审计的有限合伙企业财务会计报告；（五）对涉及自身利益的情况，查阅有限合伙企业财务会计账簿等财务资料；（六）在有限合伙企业中的利益受到侵害时，向有责任的合伙人主张权利或者提起诉讼；（七）执行事务合伙人怠于行使权利时，督促其行使权利或者为了本企业的利益以自己的名义提起诉讼；（八）依法为本企业提供担保。实践中，有的合伙企业约定，有限合伙人可通过由其组成的合伙人大会或由其指派代表参与的决策委员会就有限合伙企业除经营管理以外的事项进行决策。该条款既保障普通合伙人对合伙企业的经营管理权利不受有限合伙人干涉，也维护有限合伙人享有法定的监督权、建议权和督促权。需要注意的是，有限合伙人不应在合伙人大会或决策委员会框架内履行超过"安全港"之外的职责，否则可能被认定为违背"有限合伙人不能执行合伙事务"这一原则，从而被要求承担连带责任。

收益分配是有限合伙型房地产股权基金结构设计的关键问题。参与分配的项目主要是有限合伙人和普通合伙人的出资、管理费、有限合伙人的优先收益以及普通合伙人的业绩提成。有限合伙企业中，一般设定投资收益率的门槛。有限合伙人一般按原始出资额获得门槛收益（hurdlerate），普通合伙人的收益主要来自管理费和业绩分成。其中，管理费通常按年收取。如果有限合伙人的实际收益率未超过门槛设定，则普通合伙人无法获得业绩提成。如果超过门槛收益，则有限合伙人和普通合伙人可对超出的收益进行分成，普通合伙人一般按照 20%~30% 提取。

一般而言，在投资项目获得现金流后，将取得的收入扣除有限合伙企业运行所必要的费用（包括有限合伙企业承担的税收和固定管理费等）

后，向合伙人进行分配。有限合伙企业进行货币分配，一般按下列顺序进行：①向所有有限合伙人分配，直至所有有限合伙人均收回其实缴出资额；②向普通合伙人分配，使普通合伙人收回其实缴出资额（如有）；③向所有合伙人分配，直至各合伙人实缴出资额的内部收益率达到一定水平（核算内部收益率的期间自各合伙人实缴出资到位起到收回该出资之日止）；④如有余额，按____%给普通合伙人、____%给全体合伙人的比例分配。全体合伙人应分得的部分在全体合伙人之间根据其实缴出资额按比例分配。

从整个交易框架来看，普通合伙人对合伙企业债务承担无限责任，促使普通合伙人对自身及有限合伙人的出资承担管理职责，同时，对于基金管理费的提取以及收益部分的分成，增强了普通合伙人的管理动力。

虽然有限合伙企业的架构优势明显，但是信托公司也应该认识到，很多有限合伙企业普通合伙人由注册资本很低的有限责任公司担任，仅承担有限责任，风险承担能力十分有限。为了进一步防止普通合伙人出现道德风险和管理失当，保障有限合伙人的收益，除了通过收益分配对普通合伙人进行激励外，有限合伙型房地产投资基金有时还会设定回拨机制。在基金运行期间或者投资期结束，如果有限合伙人的投资本金未能收回或收益未达到拟定的标准时，则约定普通合伙人"拨"其前期取得的收益，用于弥补有限合伙人的本金或收益，普通合伙人的回拨金额通常限定其从基金中已获得的税后收益分成。实践中，可以通过保证和提存账户等手段来确保普通合伙人具备相应的回拨能力。比如，某有限合伙基金约定，普通合伙人应至少留存收益的 50%，在有限合伙基金发生亏损或未能达到 8%的最低收益时，用于弥补亏损或补足收益。

综上所述，有限合伙型房地产股权投资基金的设立相对简单，审批环境宽松，无须验资，也不存在双重征税的情况，具有一定的税收和运营成本优势。灵活的机制使其具备了整合人力资源、资金资源和项目资源的能力，同时便于约定收益分配、管理责任、激励机制等。基金可通过 IPO、管理层回购、项目及资产出售、利润分配、退伙等方式实现退出，并通过回拨机制等手段保障权益，相关情况将在后文进行详细讲解。

（2）有限合伙企业基金的现金流保证设计。股权投资类集合信托（基金）存在的主要风险之一是流动性风险。这种风险可能是由投资期现金流回笼的不确定性和滞后性导致的，也可能是由融资人整体的资金链断裂导致的。以下几种方式可以对流动性风险起到一定的缓解作用：一是设立流动性补足方（融资方和/或次级受益人），在流动性不足时，由其按照差额认购信托收益权；二是在信托成立时，通过超募储备流动性；三是要求融资人或其认缴一定数额的有限合伙份额（一般称为 T 类有限合伙份额）。

（3）有限合伙企业基金的退出方式。有限合伙企业的资金退出方式包括分配合伙企业利润、股权回购及业绩补偿、减资、清算、退伙等方式，同时，各方式均需满足合伙企业内外部法定程序约定。

1）退出方式——分配合伙企业利润。《合伙企业法》第三十三条第一款明确了合伙企业利润分配的原则，即合伙企业的利润分配方法和亏损分担方法，均由合伙协议约定，按照约定处理。如果合伙协议对利润分配或亏损分担未作约定或者约定不明，则由合伙人协商确定；协商不成的，由各合伙人按照实际的（而非约定的）出资比例分配利润和分担亏损。如果无法确定各合伙人的出资比例，则由各合伙人平均分配利润和分担亏损。但是，合伙协议不得约定将全部利润分配给部分合伙人或者由部分合伙人承担全部亏损。如果有这样的约定，则属无效，而应依照合伙企业法的相关规定处理。

合伙企业可分配的利润是指股东分红、利息及其他现金收入扣除相关税费后可供分配的部分（有限合伙企业不缴纳所得税）。根据上述法律条款，有限合伙企业各合伙人可以自由协商利润分配机制，但一个重要前提是，在利润分配时普通合伙人和有限合伙人不能侵犯债权人利益。

2）退出方式二——目标公司股权回购或业绩补偿。为了顺利实现退出，有限合伙基金往往设定在未达到某种条件时，触发特定对象对投资目标公司进行回购或业绩补偿的机制。与对赌情形类似，签订此类条款时，应注意和控股股东、实际控制人或者其他管理方进行约定，避免被认定为损害债权人利益的情形。

3）退出方式三——减资。有限合伙企业减资包括两种情形，一是减少实缴资本但认缴资本不变，二是实缴资本和认缴资本同时减少。

"实缴资本和认缴资本同时减少"的情形构成《国家工商行政管理总局关于做好合伙企业登记管理工作的通知》项下的"减资"，合伙企业应向工商局申请变更登记。《国家工商行政管理总局关于做好合伙企业登记管理工作的通知》"关于变更登记"第（六）项规定，合伙人增加或减少对合伙企业出资的，提交全体合伙人对该合伙人认缴或者实际缴付出资的确认书。在减资后的义务承担上，根据《合伙企业法》第六十五条，有限合伙人将在未缴付的出资限度内，对合伙企业的债权人需承担连带责任。从保护债权人角度看，对于工商变更登记前已存在的债权，有限合伙人仍应以减资前的认缴资本为限承担责任。

4）退出方式四——清算。清算通常包括两种，一种是破产清算，一种是主体解散时的清算。这里主要是指后者。根据《合伙企业法》第八十九条规定："合伙企业财产在支付清算费用和职工工资、社会保险费用、法定补偿金以及缴纳所欠税款、清偿债务后的剩余财产，依照本法第三十三条第一款的规定进行分配。"有限合伙协议一般需明确清算事由、清算人、清算事务、清偿顺序、解散后原合伙人的责任等要素。其中，合伙企业财产清偿顺序一般按照如下顺序进行：①支付清算费用；②合伙企业所欠职工工资和劳动保险费用；③合伙企业所欠税款；④合伙企业的债务；⑤返还合伙人的出资。在按上述顺序清偿后，合伙企业财产仍有剩余的，可按照合伙协议约定的方式和比例分配给合伙人。

5）退出方式五——退伙。《合伙企业法》第四十六条规定："合伙协议未约定合伙期限的，合伙人在不给合伙企业事务执行造成不利影响的情况下，可以退伙，但应当提前三十日通知其他合伙人。"第四十五条则规定了可以退伙的条件，包括：①合伙企业约定的退伙事由出现；②经全体合伙人同意；③发生合伙人难以继续参加合伙的事由；④其他合伙人严重违法合伙协议约定的义务。至于退伙后财产的清算，《合伙企业法》第五十一条规定，合伙人退伙，其他合伙人应当与该退伙人按照退伙时的合伙企业财产状况进行结算，退还退伙人的财产份额。退伙人对给合伙企业造成的损失负有赔偿责任的，相应扣减其应当赔偿的数额。《合伙企业法》第八十一条规定，有限合伙人退伙后，对基于其退伙前的原因发生的有限合伙企业债务，以其退伙时从有限合伙企业中取回的财产承担责任。

（4）有限合伙企业基金的主要模式。

模式一，信托计划 LP+实际控制人 GP+LP

该模式下，信托公司设立股权投资信托计划，并以募集资金购买有限合伙基金 LP 份额，融资人的实际控制人成立基金管理公司作为 GP 扮演项目管理人角色，负责房地产基金的投资、管理及运作，并对有限合伙企业发生的债务承担无限连带责任。有时实际控制人通过旗下地产开发公司认购一部分 LP 份额。

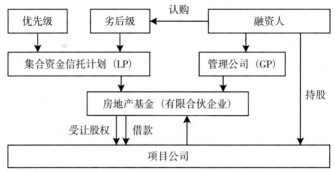

图 3-3　信托计划 LP+实际制人 GP+LP

　　该模式的优势在于，信托公司从独立选择房地产基金项目变为选择合适的房地产基金管理人，信托资金仅作为 LP 投资房地产基金份额，基金管理公司作为 GP 管理有限合伙基金并对其发生的债务承担无限连带责任，分担了信托公司对于房地产基金的主动管理职责和投资风险。另外，该模式运作成熟后，可转变成为配置型地产基金，即由信托公司募集资金对市场表现优秀的地产基金产品进行配置，信托公司成为 MOM（管理人的管理人）。

　　该模式的劣势在于信托公司不实际参与基金日常运作，对项目把控能力较弱，容易造成信息不对称，特别是风险因素无法及时掌握。信托公司作为信托计划管理人，虽然不直接选择项目，但仍然对选择合适的房地产基金管理人负有责任，且选择过程中存在人为因素。而对于管理人而言，如果 GP 的认购主体为有限责任公司，则很可能面临对有限责任公司追责程度有限的尴尬情形。

　　信托计划 LP+实际控制人 GP+LP 模式的实施关键及风险点：

　　第一，地产基金管理人的选择至关重要，信托公司首先应建立对地产基金管理人的评选考核标准，建议优先选择开发经验和行业资源丰富、拥有完善操作流程和管理制度、管理基金规模大的地产公司旗下基金管理人。

第二，成立风险处置小组，制定相关风险处置预案。应与当地资产管理公司及房地产企业建立战略合作关系，在风险处置方面密切合作。

第三，设置投资预警点止损点，设立退出机制，监控地产项目的开发及销售等各个环节，重视项目风控措施设置：包括但不限于第三方担保、抵（质）押、资金监管、结构化设计、掌握股权、参与公司治理、控制项目核心资产等。

模式二，信托计划+融资人+基金管理公司 LP+双 GP

该模式下信托公司设立投资平台公司和基金管理公司共同作为 GP，是在决策委员会框架下的一种联合投资管理模式。

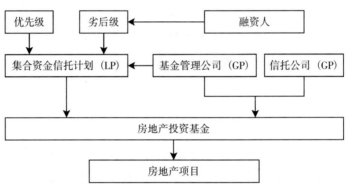

图 3-4 信托计划+融资人+基金管理公司 LP+双 GP

该模式无须成立合资公司，通过协议约定，方式灵活。信托公司与基金管理公司在投资决策委员会的框架下共同作为 GP，双方共同管理房地产投资基金；同时要求基金管理公司也实际认购一部分 LP 份额，对地产基金管理公司绑定程度较高。

该模式的劣势在于，信托公司与地产基金管理公司共同担任 GP，风险认定和收益划分可能不明确；另外，各地对有限合伙企业的税收政策不尽相同，税收负担可能影响项目的投资收益。

信托计划 LP+Co-Gp+基金管理公司 LP 模式的实施关键及风险点：

第一，与基金管理公司就收益分成、跟投比例以及风险收益承担等问题进行约定。

第二，设置投资决策委员会，并就资金运用限制、投资决策权、投资决策流程等方面做详细约定。

第四章　投资类房地产信托案例

投资类房地产在交易结构设计、风险把控和中后期管理方面对信托公司的要求很高。本章节将列举信托型、有限合伙型、公司制以及股权受益权四大类房地产投资类信托案例，结合前三章的内容，对投资类房地产信托进行深入讲解。

第一节　信托型房地产投资信托案例

案例一

一、项目基本情况

该案例是信托型房地产信托的框架搭建案例。

信托公司发起集合资金信托计划，用于对优质房地产项目及其他符合条件的企业进行特定的股权投资、发放中短期贷款的债权投资、收购兼并等。该信托计划期限 5 年，初始募集规模拟人民币 10 亿元。信托单位分为优先级信托受益权和普通级信托受益权，比例不超过 3∶1，其中普通级

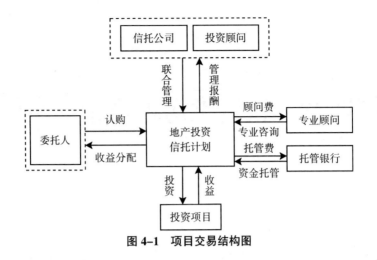

图 4-1 项目交易结构图

受益权由投资顾问以现金认购。优先级信托单位期限 3 年，期间受托人有
权增发优先级信托受益权，并与信托计划成立时发行的优先级信托受益权
同时到期。信托计划满两年时受托人有权提前结束并另行增发优先级受益
权。另外，当信托计划普通级信托受益权的总投资收益率超过 10%/年时收
取绩效管理报酬，绩效管理报酬按照 1∶1 在信托公司与投资顾问间分配。
信托公司与投资顾问签订《投资顾问协议》，并共同制作及承诺遵守《管理
规范》，以规范双方在信托计划运行过程中的权责划分。信托公司另聘请
某房地产行业咨询顾问，协助进行房地产项目价值判断，风险评估及过程
管理。原则上投资区域限定于经济发展趋势良好的省会城市，启动退出安
排的最后时点设定在所投资项目销售率达到 80% 或到达信托计划结束期限
届满前两个月时（取先到者）。债权投资类项目采用融资方期间支付权利
维持费，到期时购买股权的方式退出，如融资方未履行则直接处置资产或
向第三方出售股权。股权投资类项目采用项目公司分红、减资、向其他股
东或第三方转让股权等方式退出，各种退出方式将根据实际情况组合使
用。在临近预定退出时限且未达到预期投资回报收益时，信托公司有权根

据实际市场情况利用对项目销售权的控制进行资产的降价销售，所得回款通过前述退出方式回收。在信托计划中，普通级受益人不设预期收益率，其收益取决于信托计划最终的投资运作业绩。每个收益分配日（首次为成立之日起两年）可获得不超过当期（首次分配期间为两年）非优先级受益人可分配收益的 50%作为期间分配收益。

由于信托计划后续投资项目不确定，因此提前对投资项目、顾问管理、项目公司管理、担保措施和风险缓释机制进行详细约定非常重要。

（一）项目投资标准

针对项目投资标准，信托公司分债权和股权投资项目进行了准入限制：

1. 债权投资标准

（1）优质上市公司股票质押贷款（质押率不高于 40%）。

（2）优质非上市公司股权质押贷款（质押率不高于 50%）。

（3）优质不动产抵押贷款（抵押率不高于 40%）。

（4）贷款期限与信托计划期限匹配。

（5）单一项目投资总额原则上不超过信托计划总规模的 50%。

（6）借款人还款来源明确，借款人的预计现金流收入可以偿还贷款本息（借款人的未来现金流收入包括自有资金、营业收入、金融机构融资及其他收入）。

（7）对房地产企业所进行的债权投资应严格按照监管部门及信托公司相关规定执行。

（8）符合其他有关信托贷款的法律、行政法规规定。

2. 股权投资标准

（1）项目所在城市法制保障健全、经营环境良好。

（2）单一项目投资总额原则上不超过信托计划总规模的 30%。

（3）项目投资周期与信托计划期限匹配。

（4）拟投资项目公司不存在权属纠纷，无重大法律瑕疵。

（5）具有竞争力的价格优势，项目投资潜在回报 IRR 不低于 18%。

（6）有明确的退出渠道。

（二）顾问管理

针对顾问管理，本案例中，项目分别设置了投资顾问和专业顾问。投资顾问和专业顾问分别对进入投资项目储备库的拟投资项目开展尽职调查并进行独立的可行性分析评估。投资顾问和专业顾问分别根据拟投资项目的尽职调查情况制作独立的项目可行性分析报告，并将项目可行性分析报告提交信托公司。投资顾问负责对项目进行实操，并通过认购次级进行责任绑定；专业顾问则侧重独立服务于信托公司一方，为项目的整体运作进行把关。

信托公司约定，投资顾问（次级委托人）的具体职责包括：①开展前期市场调研，对有投资价值的项目进行搜集、研究、筛选，进行初步评审，并根据初审情况决定是否纳入投资项目储备库；②对进入投资项目储备库的拟投资项目进行独立的可行性分析评估；③根据《投资顾问协议》的要求提交项目可行性分析报告；④根据项目公司章程的约定，委派人员担任项目公司的总经理等高级管理人员，负责信托计划所投资项目公司的日常管理及项目运作实施，以实现项目公司股权价值的提升，并根据《投资顾问协议》的要求定期向信托公司提交项目运营报告；⑤《投资顾问协议》约定的其他职责。

专业顾问的具体职责包括：①开展前期市场调研，对有投资价值的项目进行搜集、研究和初步筛选，并向投资顾问推荐潜在项目；②对进入投资项目储备库的拟投资项目开展尽职调查并进行独立的可行性分析评估；

③根据相关专业顾问协议的要求制作项目可行性分析报告，并提交信托公司；④对于房地产行业的项目，房地产专业顾问应为信托公司所投资具体项目的房地产开发、建设和销售等提供相关房地产专业顾问服务，根据项目需要和/或信托公司的要求对信托计划投资的项目的工程质量和进度等问题提供咨询顾问服务，对信托公司应对项目开发所进行的监管提出合理化建议，并根据房地产专业顾问协议的要求定期向信托公司提交工程质量和进度报告；⑤相关专业顾问协议约定的其他职责。

（三）项目公司管理

对于项目公司的管理，信托公司将其细化为控股和非控股的情况。

若信托计划控股项目公司，则在管理中要求：

（1）项目公司章程的起草和修改应根据《管理规范》进行，并经信托公司书面同意。

（2）信托公司（作为项目公司控股股东）将负责项目公司的管理及项目的实施运作，具体方式包括但不限于委派人员担任项目公司的董事长、董事、监事、财务部门负责人等相关管理人员。

（3）信托公司和投资顾问委派人员担任的项目公司董事、监事、总经理等相关管理人员。如有1个董事名额，则由信托公司委派人员担任；如有2个以上董事名额，则投资顾问委派其余董事。

（4）项目公司董事长、监事以及财务部门负责人应当由信托公司委派的人员担任；项目公司总经理可由投资顾问委派的人员担任。

（5）信托公司和投资顾问委派的董事、监事、总经理和其他相关管理人员应根据信托公司的观点、意见发表或出具相关文字材料。

（6）信托公司对项目公司资金使用情况进行监控，项目公司单笔资金支付超过500万元应由项目公司董事长签字批准。

（7）投资顾问委派人员担任项目公司总经理的，负责项目公司日常管理及具体项目的运作实施，并根据《投资顾问协议》的要求定期向信托公司提交项目运营报告。

（8）项目公司董事长同时担任项目公司法定代表人，负责项目公司相关法律文件的签署。法定代表人如需授权他人代签，需出具书面授权文件，并详细描述授权范围、所签署的法律文件等。

若信托公司不控股项目公司，则在管理中要求：

1）如项目公司原股东等交易方同意由信托公司负责项目公司的管理及项目的实施运作、取得项目公司经营控制权，包括但不限于委派人员担任项目公司的董事、监事、总经理等相关管理人员的，则项目公司的管理方式同前述信托公司控股的项目公司的管理进行。

2）如项目公司原股东等交易方不同意信托公司负责项目公司管理及项目的实施运作、信托公司不能取得项目公司经营控制权的，则信托公司和投资顾问应当以保障信托计划利益最大化原则出发，与项目公司原股东协商确定信托公司和投资顾问参与项目公司管理的方式、深度等内容。

（四）担保机制

在担保机制方面，在信托计划项下具体项目实施时，信托公司根据交易对手的风险情况，分别或综合采用抵押、质押、保证金、信用保证、锁定销售等不同担保措施，控制信用风险。在项目筛选时优先考虑有股权回购能力的企业，并在股权投资中附加原股东回购的条款，降低股权投资退出时的流动风险。

二、项目综合评价

房地产投资基金类的信托计划一般分为两种，一种是房地产开发企业与信托公司成立资金池，纯粹投资于自身旗下房地产开发项目；另一种是房地产开发企业（或旗下管理公司或专业开发咨询公司）与信托公司合作，共同发掘其他优质房地产项目。本项目属于后一种。

房地产信托基金的特点是分散投资、专业化管理和组合投资。此类产品一方面在资金端要求有较强的募集能力，另一方面，在资产端对项目筛选和组合投资能力要求较高。因此，信托公司通常通过聘请投资顾问以提高项目运行能力。组合投资有利于资产的多元化配置并分散投资风险。

案例信托计划资金用途以向房地产项目股权投资为主，资金用于以股东身份参与项目公司投资管理，谋求项目开发收益，在对不具备融资条件（二级房地产开发资质、四证、项目资本金）的房地产项目进行股权投资时，若不存在投资附加回购承诺等间接融资情形，将不违反法律法规和银监发〔2008〕265号等房地产信托投融资监管政策；对于债权投资项目，作为投资顾问协议、房地产专业顾问协议附件的管理手册对债权投资标准有明确规定，对企业所进行的贷款等债权投资应严格按照监管部门及信托公司的相关规定执行，因此，本案例在按照该债权投资标准实施的情况下，将不违反银监发〔2008〕265号等房地产信托融资监管政策。

信托计划对信托财产的估值方法有明确约定，在确认优先级受益人是否能获取约定的较高收益上，对股权资产价值的估算上作了合理的安排，信托计划书、信托合同等法律文件对上述安排进行了约定，有利于优先级受益人的利益保护。

该信托计划在实际运行过程中，应注意以下风险：

（1）过程管理风险。应对项目"四证"的取得、建设销售等环节设置进度考察时点，加强对目标企业的监控，重视分析企业的财务与经营状况，做好资金运用的监控、销售现金流管控和股权价值管理，聘请信托公司认可的评估机构定期进行资产评估，发现问题及时采取措施，启动风险处置预案。

（2）市场、政策风险。应加强对相关地区市场供需、价格等方面的持续关注，针对市场变化合理制定销售策略，并对政策变化给企业带来的影响进行必要关注。

（3）资金退出风险。应对项目潜在股权收购方的履约能力、履约意愿进行持续跟踪及评价，对资金退出拟定完备的风险应急处置预案，对整体转让提前做好相关安排。

（4）流动性时点偿付风险。应针对信托计划层面信托利益偿付的时点压力，对各投资项目的现金流及资金退出时点做好详细的规划安排，确保信托利益的如期实现，并减少资金闲置，应根据项目运行情况决定是否提前清退部分或全部信托本金。应明确信托计划层面对于各项目收益核算、收益分配等方面的相关规则。

（5）合作伙伴尽职风险。为防止投资顾问通过其他合作伙伴在基金进行项目公司股权出售环节进行利益输送，信托公司采取了两重措施，一是通过基金所聘请的房地产专业顾问了解该拟出让股权的真实价值，并通过该顾问的专业渠道寻找更合适的受让方；二是将基金处置股权的决策权置于信托公司，以有效防止有损受益人利益的不正当利益输送的出现。信托期间，应明确合作伙伴对各项目管理的责任义务，敦促其提供尽职、高效的服务。

（6）土地取得风险。如果信托项目需要在土地获取阶段介入的，可能面临：①项目土地在招拍挂过程中，融资人未能通过竞投取得项目土地使用权；②项目土地在土地收储、土地性质变更、招拍挂竞投等程序用时过久，影响信托计划资金的使用功能和项目建设和销售进程；③融资人在项目以住宅/商业/写字楼/酒店为土地使用性质的土地使用权竞投虽获成立，但其土地性质、土地容积率、土地使用权年限、建筑高度与《协议书》和其他相关信托文件规定不一致，进而影响项目的建设效能和信托资金收益；④融资人在项目以住宅、商业、写字楼、酒店为土地使用性质的土地使用权竞投虽获成立，其竞投价格高于人民币×亿元，进而影响信托计划的收益。

为了保证信托计划在融资人取得项目土地的前提进行运营，建议采取以下防范风险的举措：①在《项目开发合作协议书》和其他相关信托文件中规定，信托计划成立后的×日以内，融资人在项目以住宅/商业/写字楼/酒店为土地使用性质的土地使用权竞投中未获成功，信托计划应当提前结束；②在《项目开发合作协议书》和其他相关信托文件中规定，信托计划成立后的×日以内，融资人在项目以住宅/商业/写字楼/酒店为土地使用性质的土地使用权竞投虽获成立，但其土地性质、土地容积率、土地使用权年限、建筑高度与《项目开发协议书》和其他相关信托文件规定出现10%以上的变化，信托计划应当提前结束；③在《项目开发合作协议书》和其他相关信托文件中规定，信托计划成立后的60日以内，融资人在项目以住宅/商业/写字楼/酒店为土地使用性质的土地使用权竞投虽获成立，但其竞投价格高于人民币×亿元的，信托计划应当提前结束；④在《合作协议书》和其他相关信托文件中规定，因前述①、②、③情形发生导致信托计划提前结束，融资人按照信托计划所筹集的优先级、中间级信托资金总额年化＿＿％的融资成本的标准向信托公司支付Y个月的信托计划提前结束的融资成本和费用，计人民币＿＿万元。前述费用，在后述⑤规定的保证金中扣付；⑤在《合作协议书》和其他相关信托文件中规定，在信托计划成立后的10个工作日以内，融资人或其实际控制人将不少于人民币Z万元的资金作为信托计划因未能按照信托文件规定取得项目建设用地提前结束的保证金。

最后，对信托计划进入实施阶段的相关建议：

（1）充分发挥投资顾问、专业顾问的行业优势和资源，积极发掘和培育潜在的项目资源，为信托计划提供较为充足的项目资源储备。同时，充分利用信托计划提供的经信托公司提议并经受益人大会批准的信托财产的其他投资业务，信托公司可自主决策并负责具体项目的实施管理的投资权限与管理空间，关注其他各种潜在的投资机会，必要时提交受益人大会批准实施。

（2）根据控股项目、非控股项目以及债权项目的投资标准和项目管理的运行情况和实际效果，适时商同投资顾问、专业顾问调整或者修订《项目管理规范》，完善对项目投资标准和管理措施。

案例二

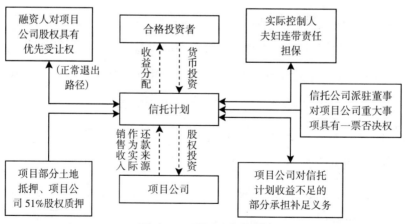

图4-2 项目交易结构图

一、项目基本情况

信托公司与融资人共同组成联合体参与项目地块竞拍，若竞拍失败，融资人支付信托收益及本金，信托计划结束。若竞拍成功，则信托计划对项目公司进行增资。信托公司通过成立股权投资类集合资金信托计划募集不超过 14 亿元资金投向融资人主导开发的某项目；募集资金中部分用于向融资人增资，增资后持有项目公司 49% 股权，剩余资金以资本公积形式注入项目公司；交易对手股东需对应向项目公司增资，保证完成股权变更后，信托公司可享有与出资额度相当的股权权益。信托公司向融资人或其指定第三方赋予信托计划持有的该项目公司股份的优先回购权并约定该优先回购权对价为每年投资本金的 12%；若融资人或其指定第三方按期支付行权费并在约定期限选择回购项目公司股权，信托计划即可实现安全退出；若融资人或其指定第三方未按约定支付行权费或到期选择放弃行权回购股权，信托公司将对外处置信托公司持有项目公司 49% 股权，且交易对手须随同信托公司一并处置其自身持有的项目公司 51% 股权。项目公司处置所得的分配顺序为：①信托计划的资本金部分 14 亿元；②信托计划投资预期收益 14 亿元 × 12% × T/360；③融资人股东出资的资本金；④剩余部分由信托计划与融资人按照资本金投入比例进行分配。

项目具体操作流程如下：

（1）融资人获取土地成交确认书，支付保证金及首期地价款。

（2）信托计划根据拿地金额，确认募集规模，进入募集流程，在资金募集后向融资人增资，增资后持有融资人 49% 股权。剩余信托资金以资本公积方式进入融资人。行权费的计算时间从信托生效之日起开始计算。

（3）增资完成后办理剩余 51% 股权质押，监管信托资金用于地价款支付，融资人承诺在一定期限内办理完毕土地证并抵押至信托公司。

（4）办理工商变更登记，重新拟定项目公司章程并备案，信托公司向项目公司派驻董事一名。新的公司章程中规定日常经营管理流程，并针对其中特别事项，赋予董事一票否决权。特别事项包括：①对外投资、对外担保（对购房人的担保除外）、对外借款和预算外重大资产处置等重要事项；②销售资金向关联方支付。公司定期召开董事会，融资人需将会议议案提前向信托公司进行申报，并确定决策原则或得到公司授权后在董事会行使投票权利。

（5）项目进入投后管理阶段。

若处置收入不足信托计划的本金及预期收益，则无须向融资人分配。

基于以上操作流程，信托公司将项目实施的必要条件设定为：①项目公司确已通过招拍挂程序取得标的项目全部土地使用权；②项目公司股东已将土地出让金中的 12 亿元先行注入项目公司；③项目公司已取得房地产开发资质。

同时，为了减小风险，信托项目设置了如下风险控制措施，包括：

（1）差额补足义务：若信托计划需将所持股权对外进行处置的，信托计划本金、信托计划收益未达到 12% 的，由融资人进行补足。

（2）土地抵押：融资人承诺项目土地证办理完毕 10 个工作日内将项目土地申请办理抵押，为上述差额补足义务提供抵押担保。

（3）股权质押：融资人将持有的 51% 股权质押给信托计划，为上述差额补足义务提供质押担保。

（4）保证担保：融资人实际控制人夫妇为上述补足义务提供连带责任保证担保。

（5）信托资金监管：监管信托资金专项全额用于土地款支付，与融资人签署信托资金监管协议，融资人提供用款申请，监管信托资金进入缴纳土地款的账户中。

（6）参与公司管理：信托计划向融资人派驻董事，对其日常运营享有监督权，并对特别事项有 1 票否决权。重大事项包括但不限于公司对外借款、对外担保、土地及在建工程对外抵押、项目资金向关联方转出、项目开发进度半年以上的调整等。上述重大事项经全体董事一致同意后有效，如果各方未能按照董事会决议执行，且未能提供合理解释的或未能在规定期限内整改的，则信托公司有权决定信托计划进入处置期，并处置目标股权。

（7）后续开发建设补足：信托计划存续期间，融资人承诺对项目开发建设的资金缺口予以补足或以开发贷形式向银行借款；公司章程中明确约定，未经董事会许可不得向项目公司股东及关联方支付。

项目剩余货值超过信托资金本金的 1.2 倍时（剩余货值以项目首次开盘的销售均价为基准，按照预计剩余可售面积计算的总货值），项目资金可以向股东或关联方支付，需以债权的形式加以确定，同时融资人需对借款人的还款义务提供连带责任担保。同时在融资人或者其指定第三方不行权时，关联方借款人需向融资人归还关联款，并收取自资金被占用之日起计息的资金占用费，利率为中国人民银行同期贷款利率上浮 20%。

二、项目综合评价

本案例以股权方式投资于融资人，参与融资人地产项目的开发建设。退出方式为"通过对外向不特定第三方转让股权或减资、分红等方式实现投资退出、获取投资收益"，未直接或变相事先安排或体现原股东或其他第三方回购股权。项目公司原股东就信托计划对目标公司股权投资的年化收益率未达 12% 的部分提供差额补足义务，但收益上不封顶，具有浮动特征。该"对赌"性交易安排是目前国内外通行的非上市公司股权投资主要风险控制手段之一。上述交易结构不违背银监办发〔2008〕265号、银监发〔2009〕25号、银监发〔2009〕84号、银监发〔2010〕54号文等房地产信托业务相关监管规定。

本案例中募集资金最终用途是向融资人增资，信托收益来源为融资人或其指定第三方的行权费，或处置期股权转让所得。标的项目是否按照计划高质量地完成并取得预期收益，直接影响信托计划在运营期所能取得的收益，以及在处置期能否实现退出。项目公司管理团队能力，项目资金挪用，开发进度延缓等，均可能导致标的项目建设受阻，股权价值受到不利影响。如若融资人方自身经营管理不当，导致本房地产项目投资失败，股权处置款存在能否覆盖信托本金的不确定性，有一定风险敞口。若融资人未在满2年时购买信托计划持有的融资人49%的股份，信托计划将通过处置融资人的股份实现退出，有可能产生处置过程中工商变更或税务处理中出现无法预料的环节，给信托资金的退出造成风险。受托人应在退出方式和时间安排作出详尽计划，并到注册地进行核实，有效降低信托资金退出的风险。对未来可能发生的不确定性，受托人在信托文件中应向受益人充分披露。同时，对于项目建设过程中项目资金的使用应结合项目方案中设定的货值管理目标从严把控，避免信托资金被挪用。

案例三

一、项目基本情况

投资类房地产信托—项目公司增资模式—附回购选择权—强制回售权—随售权。

信托公司发行信托计划募集资金，用于向项目公司增资，并持有项目

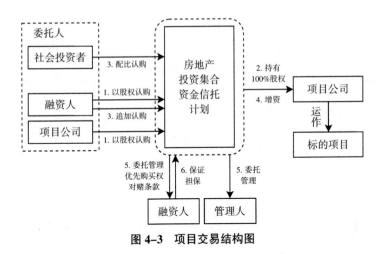

图4-3 项目交易结构图

公司49%股权（以下简称"标的股权"）。信托计划预定期限为30个月，其中前24个月为投资期，后6个月为股权投资兑现期。信托计划成立满18个月前，融资人应按季向信托公司支付权利维持费；信托计划成立满18~24个月期间，融资人应按月向信托公司支付权利维持费。融资人享有在信托计划成立满12~24个月期间，在其已足额支付权利维持费的前提下行使远期购买选择权购买标的股权并支付购买价款的权利。如在信托计划成立满24个月时，融资人仍未行使上述权利并付清购买价款的，则进入股权投资兑现期，信托公司有权打包处置项目公司100%股权，并对处置所得款及融资人已付款项进行分配。

信托公司享有对项目公司进行经营目标考核的权利，一旦项目公司经营目标考核不达标且融资人未支付整改保证金、项目公司宽限期届满时整改无效或者项目公司在任一考核日发生经营目标不达标而届时整改天数已累计达到180日，信托公司即有权行使强制回售权。

信托公司享有对项目公司进行建设成本考核的权利，项目按开发建设进度发生的直接开发成本超出相应预算额30%的，融资人应向信托公司支付超支部分等额的成本超支保证金。融资人未支付成本超支保证金的，信托公司即有权行使强制回售权。

为担保融资人支付标的股权购买价款（含权利维持费、整改保证金、成本超支保证金）和财务顾问费（如有）等义务的履行，融资人将以其持有的项目公司55%股权向信托公司提供质押担保，项目公司以目标项目地块的土地使用权向信托公司提供抵押担保，融资人的控股股东及其实际控制人分别为此向信托公司提供连带责任保证。

股权购买价格为信托公司投资本金与权利维持费之和。如遇央行上调一至三年期贷款基准利率，则权利维持费率同比上调（ΔBP），累计不超过1%（含）为限；权利维持费率在前18个月为（13%+ΔBP%）/年，18~24个月为（13.5%+ΔBP%）/年。若满24个月，融资人仍未行使远期购买选择权，则信托计划自动进入股权投资收益兑现期，受托人可将融资人100%股权（含原股东质押的55%股权和标的45%股权）打包对外转让，融资人承诺45%标的股权的投资收益率不低于20%/年（按信托计划实际存续期计），若不足则由转让55%股权所得价款补足。

项目实际运作要点如下：

（1）远期购买选择权安排。作为激励机制，给予融资人"远期购买选择权"，即自信托计划成立日起满12个信托月之日起（含该日）至信托计划存续满24个信托月之日（不含该日）止的期间（以下简称"行权期"）内，融资人有权行使远期购买选择权，提前一次性支付全部标的股权购买价款。但融资人应为此至少提前30日向信托公司发送书面通知确认行权，该书面通知中应载明受让方确认的行权日以及在不晚于行权日付清全部标的股权购买价款、权利维持费的承诺。该通知一经发出，受让方即不得撤销、不得变更。

（2）联合经营管理安排。根据《联合管理协议》，信托公司通过委派董事对项目公司重大经营决策事项进行监管，信托公司作为项目公司的股东，授权董事会对项目公司除法律规定必须经股东批准的事项外的其他全部重大事项进行决策和批准，包括项目公司的财务预算、工程进度计划、销售计划均需得到董事会的审批同意，项目公司章程和《联合管理协议》约定的重大事项均需获得信托公司委派的董事的同意票。董事会每季度召开一次，审查财务预算、工程进度计划、销售计划执行情况。信托公司通过委派的项目公司财务副总监，根据董事会批准的财务预算监督每月预算执行情况和财务报表，会同公司财务总监联合签署季度用款计划并通知监管银行遵照执行。项目总经理由融资人提名，董事会委派。项目公司不设监事会，设两名监事，由信托公司与融资人各提名一名，并根据项目公司章程规定产生。董事和财务副总监的工作量，实际要求董事不少于每季度一次到项目公司，财务副总监不少于每月一次到项目公司，并且监管银行根据财务副总监预留印鉴签署"季度用款计划"能起到监控账户的作用；信托公司将在后续上报委派的人选，并招聘一名常驻人员。

每个会计年度结束后项目公司均应进行审计，审计机构应经信托公司认可。信托公司作为项目公司股东，有权自行或委托中介机构不定期对项目公司的经营、财务状况以及履行协议的情况进行监督检查，信托公司有权对项目公司进行临时审计。

（3）业绩考核约束条款设置。为保证项目的顺利运行及预先发现项目的问题，信托公司要求自信托计划成立日起，项目公司的项目建设进度、销售目标等应当接受特定指标考核。

为增强信托公司对项目进度、销售情况的把控能力，信托公司对项目取得四证、开工建设、取得预售许可证、完成销售收入情况等作了时间上的明确约定，若无法达到约定的开发经营考核目标，融资人必须支付一定额度的整改保证金。在未完成对赌目标且宽限期届满的情况下，融资人及其实际控制人同意，如违反相关信托文件关于业绩对赌条款的任何一项规定，同意承担以下责任：①信托公司不受《协议书》或其他信托文件所规定的禁止售股行权期的限制，信托公司有权向融资人现有股东以外的第三人部分或全部出售信托公司所持有的融资人股权份额。融资人股东在同等条件下享有优先受让权的前提下，不得对信托公司前述股权转让行为进行否决、干涉、妨碍和影响。②融资人股东具有按照《协议书》和其他相关信托文件的规定，回购信托公司所持有的全部融资人股权份额的义务。这些关于业绩对赌条款的规定，作为修改融资人公司章程的内容。

此外，为增强信托公司对项目成本的控制能力，信托公司要求目标项目按开发建设进度发生的直接开发成本不得超过相应预算额的30%，如有超出，则信托公司有权拒绝项目公司使用成本超支部分的资金使用申请，融资人应在项目公司董事会决议作出或项目公司收到信托公司的书面豁免3个工作日内将超支部分等额的成本超支保证金支付至信托账户。若融资人未按约定支付成本超支保证金的，信托公司可行使强制回售权。

二、项目综合评价

信托计划有两种退出方式，一是融资人按约定购买项目公司45%股权，二是在触发相关条款时，由信托公司处置项目股权和资产。信托计划投入的资金具有"债"和"股"双重特性。在贷款银行层面，信托资金作为资本金，具有"股"的特性；融资人按期回购股权时，体现了"债"的特性；在信托公司行使对外转让股权的权利时，将体现为具有较高保底收益的"股"性。而融资人希望当市场回暖速度超预期，整体现金流得到明显改善时，对上述股权有提前回购的权力，以降低整体融资成本。为此，该案例中给予了融资人 12~24 个月间的回购选择权（实质的一次性提前还本的权力）。

信托计划规定了融资人原股东的权利性回购股权和义务性回购股权机制。融资人只有在特定情形下方有权以固定的价格购买受托人所持有的项目公司股权，并且此为融资人的权利，受托人无法要求融资人强制履行。当融资人违反《特定股权远期购买协议》或《支付协议》的相关约定时，受托人有权通过自行寻找第三方变卖、通过北京产权交易所或上海联合产权交易所公开挂牌转让、通过拍卖公司拍卖等方式处置标的股权。信托计划成立时，受托人无法确定融资人是否将按照约定行使其购买标的股权的权利，亦无法确定标的股权转让的时间和价格，并且具有自行处置标的股权的权利，不属于信托贷款或变相信托贷款项目。

为更好地进行项目开发管理，保证投资收益，信托公司设置了相应的约束激励机制，采取了设置标的股权远期购买选择权、联合管理、设置监管账户（规定季度可用款项通知、最低备用金）等激励约束条款相结合的合作模式，深度介入项目的资金监控和经营管理。

在信托计划存续期间，若项目公司经营目标考核不达标、整改无效且未按约定支付整改保证金、成本超支保证金，或融资人未按约定支付购买价款，信托公司可强制融资人立即收购全部标的股权。否则，受托人有权将项目公司 100%股权打包对外处置。

1. 关于禁止售股行权期

《中华人民共和国公司法》（本文中简称为《公司法》）第七十一条中规定"有限责任公司的股东之间可以相互转让其全部或者部分股权。股东向股东以外的人转让股权，应当经其他股东过半数同意。股东应就其股权转让事项书面通知其他股东征求同意，其他股东自接到书面通知之日起满三十日未答复的，视为同意转让。其他股东半数以上不同意转让的，不同意的股东应当购买该转让的股权；不购买的，视为同意转让。经股东同意转让的股权，在同等条件下，其他股东有优先购买权。公司章程对股权转让另有规定的，从其规定"。《公司法》第二十条第一款规定"公司股东应当遵守法律、行政法规和公司章程，依法行使股东权利，不得滥用股东权利损害公司或者其他股东的利益；不得滥用公司法人独立地位和股东有限责任损害公司债权人的利益"。因此，信托公司、融资人及其实际控制人的确认和同意：信托计划设置禁止售股行权期，在信托计划成立之日起至本信托结束前 30 日期间，信托公司不行使转让其持有的融资人股权份额的权利。在前述禁止售股行权期内，融资人及其实际控制人向信托公司支付权利维持费。在信托计划中关于禁止售股行权期规定，不是对作为融资人股东信托公司所享有的股权转让权的一种非法剥夺，而是信托公司对其持有融资人股权转让权行为的一种自愿的协商的、附条件的、有偿的放弃，其目的是为了保证按照信托计划进行增资扩股后提升融资人股东的稳定性，为项目建设提供良好股权环境，为融资人及其股东履行业绩对赌义务提供条件。为此，在信托计划中关于禁止售股行权期的规定体现民事法律权利人的意思自治和自有权利自主处分的原则。融资人股东不属于滥用股东权利损害公司或者其他股东的利益，与《公司法》中关于股东之间股东转让股权的规定并不抵触。

2. 关于业绩对赌及股权回购

诚然，《公司法》赋予了股东转让其持有股权的权利和其他股东对转让股权的优先购买权，但对股东受让、回购股权并没有作出义务性、强制性规定，也未对不得自行约定义务性回购股权作出禁止性规定。本案例中，融资人及其实际控制人系信托计划融资成本的享有者和受益者，是融资人经营业绩的实现者，承担着信托计划股权投资保值增值的义务，对信托计划股权投资的风险负有责任。为了保证信托计划所投资的股权投资信托资金安全，信托计划设置的违反业绩对赌条款引发融资人股东义务性回购股权的规定，是对融资人股东规定法律以外的强制性义务。在融资人原股东、新股东信托公司通过平等协议、自主决定，在融资人及其实际控制人没有实现对赌业绩和未履行业绩对赌义务的前提下，作出自愿的协商的附条件的有对价利益的义务性回购信托公司股权的规定，体现了融资人股东自己的真实意思表示，符合我国民事法律中关于意思自治和自有权利自主处分的原则。同时，信托计划中设置业绩对赌违约责任的规定——义务性回购股权条款，须纳入融资人章程的修改内容。这符合《公司法》第七十二条中"公司章程对股权转让另有规定的，从其规定"。综上，信托计划所设置的业绩对赌违约责任的规定——义务性回购股权条款与《公司法》关于股东之间股权转让的规定并不抵触。

该类项目的风险之一在于，如果融资人未能按约定回购股权，则信托公司可能需要将融资人持有的项目公司的部分股权一同处置。本项目因此设置了随售权，以避免处置融资人所持有51%股权时遇到障碍。

为控制风险，信托公司通常在签署《特定股权远期购买协议》的时候，要求原股东承诺并授权委托信托公司代为处置其持有的项目公司股权，处置方式包括但不限于转让方自信寻找第三方变卖，通过北京产权交易所或上海联合产权交易所公开挂牌转让，通过拍卖公司拍卖等。同时，融资人承诺确保上述打包处置项目公司100%股权扣除有关税费与成本后能兑现股权收益约定。

最后，将本案例与案例二进行对比，案例三已经取得土地使用证，属于在项目开发阶段介入，而案例二则属于在拍地阶段介入。两个项目都采用了增资项目公司的方式，都设置了强制回售权、股权质押、参与公司管理等保障措施。但项目三在项目管理环节上更为严格和细化，设置了项目成本超支保证金缴付制度以及业绩约束条款。同时，由于项目期限较长，信托公司还设置了权利维持费的调节制度，以追求利益的最大化。

第二节　有限合伙型房地产投资信托案例

案例一

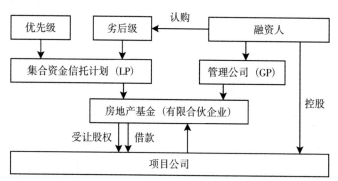

图4-4　信托计划+有限合伙企业+非控股模式（股+债）

一、项目基本情况

信托公司与融资人合作，共同设立有限合伙企业（即地产基金），信托资金用于认缴合伙企业有限合伙人出资份额，通过有限合伙企业采用股加债的形式投资于融资人的地产项目。项目操作流程：①合格的社会投资者认购信托计划优先级受益权，融资人认购次级受益权；②受托人以信托计划募集的资金出资，与融资人的管理公司共同发起设立有限合伙企业；③有限合伙企业受让/增资项目公司股权，持有项目公司30%股权；④待取得项目公司30%股权后，为项目公司提供股东配套借款，可分批发放；⑤项目公司按约偿还债务本息，符合约定条件时，合伙企业按约定方式退出股权；⑥融资人为项目公司向有限合伙企业偿还借款承担保证责任，当股权受让条件触发时，承诺以不低于约定的价格受让有限合伙企业所持有的项目公司股权；⑦信托计划终止时，以全部信托财产为限，在扣除应由信托计划承担的各类税费后，向全体受益人分配信托利益。

项目主要风控措施包括：

（1）结构化安排：融资人按照优先级和次级的比例3∶1进行次级受益权认购，保证优先级受益权。

（2）代为履行：若项目公司未能按期归还股东配套借款本金及资金占用费的，融资人将无条件代为履行股东配套借款本金及资金占用费的偿还义务。

（3）差额补足：融资人出具不可撤销，不可抗辩的承诺，基金对项目公司股权及债权投资收益（含本金）不得低于×%/年，不足时由融资人公司补足；信托计划进行信托利益期间分配，在扣除当期信托费用之后，信托计划的现金收益未达到优先级当期应获分配的基础收益时，由融资人补足。

（4）收购信托持有的有限合伙份额：融资人承诺在项目公司非正常清算时，应收购信托持有的有限合伙份额，收购金额应使得基金对项目公司股权及债权投资收益（含本金）不得低于×%/年。

（5）保证担保：融资人为信托计划本金回收及收益实现提供不可撤销的连带责任担保。

二、项目综合评价

本项目虽然以股权投资为基本交易结构，但债权投资比重较大，属于股债结合的典型案例。具体来看：

1. 股权投资部分

（1）有限合伙企业以受让或增资扩股的方式取得融资人持有的项目公司 30%股权。

（2）在出现以下情形之一时，有限合伙企业持有的股权将从项目公司退出：

1）信托计划终止（含提前终止）时。

2）信托计划存续期间，项目公司已实现销售面积达到全部可销售面积的 70%及以上（签订商业物业租赁合同可视同销售）。

有限合伙企业出售所持有项目公司股权时，出售价格按事先约定的评估方法确定基准价格，融资人可优先收购，若融资人放弃优先收购权利，有限合伙企业可通过公开方式按市场价格出售项目公司股权。

如果按照以上方式有限合伙企业未能实现股权退出，融资人有义务按照上述评估基准价格的八点五折受让上述股权，并承诺在信托计划到期前承担差价补足义务，即股权退出价格能够使信托计划优先级资金的年化投资收益率不低于×%/年。

2. 债权投资部分

待到取得项目公司 30%股权后，有限合伙企业向项目公司发放股东配套借款。股东配套借款的期限为 12~24 个月，配套借款可以分批次发放，但不得超过信托期间。

有限合伙企业持有股权发生从项目公司退出情形时，项目公司应先行偿还有限合伙企业提供的全部股东配套借款，股东配套借款的利息或资金占用费率为×%/年。项目公司归还股东配套借款本金时，同时清偿期间资金占用费。

在项目公司实现资金回笼时（包括项目公司取得的对外融资款），有限合伙企业和融资人可以按照股权比例，有权要求项目公司优先返还股东以债权形式投入的资金。

基于上述股权投资部分和债权部分综合来看，本项目信托资金用于与融资人设立有限合伙企业，进行项目的开发建设。该项目交易结构中采用了有限合伙形式，并在有限合伙层面通过股权与债权相结合的方式进行项目投资。

从项目股权投资部分看，交易结构中确定了股权投资收益的实现方式及收益分配原则等，且没有股权强制回购的交易安排，在投资收益上具有明显的浮动特征，该部分资金运用方式合规。

但目前的交易结构中，信托计划投入有限合伙的绝大部分资金将用于发放股东借款，该股东借款可能被"穿透适用"信托公司向房地产企业发放贷款的要求，进而引起合规风险。

从项目设置的风控措施来看，融资人对有限合伙企业股权及债权投资收益的差额补足义务，以及为整个信托计划本金回收及收益实现提供的保证担保，上述风控措施与信托资金的实际投入方式等因素结合，可能会使整个信托项目被界定为融资性质。

此外，在上述交易结构下，以股东借款的形式将合伙企业财产投入到项目公司的交易安排存在如下法律风险：一是如合伙企业直接向项目公司发放借款，则该借贷行为属于企业间拆借资金，其有效性存疑；二是有限合伙企业作为股东向项目公司发放借款，其相对于项目公司其他债权（如后续可能引进的银行贷款）可能会被认为有劣后性，对于债权的实现可能有不利影响。因此，在现有交易结构下，合伙企业向项目公司的借款仍应以委托贷款的形式操作为宜。

最后，采用有限合伙基金的交易结构，会涉及合伙人人数的合法性问题。根据《合伙企业法》有关规定，合伙企业的合伙人数量应不超过 50 人，发改委〔2011〕2864 号《通知》中也明文规定，投资者为集合资金信托、合伙企业等非法人机构的，应打通核查最终的自然人和法人机构是否为合格投资者，并打通计算投资者总数。由于各地工商机关在掌握和执行上述规定中的尺度不一，因此在项目开展前，应落实当地工商机关的相关政策，确保信托计划资金投入合伙企业的合法有效性。

案例二

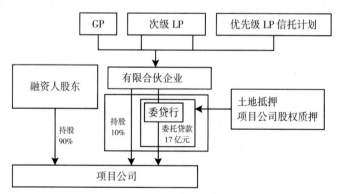

图 4-5　项目交易结构图

一、项目基本情况

融资人与财务顾问及某有限合伙企业共同组建了项目公司。由该项目公司竞拍取得某项目地块并支付了首期土地款。信托资金用于认购某有限合伙企业优先级有限合伙人份额，并由该有限合伙企业投资于项目公司。

（一）项目公司的管理

（1）在《合伙协议》中约定包括但不限于如下事项：

1）有限合伙企业的重大事项（包括但不限于修改《合伙协议》、处分资产、进行/处置对外投资、提供对外担保、关联交易、处置抵押物）须经全体合伙人一致同意，即信托公司作为有限合伙人，对有限合伙企业的重大事项有一票否决权。

2）约定优先级与次级有限合伙人的分配顺序（优先级有限合伙人分配优先于次级有限合伙人）。

3）有限合伙企业向项目公司委派的董事行使重大事项同意/否决权、在项目公司董事会投票表决前，须事先经信托公司/全体合伙人同意。

4）出质禁止条款。任何合伙人均不得将其持有的有限合伙权益出质；除非经全体合伙人一致同意，有限合伙不得对外提供担保；任何一方均不得在合伙企业资产上设定第三方权利。

5）设置信托公司缴付出资的前提条件：①信托公司发起的信托计划已经成立；②所有交易文件均已妥善签署并生效；③次级有限合伙人资金到位；④股权质押已经商务审批并办理登记；⑤有限合伙企业已办理新增合伙人的工商变更登记，信托公司已登记为有限合伙企业的优先级有限合伙人；⑥融资人及其关联企业已联合向项目公司投资。

6）除全体合伙人一致同意之外，本有限合伙企业合伙期限内取得的所有收入不得用于项目再投资。

7）若发生融资方违约，有限合伙企业处置质押的90%股权时，信托公司有权要求有限合伙企业持有的项目公司10%的股权随同出售。

（2）信托公司担任有限合伙企业的有限合伙人期间，由信托公司控制有限合伙企业的公章。

（3）有限合伙企业向项目公司委派董事，全面参与项目运营，重大事项拥有一票否决权。

（4）有限合伙企业向项目公司派驻财务副总监及由信托公司指定的财务专员，共同对项目公司所有财务账户进行全面监管，负责保管项目公司唯一的财务专用章以及网银证书，并参与所有财务资金合同以及其他达到500万元以上标的额合同的会签和付款的审批。有限合伙企业及其委派人员，对项目公司经营均享有完整的知情权和监督权，包括但不限于对项目公司所有合同、财务过程、财务结果和财务凭证的随时查询权，项目公司经营管理人员就被查询事项作出相应解释、说明并依其合理指示进行相应修改、更正。

（5）在土地抵押设立之前、后续要解押部分土地申请开发贷之后由信托公司指定的专员控制项目公司的公章、法人章。

（6）资金监管归集措施。委托贷款到期前1个月开始资金归集，分别于委托贷款发放之日起23个月末、23.5个月末及24个月末日时，该账户内资金不少于委托贷款本息余额的70%、95%及100%；若届时该监管账户内资金额度未达到上述金额，融资人应承担补足义务。

资金用途监管：由委贷银行对基金提供的股权及债权资金用于项目土地款的缴纳及项目的建设作监管。

项目公司取得任何销售收入的，包括但不限于任何定金、诚意金、首付款、按揭贷款等，应在有限合伙企业指定的银行开立监管账户，其所有销售收入均应汇入该账户内（监管账户将预留有限合伙企业的印鉴），按要求完成资金归集，该账户内资金专项用于销售收入监管并用于备偿有限合伙企业股权收购对价及委托贷款本息。该账户不应设置通存通兑、手机银行、电话银行等超出有限合伙企业监管范围的功能；若依据当地政府机构有关房地产销售法规及规章要求，部分销售收入需进入政府机构另行指定的监管账户，则有限合伙企业对项目公司的委派人员有权实施与前述约定的项目公司账户监管同等程度的监管。

二、项目综合评价

本项目以有限合伙的形式，形成了各类资金的分级募集平台。然后以有限合伙企业发放委贷的形式投入到项目公司。之所以采用委托贷款，是因为相比于股权方式，债权优先于股权，以委贷的方式放贷可以做优先受偿人，且债权的收益比较容易核算。有限合伙企业作为非金融机构不能直接发放贷款，因此通过银行来做委托贷款。本项目中，融资人的联合出资劣后于有限合伙企业资金的退出；有限合伙企业的投资中，债权投资优先于权益类投资的退出，债权投资的本金及利息退出之前，有限合伙企业不得向次级有限合伙人分配收益，总体交易结构设计较为合理。

第三节　公司制房地产投资类信托

案例一

一、项目基本情况

信托公司成立股权投资集合资金信托计划，将信托资金8亿元以注册资本形式投入新成立的投资公司，其中信托公司占比80%，某地产公司与投资管理公司共同投入2亿元注册资本，占投资公司的20%。之后，以该投资公司的名义投资于既定优质房地产项目相关股权。该信托投资由融资人进行项目管理，并对项目开发及租售作出经营业绩承诺，如届时无法完成目标，则融资人对信托公司持有的80%股权进行回购。同时，项目运行期间，融资人需要向信托计划支付权利维持费，以获取在项目完成既定经营目标后有限购买信托计划持有的股权的权利。项目到期，信托计划通过股权分红、减资退出、向融资人或第三方转让股权等方式退出。

信托计划公司在投资公司中占80%的股份，对投资公司行使大股东权利，对公司重大事项作出决策，以保证股权的价值不减损；投资公司对项目公司进行增资后，投资公司在项目公司层面行使表决权，对重大事项有一票否决权。

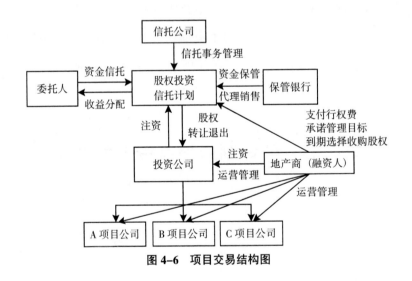

图4-6 项目交易结构图

二、项目综合评价

关于资金运用方式和用途。本案例中，信托公司与融资人共同投资，并控制投资项目公司的股权。信托计划资金作为股东出资设立投资公司后，即归属为投资公司的自有资本金并由投资公司用于对外股权投资。本计划以股权方式投资于平台公司，再由投资公司以股权方式投资于项目公司，资金用于房地产项目开发，信托计划的投资风险和投资者的投资风险，均取决于投资公司的股权价值。融资人以权利维持费的支付获取股权购买优先权，且未设定确定的投资附加回购承诺，资金运用方式和资金用途不违反法律法规和银监发〔2008〕265号文等房地产信托业务监管规定。并且，根据信托文件规定，投资者可以在受托人提议时选择部分受益权份额存续期限延长，保留的部分受益权份额在信托计划终止清算时将可能获得浮动收益。因此，信托计划的结构本身不违背《关于加强信托公司房地产、证券业务监管有关问题的通知》、《关于加强信托公司房地产信托业务监管有关问题的通知》关于房地产信托投资的相关规定。

信托计划信托利益来源于融资人本身的现金流支持及被投资房地产项目公司的经营收入分红。由于信托计划投资的房地产项目前期在拿地、后续开发建设、资金投入等环节具有一定的不确定性和不可控性，信托计划实现现金回流需要依赖融资人开发、融资能力及监管行对资金的监管效力。

本项目主要依靠融资人信誉作为保障，因此，信托公司要求融资人在投资公司层面和项目公司层面都有实际资金投入，投资公司层面要求融资人在信托进入前先将2亿元资金打入验资户后，信托资金再进入；且在项目公司层面融资人也有部分资金投入，以降低融资人的违约风险。为了确认2亿元资金进入验资户，届时投资公司在名称预核准时申请将验资户开在监管银行，在2亿元资金进入监管行验资户后，银行将进账单传真信托公司，以证明2亿元注资款到位。

信托项目风控要点主要体现为：

（1）首先要求融资人与投资管理公司共同投入2亿元注册资本金到位。

（2）通过协议约定保障信托计划持有的股权享有投资公司的现金补偿权、利润分配权、反摊薄权、优先于其他股东出售权（或优先受让权）、共同出售权、股份回购权等，以此保证80%的股权价值。

（3）融资人母公司向信托公司出具担保函，承诺为融资人向信托支付权利维持费以及在未达到经营目标时按约定价格收购信托持有的投资公司股权，该担保函作为《投资框架协议》的附件，在签署完毕相关合同后，一并生效。

（4）公司治理：①投资公司管理层由融资人提名，并由董事会委任。董事会有权根据投资公司经营情况更换管理层人员。②合同管理，公司对外签订的合同，应满足以下条件：内容应全部填写完整，不能留有空白；符合公司实际经营需要，不能有悖于行业惯例；合同关系的处理不会对信托公司产生任何追索性债务、权利负担、纠纷等情形。③项目公司的管理。④收集资料：各项目公司在成立后，需提交相关成立文件以及验资文件；项目公司在运行期间，需定期提交财务报告；如有重大事项，需及时报告。⑤检查、审计权：信托公司作为投资公司的大股东、投资公司作为项目公司的控股股东或参股股东，有权对项目公司进行现场检查以及聘请审计机构对项目公司进行审计，各项目公司应予以配合。⑥信托执行团队拟在信托财务部的配合下，在信托财产保管银行开设信托专户。开立信托专户需要在如下资料上加盖公章：金融许可证正本复印件、营业执照正本复印件、代码证原件复印件、法人身份证复印件、税务登记证正本复印件、开户许可证复印件。

（5）如信托到期，融资人没有达到目标经营业绩且不履行回购义务，则信托公司有权处置持有的80%的股权，当处置股权收益超过投资者预期收益和各项固定费用（包括税费等）时，超额部分按委托人80%、信托公司浮动报酬20%进行分配。具体业绩目标为如表4-1所示。

表4-1　业绩目标

项目	类型	开发面积（平方米）	项目公司分红金额	项目公司分红时间
A	住宅	140000	—	
A	商业	150000	—	
B	住宅	132000	—	
B	商业	23000	—	
总计			不低于×亿元 （扣除投资公司成本费用后的净额）	不晚于×年×月

如融资人未达成上述经营目标中的任一项，则管理期提前到期，信托公司有权收回公司的管理权，其股东权利的行使以及公司管理事项、董事会组成不再受《股东协议》规定的限制，公司治理结构恢复到正常状态，并且信托公司有权选择：①自行处置所持有的投资公司股权及其他投资权益，并有权要求融资人按照同等的条件一并出售其持有的投资公司股权及其他权益；②行使股份回购权。回购价格=信托计划初始出资额×（1+［×］%×N/360）－融资人已累计支付的权利维持费，其中N为自投资日起至回购日的天数。

项目风险分析：本计划主要面临融资人按期履约（包括支付权利维持费、回购股权等）的信用风险及信托计划到期兑付的流动性风险。虽然本案例设置了多项风险控制措施，但信托计划没有建立在物上的担保措施。投资公司及拟投资的项目公司由融资人进行财务管理及日常经营管理，信托公司仅在投资公司董事会层面对常规重大事项进行表决，对拟投资项目（项目公司）的管控偏于松散，无法实际控制项目公司资产；在处置投资公司股权时，需安排小股东共同出售条款，信托公司能否通过资产处置实现现金回流退出具有较大不确定性。因此，信托计划层面的现金流实现主要依赖于融资人的如期履约的信用。融资人旗下众多项目处于开发阶段，可能出现市场情况波动导致信托到期时现金流状况紧张的不确定性，使信托计划面临一定流动性压力。

融资人未达成经营目标中的任一项，信托公司有权选择自行处置所持有的投资公司股权及其他投资权益并要求融资人按照同等的条件一并出售所持投资公司股权及其他权益，也有权选择要求融资人回购。在信托公司选择自行对外处置并要求融资人一并转让时，如融资人不予配合，在实务操作中很难实现强制其转让。

为避免融资人在履行股权收购义务时主张"先履行抗辩权"或者"同时履行抗辩权"，应完善触发股权收购的相关条款，明确融资人支付全部股权转让款后，信托公司办理股权过户相关手续。

第五章　房地产信托风险案例

过去的五年，既是房地产信托规模快速增长的时期，也是房地产业由"黄金十年"进入"白银十年"，风险逐步显露的五年。本书列举了多个典型的房地产信托风险案例。相信读者在了解这些案例后，将对风险项目有更直观和更清晰的了解，并总结出共性，以此为鉴。

案例一　A 信托商业地产项目投资基金集合信托计划

一、信托项目基本情况

A 信托公司于 2013 年发起设立"某商业地产项目集合信托计划"（以下简称"本信托计划"）。A 信托公司与融资人及其实际控制人订立《合作协议》一份，约定 A 信托公司作为受托人发起设立集合信托计划，信托规模为 6 亿元，信托计划期限为 2 年，信托资金用于受让融资人持有的特定资产收益权及融资人原股东持有的融资人合计 55%的股权（其中 2.5 亿元受让融资人合法享有的特定资产收益权，3.5 亿元受让融资人原股东合法持有的地产开发项目公司股权）；本案例的特定资产指融资人合法持有的位于某地土地使用权及坐落于该土地上的在建工程、地上建筑物等，特定资产收益权指取得因销售、出租或以其他形式使用和处分特定资产所形成的全部收入的财产性权利；融资人同意以其持有的商业地产项目一期未售房屋及对应的土地使用权向 A 信托公司提供抵押担保，其实际控制人同意提供连带责任保证担保，并在其取得融资人 45% 股权后以该等股权向 A 信托公司提供质押担保；A 信托公司有权选择包括但不限于以下方式实现本信托计划项下投资退出：获得特定资产的销售收入、出租收入等特定资产收益，对外转让标的股权、获得分红等股权收益、对融资人进行减资，处置、清算包括但不限于特定资产在内的融资人名下全部资产。由于抵押登记部门和股权质押登记部门的要求，A 信托与融资人另行签订了《还款协议》及《抵押合同》、《股权质押合同》，并使用这些合同在抵押、质押登记部门办理了相应的抵押登记和股权质押登记，且在某公证处办理了赋予强制执行效力的公证。

该信托计划增信措施：

（1）融资人旗下商业地产项目一期未售部分抵押，评估价约 14 亿元，抵押率约为 43%。

（2）项目二期的未来现金流，预计销售回款超过 8 亿元。

（3）融资人持有的 45% 股权质押给信托公司。

（4）原始股东持有的 55% 股权过户转让至 A 信托公司名下。

（5）实际控制人提供连带责任保证。

（6）对《抵押合同》、《股权质押合同》进行强制公证。

信托公司（甲方）、融资人（丙方）及其实际控制人签订的《合作协议》，约定了信托计划存续满 12 个月之对应日（含）至存续满 24 个月（不含）的期间内，股东有权选择按照约定公式计算的标的股权约定转让价款对全部标的股权行使优先购买权。

在该信托计划到期前 6 个月时，A 信托公司对融资人的还款资金情况进行了例行审查，发现融资人根本无力偿还这笔借款，于是，A 信托公司发布了信托计划提前结束的公告，表示本信托计划提前终止。2015 年，A 信托公司将融资人及其实际控制人诉至法院。

二、项目主要问题分析

（1）融资人资质问题。该项目中融资人注册资本仅 10000 万元，公司股东为自然人。作为一家展业 10 年的开发商，开发资质为"二级暂定"，说明融资人实力很弱。银行开发贷款一般要求企业开发资质在二级以上，还要附加其他更多条件，融资人这样的开发商进行银行贷款较为困难，融资渠道狭窄，整体资质较弱。

（2）资金实际用途与约定不符，信托资金被挪用。融资人承诺，信托计划批准成立后，融资人将以自有资金偿还项目一期余下的项目借款，并在相关抵质押手续办妥后，信托公司才正式募集资金。然而信托公司在项目成立前，未能根据批准的方案对融资人的借款存留和偿还情况进行准确核实，就进行了资金募集。后经过证实，融资人实际以信托资金偿还了其在某银行及小额贷款公司的债务、支付项目工程款等，导致资金实际投向与合同约定不符，信托资金被严重挪用。

（3）项目二期未按期取得预售许可证。集合信托计划用于受让项目二期开发收益权及融资人 55% 股权，第一还款来源为项目二期销售收入及一期剩余商业的出租收益。然后，由于融资人抽逃资金，开发迟缓，至集合信托计划到期结束时，项目二期仍未取得预售许可证，项目第一还款来源丧失，直接导致信托产品兑付困难。

（4）未合理估计受让股权的价值，没有进行股权评估。集合信托计划中 3.5 亿元用于受让融资人 55% 股权。融资人财务报表显示，融资人注册资本为 10000 万元，股东权益总计 2 亿元。受让部分股本仅 5500 万元，股本溢价很高。A 信托公司未对受让股权的市场价值进行客观分析。本项目为投资类房地产信托项目，并未设置强制购买条款，仅赋予了融资人或其实际控制人优先购买权，由于标的股权价格远远高于其价值，也就是说，如融资人或其实际控制人到期不行权，信托公司持有的标的股权处置将面临困难，无法收回对应本金。

（5）未关注还款来源的实际销售情况。集合信托计划的第一还款来源为项目二期销售收入及项目一期商铺出租收入。同时，融资人承诺在上述收入无法足额还返信托计划享有的特定资产收益款及预期投资收益时，将启动地产项目一期商铺的销售。但 A 信托公司未关注已建成的一期用于销售部分楼盘的去化情况，也未将融资人的上述承诺以协议形式予以落实。在二期项目迟迟未取得预售许可证的情况下，信托公司启动了一期商铺的销售。该地产项目规划为综合性房地产项目，规划总占地约 8 万平方米，总建筑面积 20 万平方米，包含了 6 万平方米的住宅和 9 万平方米的商业以及 5 万平方米的商住。该项目的特点在于商业面积占比过大，去化较慢。住宅部分销售相对理想，但大部分销售资金已经被股东抽走。实际上，项目一期商业项目早在 2011 年就拿到了预售许可证，但由于商业氛围不浓厚，地理位置不理想，至 2013 年，商铺仍未全部售出，其中 2012 年全年仅售出一套，目前大部分存量以出租形式经营，现金回收情况很不理想。如果信托公司能够从融资人或者房地产销售登记部门事先了解并查明这一情况，那么对于项目还款来源的判断会更加谨慎。

（6）强制公证失效，司法处置迟缓。本案例是强制公证在司法实践环节失效的典型案例。为进一步明确各方义务，在项目成立前，信托公司与融资人及其实际控制人签订了《还款协议》，约定融资人及其实际控制人对信托公司承担还款义务，还款金额为信托公司向融资人及其实际控制人划付的资金。由于本案例中既包含全部信托资金，也包括特定资产收益权转让价款和股权受让对价三种金额，而上述"划付的资金"实际上并未明确何种金额。在申请强制执行时，融资人利用上述漏洞，拒绝确认信托资金全部为其债务，直接导致强制公证这一风控措施失效。

如前文所述，信托公司同时还与融资人签订了《抵押合同》并进行了公证。合同约定融资人以项目一期未售房产作为抵押物，承担《还款协议》中全部债务，并对《抵押合同》进行了公证。而在办理房地产抵押手续时，由于《抵押合同》不符合某地房地产交易中心备案的要求，因此根据房地产交易中心提供的模板，信托公司与融资人重新签订了一份《抵押借款合同》用于备案，实质为"阴阳合同"。后期信托公司申请公证强制时，融资人以上述《抵押借款合同》未实际履行为由，对强制执行提出异议，因此导致《抵押合同》的强制执行也失败了。

由于强制执行未果，信托公司只能向融资人及其实际控制人提起诉讼，而被告利用管辖权异议、反诉等各种司法规则对项目司法处置进行阻挠，致使处置时间大幅拖延。

从上面一系列事件我们看到，合同约定不明确，阴阳合同、司法阻挠等各种情形致使项目处置的司法程序遇到极大的困难。再一次提醒我们，风控措施的提出和落实之间可能存在诸多可操作性问题，稍有不慎，将导致项目风控抓手失效。

三、项目总结

对于该款信托计划的产品设计，虽然股加债的设计规避了监管红线，但其"3.5亿元受让55%股权+45%股权以及项目一期质押+信托计划结束后再返还股权"的交易结构过于复杂，对中后期管理要求很高，操作较为复杂。特别是 6 亿元的信托资金运用中，3.5 亿元用于受让 55% 股权，属于股权投资。虽然依照三方签署的《合作协议》，融资人基于股权转让关系负有向信托公司支付股权收益款的义务，且此种股权收益款系定时给付，且金额按固定方式计算形成等，前述种种约定内容虽与我国现行《公司法》框架下的股权转让有所不同，但依照《中华人民共和国公司法》相关规定，民事主体成为公司股东后，应以公司资产分配或股权溢价作为其投资保值增值的主要方式，故以 3.5 亿元受让的股权应作为信托财产的一部分，其善后事宜亦应通过处置相应股权等《公司法》框架内的方式完成，即使信托公司试图通过还款协议绑定融资人及其实际控制人的还款义务，但仍然很难被认定为债务。在融资人实力一般，第一还款来源出现问题项目销售前景黯淡的背景下，通过对外转让股权也遭遇困境。相关合同的约定纰漏，最终导致第二还款来源——抵押物的处置也出现困难。

案例二　D 信托公司特定资产收益权投资集合信托计划

一、信托项目基本情况

融资人 K 房地产开发公司母公司是一家境外公司，为家族企业，以国际贸易和房地产投资开发为主。融资人由外籍自然人全资控股。信托计划用于 K 房地产开发公司某项目的建设资金。

D 信托公司成立特定资产收益权投资集合信托计划用于购买项目公司开发收益权（特定资产收益权）。该特定资产收益分为初始投资和投资收益两部分，其中投资收益率以目标项目商品房在核算日的实际销售均价为参数计算，根据不同实际销售均价确定不同的投资收益率，因此信托计划基于特定资产收益权预期获得的收益与项目公司的经营情况和销售业绩挂钩，有一定程度的不确定性。信托合同中约定，根据房屋销售均价的变动，优先级受益人和受托人之间将按一定比例分成。此浮动收益的实行严格区别于普通融资项目的固定收益安排，委托人和受托人需承担一定程度的投资风险。

融资人以项目公司股权和全部股东债权认购次级，信托共募集资金6亿元，其中4亿元用于偿还项目公司原有借款，1亿元用于缴纳剩余土地出让金，1亿元用于项目开发建设。期限2.5年，优先级份额为4亿元。

信托项目风控措施如下：

（1）产品结构化设计，信托计划的次级受益权由项目公司股东以项目股权和股东债权认购，在利益分配顺序上劣后于优先级受益权。

（2）K房地产公司旗下三个项目的土地使用权抵押给D信托公司，评估价值约为13亿元。

（3）D信托公司拥有项目公司51%的股权，对项目公司重大决策拥有一票否决权。

（4）按照投资项目管理模式，信托公司将对项目公司采取严格的监管措施。信托公司将向项目公司派驻董事及财务经理，具体负责项目的现金流监管、施工进度监管、销售监管。

项目成立半年后，因项目公司工程进度停滞，D信托公司以融资方挪用资金为由申请抵押物公证并执行查封。自2010年6月，融资人位于某市的土地使用权即被法院查封，查封期两年。至2011年6月信托计划到期时，融资方仍未能按期还本付息。根据信托合同约定，D信托公司至少需要约6亿元进行项目还本付息。由于证照不齐、融资成本过高，无人接盘，D信托公司随即启动追偿程序。此后，D信托公司通过司法途径申请拍卖甲乙项目两宗地块使用权，首次拍卖价格总计7.89亿元。但上述地块首次拍卖时即流拍。D信托公司只能先行兑付自然人投资者信托份额。后又经过三次拍卖，合计回收款项 6.5 亿元。

二、项目主要问题分析

（1）项目资金缺口问题。信托计划资金中 1 亿元用于项目开发。根据测算，为达到项目预售条件，项目开发启动资金需求合计约 9500 万元。上述资金缺口较小，如实际开发过程中所需成本投入大于预期，有可能出现项目资金链断裂导致本计划信托利益受损的不利情况。

（2）项目资金挪用问题。甲乙项目系某市高端楼盘，包括别墅等业态，受国家宏观调控影响大。且融资人由于资金链紧张，前期拿地过于激进，并无资金实力开发甲乙两个项目。融资人在分批拿到信托资金后，实际分别用于支付某银行贷款和向国土局缴纳土地出让金等。该房企因项目多年不开工、资金链紧张等问题在当地口碑较差，而资金链出现紧张的真正原因或是由于大量资金移往国外所致。D 信托公司未对融资方实际控制人的外籍身份保持足够警惕，亦未在当地调研过程中了解融资人的社会声誉。此外，融资人除了拥有房地产公司外，合并报表范围内外还拥有很多其他关联公司，容易进行资金腾挪操作。本房地产信托项目虽然在监管措施里设置了账户资金监管条款，即要求开具相关发票或收据方能从信托独立账户里划款。但本项目资金最终被挪用，说明该项风控措施失效，或者融资方使用了虚构的交易凭据。信托公司未对信托资金进行有效监管，导致资金未被用于项目开发，第一还款来源丧失。

（3）项目证照取得缓慢，预售资金监管不严格，第一还款来源严重不足。信托项目设立时项目公司尚未取得土地使用权证；因拆迁问题与当地区政府产生纠纷，部分项目未能如期办理建筑施工许可证。工程进度严重滞后、拖欠员工工资，通过销售回款以支付信托计划本金收益无望。

此外，从 2010 年以来，其他城市陆续实行了预售资金监管制度，而甲乙两个项目所在城市直到 2012 年才出台此制度。该市多处楼盘因为资金链问题烂尾。在政府监管措施不强的背景下，D 信托公司对于还款来源的锁定严重不足。

（4）评估价值虚高，拍卖折价严重。项目拍卖的物品除了以上两宗土地的使用权，还有包括售楼处、样板间、地下车库在内的部分建筑物，总面积达 4.5 万平方米项目抵押物初始评估价格近 13 亿元，但最终仅变现约 6.5 亿元，拍卖折价近 5 成，显示评估价格虚高。同时也提示信托公司，烂尾项目在拍卖过程中价值会大幅下降，特别是出现流拍的情况下，会造成下一次拍卖底价进行折价处理，因此，严守 50％及以下的抵押率非常重要，同时也要关注抵押物是否实质上足值。

案例三　H 信托公司商业地产项目

一、信托项目基本情况

F 集团 A 地产项目位于某市开发区××新区商务区中部，工程占地约 9708 平方米，主要包括商务办公、酒店、公寓、商业及配套设施等。该项目地下 4 层，基坑深度达 20 米。地面以上由两栋塔楼构成，A 座 22 层，主体结构高度为 93.900 米，B 座 39 层，主体结构高度 158.600 米。工程总建筑面积约为 15 万平方米，其中地下部分约 4 万平方米，地上部分约 11 万平方米，采用后注浆混凝土灌注桩，框架—核心筒结构，其不对称双塔结构属于超限复杂高层建筑。

2013 年，某信托公司为该项目发行××股权投资信托。发行规模 3.8 亿元。

项目增信措施包括：

（1）办理项目公司股东 F 集团和旗下房地产开发公司 100% 股权的质押。

（2）××大厦项目土地使用权及在建工程抵押。

（3）融资人母公司及其实际控制人及其配偶提供个人无限连带担保责任。

（4）信托公司与融资人约定，融资人需按照如表 5-1 所示节点取得相关证照。

表 5-1　节点

证照名称	取得期限
《建设工程规划许可证》	2013 年 10 月 30 日
《建设用地规划许可证》	2013 年 11 月 30 日
《建设工程施工许可证》	2014 年 2 月 30 日
《销售许可证》	2014 年 8 月 30 日

项目总投资 3.8 亿元，其中融资人自有资金投入 1 亿元，融资人实际已投入 8500 万元，尚需投入自有资金约 1500 万元。2010 年，融资人获得信托融资额度 2.8 亿元，期限三年，分期发放。

项目运行一年后，融资人母公司 F 集团出现资金链断裂情况，加之 A 地产项目开发难度大导致资金缺口无法弥补，融资人开始出现欠息情况。

二、项目问题分析

（1）该项目第一还款来源为××大厦销售收入。但由于××大厦位于某市开发区××新区，该区于近年大量出让土地并建设商务写字楼，被媒体广泛称为"鬼城"，由于投资规模大且招商不利，先后有多个项目烂尾或建设暂停，建设进度和销售进度均异常缓慢。××大厦项目亦未能实现销售。导致第一还款来源丧失。

（2）由于第一还款来源无法实现，项目偿还只能依靠项目公司股东 F

集团和旗下房地产开发公司 100% 股权的质押及抵押土地变现。然而，如前述分析，由于 F 集团资金链断裂、经营出现大面积亏损，且有效资产几乎全部抵押给各金融机构，导致 H 信托公司即使手握股权亦无实际意义，唯一抓手变为土地使用权的处置。由于项目区域写字楼市场并不被看好，且土地上已经按照审批规划建设了一部分，因此土地所有权处置前景亦不理想。

三、融资人母公司 F 集团背景资料及发展过程

F 集团成立于 1990 年。公司实际控制人为王某。F 集团是一家以农产品加工、煤化工和房地产为主业的大型民营集团企业。F 集团以农业深加工起家，收入规模从几千万元逐步迈向亿元。2000 年前后，由于当地工厂出现亏损，政府要求 F 集团接纳工厂员工，并对工厂资产进行盘活，F 集团借此获得廉价土地。

自 2005 年以来，化肥价格一路攀升，至 2008 年第二季度达到历史高点。F 集团所在省份是我国重要的煤炭基地，发展煤化工优势明显。与此同时，房地产市场也日渐红火，F 集团在当地所开发房地产业务十分顺畅，积累了一定资金，F 集团开始战略布局煤化工板块，希望其成为 F 集团继农业和房地产之后又一支柱产业。F 集团煤化工项目获得了主流银行、融资租赁及信托公司等金融机构的大力支持。项目投产后，F 集团发展成为一家以农业产业化和化肥生产为主业，以房地产开发为基础的大型民营企业集团。梳理 F 集团的发展路径，农业—房地产—煤化工—房地产成为其发展的主线。

融资人农产品业务以农业深加工为主，每年需按季节大批量现金采购农作物进行加工，随后在消费季节根据市场行情进行出售。

随着城市化进程的推进，F集团通过从事房地产开发以及煤化工项目建设使得企业资产及利润迈入新的台阶。从表5-2可以看出，2011~2013年，F集团资产、所有者权益及利润均实现稳步增长。

表5-2 融资人财务情况

单位：亿元，%

项目	2011年	2012年	2013年	2014年	2015年6月
现金类资产	7.85	6.38	5.52	1.49	1.10
资产总额	100.07	118.47	134.16	140.04	136.64
所有者权益	41.51	53.84	56.48	52.70	50.12
短期债务	11.60	13.64	17.58	22.99	22.30
全部债务	40.11	54.28	60.03	60.23	59.97
营业收入	11.87	12.21	13.31	14.52	2.68
利润总额	2.28	2.53	3.03	-4.28	-2.57
EBITDA	3.34	3.43	4.48	-0.12	
经营性净现金流	1.27	1.86	8.80	-2.22	-0.44
资产负债率	52.50	49.36	55.88	60.98	61.94
全部债务资本化比率	45.76	47.50	50.35	53.26	54.47
流动比率	192.60	251.42	120.35	124.00	109.00

然而，2008年以后，随着石油化工和新型煤化工的快速发展，各地新建化肥装置如雨后春笋般拔地而起，短短5年间仅尿素产量就增长了47%，供大于求现象日益严重。此外，随着国内化肥市场逐步放开，国外进口化肥大量涌入，使得国内化肥企业市场竞争压力日益增大。数据显示，2014年我国化肥总产能已达到13167万吨，化肥产量达到8011.73万吨，而我国化肥需求量仅为6610万吨，生产过剩量在1401.73万吨，过剩产能近一半。以氮肥为例，2014年，氮肥行业主营业务收入为2616.7亿元，比上年下降6.2%；行业亏损56.6亿元，2013年行业盈利59.2亿元；亏损企业156家，增加23家；亏损企业亏损额129.6亿元，增长106.7%；行业亏损面达到47.1%。由此可以看出，我国化肥行业异常艰难。尿素与2012年、2013年平均约2000元/吨的价格相比，2014年、2015年1600元/吨的均价

已下滑了约 400 元/吨，这 4 年间复合肥价格下滑的走势与此基本吻合。

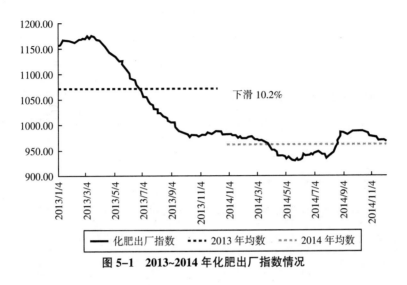

图 5-1　2013~2014 年化肥出厂指数情况

虽然 2008 年开始化肥行情已经与开工建设的初期大相径庭，但耗费 F 集团大量心血且已投入数十亿元的煤化工项目不可能中途暂停，加上在 F 集团眼中，未来化肥价格走势仍有可能向好，因此 F 集团仍然克服重重困难，继续推进项目。截至 2014 年，项目开始试车。H 信托公司项目人员专程到访企业了解最近生产经营情况。厂长向项目人员提供了如下资料：

（1）经测算，2014 年尿素单位生产成本为 832.07 元/吨，完全成本为 1263.23 元/吨。

（2）其经营收入包括两部分：一是按正常生产 52 万吨，平均售价 1650 元/吨保守计算，可实现销售收入 8.58 亿元，实现利润 2 亿元。二是在符合设计要求前提下超产 5 万吨，平均售价 1650 元/吨保守计算，摊薄了固定成本，可实现销售收入 0.8 亿元，实现利润 0.4 亿元。以上两部分经营收入共计 9.38 亿元，利润 2.4 亿元，销售利润率预计可达 25.5%。

（3）目前，企业 1×25 兆瓦自备电厂及铁路专用线即将投用，总成本有望每年下降 5000 万元，吨成本有望下降近 100 元。

当项目组人员看到上述描述后，顿时感到非常欣喜。按企业的测算，煤化工项目不仅可以带来可观的利润，而且还将为企业带来充足的现金流，使得综合还款来源进一步扩充。然而，由于相关知识的缺乏以及尽职调查的疏忽，项目人员并没有意识到，上述描述存在很大偏颇。2014~2015 财年，公司首次披露化肥进入正轨后的生产经营及财务情况，实际情况如下：

2014 年，F 集团合计生产尿素 50.36 万吨，实现销售 50.16 万吨，均价为 1490.34 元/吨。从反馈数据情况来看，F 集团尿素的综合成本达到约 1700 元/吨，其中折旧费用约 400 元/吨（2014 年 9 月化肥厂通过竣工验收，开始计提折旧费用），财务费用约 400 元/吨，其他成本约 900 元/吨。尿素行业经过前几年的无序扩张，结构性产能过剩的局面开始凸显，2013 年以来尿素行业逐渐疲软，尿素出厂价格持续走低。2014 年 F 集团化肥厂尿素平均出厂价格仅有 1490.34 元/吨，无法覆盖其综合成本，价格倒挂明显。尽管 F 集团化肥厂享受西部大开发、增值税免征等优惠政策，但是仍面临较大的经营压力。

2015 年 3 月，由于新建化肥厂员工经验不足，在气化炉停车工艺处理过程中发生一起安全事故，造成三人死亡。当地政府成立了事故调查组，对事故进行安全调查，此后化肥厂一直处于停产状态。这起事故与公司作为新厂，场内员工缺乏生产经验积累有很大关系。

从这里我们看出，企业人员在向项目经理介绍项目前景时，数据明显有误。而项目人员由于缺乏专业知识，对项目缺乏独立的判断。比如，从吨尿素成本来说，832 元并未包括设备折旧和检修成本，未包括巨大的财务费用摊销，也就是说，832元仅为普通原材料及生产成本，而非完全成本，实际上，化肥完全成本高达1700多元（现金成本为1300元），而当时的化肥价格仅为1500元，即每卖一吨尿素，企业账面都将亏损约200元，企业所获得现金勉强能够满足化肥厂的自身运转和工资发放，无法支撑其庞大的地产资金需求，且由于化肥厂的巨大亏损，导致F集团财务报表出现亏损，银行已完全对其停止授信。

除此之外，F集团在发展煤化工的道路上还遇到其他很多问题，比如：①政府答应配置给企业的煤田因为诸多问题未能落实，导致企业需要以较高价格外采煤炭；②原计划通入厂区的一条关键铁路建设进度始终缓慢，造成企业内运煤炭及外运化肥均需通过此路，成本高企；③企业在厂区规划了自备电厂以节约电力成本，但由于政府并网审批缓慢，企业延后半年才获得入网申请，入网电量仅为可发电量的一半；④厂区建成后，化肥价格大幅下跌；⑤由于工人操作不熟练，导致安全生产事故，企业被停产整顿半年等。从中可见，一个大型项目的运作，股东方没有足够的综合实力是无法完成的，很多困难是无法估量的，不能轻信企业在可行性研究报告，以及现场访谈时所勾画的宏伟蓝图，而应通过各方调查，了解真实情况。

F集团发生债务逾期问题的时间为2014年10月，当时F集团有一笔明股实债的信托借款（报表中体现为资本公积和实收资本），根据协议，公司实际控制人应回购其中金额为5亿元的信托借款，但由于资金链紧张，实际控制人未能顺利进行回购信托借款，同时F集团发生欠息情况。F集团合计通过信托融资15亿元（其中计划由实际控制人回购的10亿元分别计入实收资本科目5000万元，计入资本公积科目95000万元；剩余5亿元为信托借款形式计入其他应付款科目），回购部分的10亿元已于2013年按计划回购2亿元，待回购的8亿元资金应于2015年底前逐步回购完毕，信托借款部分的 5 亿元将于 2015 年到期。为解决该部分债务，F 集团将其位于 A 省房地产项目转让至某资产管理公司，同时将相关的资产和债务出表。

F 集团在运营上出现的问题在其财务报表上均有所体现。首先是资产负债表。资产负债表的分析包括结构合理性，资产质量等。对于资产质量分析，我们主要关注其资产的盈利能力和产生现金流的能力，同时，债权人还应关注，企业账面资产可自由支配的是多少。如果一个企业的资产全部被抵押，产生利润和现金流的能力又差，那么资产再多，对于债权人也是无效的。

F 集团财务报表呈现如下特点：

（1）期末货币资金自 2011 年开始逐年下降；F 集团近年无论是化肥项目建设还是房地产投资以及农产品加工原料采购，均对资金量需求巨大。F 集团所有板块均属于资金消耗型业务，且大部分处于建设阶段，导致 F 集团货币资金逐年下降，资金链较为紧张。上述情况也使得 F 集团短期借款攀升。从 F 集团负债结构来看，其短期借款规模远大于长期借款，而 F 集团所投资房地产及化肥厂项目均为长周期项目，F 集团短贷长投问题十分突出，容易导致资金链断裂。

（2）公司其他应付款和预付账款分别主要为拆借款和预付工程款，款项金额很大，不排除项目股东通过两个科目转移资金的情况。

（3）存货规模大且自 2009 年开始保持波动上升的趋势；2014 年底 F 集团存货规模超过 2014 年 F 集团销售额的 2 倍，其中地产存货面临很大的去化压力。具体来看，2014 年末，公司存货账面价值 18 亿元，其中开发成本 16.81 亿元，主要为各地房地产项目的开发成本，大部分项目已用于借款抵押。上述项目总投资规模大、建设周期较长、未来需要投入的资金量大，且受公司资金紧张影响，目前已处于停滞状态，同时公司房地产存货也面临一定的跌价风险，影响其资产价值。

（4）长期股权投资规模大，但并未产生投资收益。

（5）在建工程规模大，主要为煤化工项目，转固规模小。2014年末，公司在建工程共58亿元，占总资产的比重高达41.19%，主要包括化工项目33.07亿元、地产项目约20亿元，目前大部分已抵押，流动性受限。且在建工程在试产后遭遇化肥行情不佳，该部分资产产生盈利和现金流的能力均很弱，影响了公司资产质量。

（6）短期借款自2009年开始基本保持了增长趋势，至2014年底达到峰值。

（7）预收款项规模相对小，后续房地产收入来源不足。

（8）资本公积规模很大，实收资本规模很小，所有者权益稳定性很差，且隐藏了大量明股实债的信托融资。先后有三家信托公司对F集团信托借款体现在资本公积中，若将资本公积中信托持股剔除，截至2014年底，F集团实际资产负债率高达67.11%。

表5-3　融资人财务情况

单位：亿元

	2009年12月31日	2010年12月31日	2011年12月31日	2012年12月31日	2013年12月31日	2014年12月31日
货币资金	6.45	7.53	7.75	6.32	5.46	1.38
交易性金融资产	0.00	0.05	0.02	0.02	0.02	0.00
应收票据	0.00	0.00	0.08	0.04	0.04	0.11
应收账款	3.29	3.25	3.40	2.66	2.13	1.57
预付款项	11.74	12.22	15.21	16.18	16.49	22.08
其他应收款	5.87	9.24	8.37	18.07	7.77	16.03
存货	10.63	13.29	11.06	15.63	19.36	18.17
待摊费用	0.01	0.02	0.01	0.01	0.00	0.00
其他流动资产	0.00	0.00	0.00	0.00	0.00	0.00
流动资产合计	38.00	45.60	45.91	58.93	51.27	59.33

	2009 年 12 月 31 日	2010 年 12 月 31 日	2011 年 12 月 31 日	2012 年 12 月 31 日	2013 年 12 月 31 日	2014 年 12 月 31 日
非流动资产:						
长期股权投资	1.08	1.11	3.07	2.47	12.44	10.58
固定资产	5.42	5.26	5.88	5.90	7.90	7.35
在建工程	25.97	29.78	39.73	45.94	57.07	57.67
工程物资	0.00	0.05	1.11	0.33	0.48	0.25
无形资产	3.44	3.16	3.22	3.40	3.60	3.49
长期待摊费用	0.06	1.25	1.15	1.50	1.40	1.37
非流动资产合计	35.98	40.60	54.16	59.55	82.89	80.70
资产总计	73.98	86.20	100.07	118.47	134.16	140.04
流动负债:						
短期借款	5.96	9.48	11.60	10.05	15.68	22.99
应付票据	0.00	0.00	0.00	0.00	1.90	0.50
应付账款	0.71	4.53	2.00	1.89	3.12	8.66
预收款项	3.15	2.30	0.29	0.13	1.95	3.30
应付职工薪酬	0.11	0.09	0.09	0.13	0.18	0.34
应交税费	1.24	1.56	0.94	1.12	1.62	2.07
应付利息	0.00	0.00	0.00	0.00	0.00	0.03
应付股利	0.04	0.04	0.04	0.04	0.04	0.47
其他应付款	10.35	9.25	8.87	10.08	18.01	9.64
预提费用	0.01	0.01	0.01	0.01	0.00	0.00
其他流动负债	0.00	0.00	0.00	0.00	0.09	0.00
流动负债合计	21.55	27.25	23.84	23.44	42.60	47.99
非流动负债:						
长期借款	17.16	16.42	14.77	15.76	15.69	13.75
应付债券	5.23	5.23	13.58	16.08	16.08	14.62
长期应付款	0.50	0.50	0.17	3.11	0.49	8.88
专项应付款	0.05	0.06	0.17	0.05	0.12	0.08
其他非流动负债	0.00	0.00	0.00	0.04	0.00	0.08
非流动负债合计	22.94	22.21	28.70	35.04	32.37	37.41
负债合计	44.49	49.47	52.53	58.48	74.97	85.40
所有者权益 (或股东权益):						
实收资本 (或股本)	1.00	1.18	1.33	1.65	1.65	1.65
资本公积金	22.92	28.24	33.12	42.72	42.78	42.78

续表

	2009 年 12 月 31 日	2010 年 12 月 31 日	2011 年 12 月 31 日	2012 年 12 月 31 日	2013 年 12 月 31 日	2014 年 12 月 31 日
未分配利润	3.49	5.21	7.35	9.84	12.65	9.15
未确认的投资损失	−0.14	−0.18	−0.29	−0.38	−0.60	−0.88
归属于母公司所有者权益合计	27.27	34.44	41.51	53.84	56.48	52.70
少数股东权益	2.23	2.29	6.02	6.16	2.70	1.94
所有者权益合计	29.49	36.73	47.54	59.99	59.18	54.64
负债和所有者权益总计	73.98	86.20	100.07	118.47	134.16	140.04

综合以上，F 集团近年各项财务数据虽保持总体增长态势，但其资产质量一般，盈利性和产生现金流能力均较弱，且大部分资产已用于抵押，流动性很差。加上 F 集团短贷长投问题突出，若失去外部融资能力，必然导致整个集团资金链断裂，在此背景下，F 集团房地产信托项目出现兑付危机。

四、项目总结

信托公司在项目评审时往往看中三大要素，融资人资质、回款现金流和增信措施。由于房地产信托往往与具体项目相联系，因此信托公司在项目评审时容易陷入"就项目看项目的"的怪圈，而当融资人是大型综合性企业的时候，容易忽略对融资人于集团层面的详细分析，或者在分析中陷入"融资人为大型企业集团，资产规模大，综合实力强"的惯性模式。

这是一篇集团整体业务视角下的风险案例。从本例我们应该反思，对于融资主体的分析远非半天到一天的现场访谈和桌面资料分析所能驾驭的。本案例中，融资人跨越三个板块，农业板块、房地产板块和煤化工板块各自有各自的行业特点，伴随经济周期，这些行业的市场行情也在发生着变化，如果信托公司尽职调查人员不了解行业，不了解企业的运营情况，不能把财务分析和经营分析结合起来综合评判企业资质，不能在集团整个财务情况的视角下分析信托项目还款来源的可靠性，很可能导致项目出现风险。

案例四　J信托公司——司法处置案例

一、信托项目基本情况

2010年11月，J信托公司与A房地产公司签订信托贷款合同，约定A房地产公司通过土地抵押向J信托公司借款1亿元，借款期限1年，信托贷款到期后，A房地产公司逾期未还，J信托公司于2011年12月12日向地区法院（以下简称甲法院）起诉A房地产公司，要求其偿还逾期借款本金及利息、实现抵押权。当日，J信托公司申请法院对融资人的土地使用权进行查封。甲法院经审理后于2011年12月27日判决A房地产公司在判决生效后十个工作日内向J信托公司支付借款及利息，如不能按期归还，J信托公司有权对土地使用权行使优先受偿权。判决生效后A房地产公司仍未按期履行还款义务，J信托公司于2012年2月13日向法院申请强制执行。

J信托公司在法院审查中得知，2011年12月3日A房地产公司同样因债务问题，已经被S公司诉至另一法院（以下简称乙法院），法院对A房地产公司的土地使用权进行查封。乙法院于2011年12月13日判决A房地产公司在判决生效后十日内向S公司偿还贷款。判决生效后A房地产公司未能履行义务，于是S公司于2012年12月24日向乙法院申请强制执行。

在上述两起纠纷中，两家法院先后查封了同一块土地，并且一般债权查封在前（指S公司与A房地产信托公司之间的借贷），抵押债权查封在后（指J信托公司信托贷款），使司法处置背景变得更为复杂。

该案例涉及以下几个重点：①已经抵押给 J 信托公司的土地使用权是否可以被查封；②乙法院对已抵押的土地进行查封时，是否应通知 J 信托公司；③已经被抵押的土地被其他债权人先行查封的情况下，J 信托公司是否可以再查封债务人的其他财产（如定期存单等）。

二、相关概念及法律法规梳理与分析

查封是指法院为了保证对财产的顺利执行，对拟执行财产进行就地或异地封存，禁止被执行人对其进行处分的一种保全措施，具有法律强制力，同时也可以取消。被查封对象过户受到限制，但查封措施并没有影响被查封对象的状态。

轮候查封指拟查封对象已经被其他法院查封，执行法院按先后顺序排队等候，上笔查封解除后，时间优先的轮候查封将变更未正式查封。

对于本案例所涉及的问题，最高人民法院《关于人民法院执行工作若干问题的规定》（以下简称《执行规定》）第四十条做了较为明确的回答。相关规定如下："执行法院对其他人享有抵押权的被执行人财产，可以采取查封和处分措施，无论抵押担保的债权是否到期，法院均可以采取执行措施，但应当确保抵押权人优先受偿的权利。至于优先受偿权的具体范围和数额，抵押权人可以依法提请执行法院审查确定，抵押权人亦可依法参与执行程序对有关财产的处分。"

《执行规定》第四十条的规定并非孤立存在的，其他相关和司法解释依据也与第四十条的意思表示保持一致。比如，根据最高人民法院《关于人民法院民事执行中查封、扣押、冻结财产的规定》（以下简称《查封规定》）第二十八条，对已被人民法院查封、扣押、冻结的财产，其他人民法院可以进行轮候查封、扣押、冻结。查封、扣押、冻结解除的，登记在先的轮候查封、扣押、冻结即自动生效；最高人民法院《关于适用〈中华人民共和国民事诉讼法〉若干问题的意见》第一百〇二条的规定，人民法院对抵押物、留置物可以采取财产保全措施，但抵押权人、留置权人有优先受偿权。再比如，根据最高人民法院《关于适用〈中华人民共和国担保法〉若干问题的解释》第五十五条的规定，已经设定抵押的财产被采取查封、扣押等财产保全或者执行措施的，不影响抵押权的效力。

从上面可以看出，抵押权是对优先受偿权的保障，而查封则是限制债务人非法转移财产的一项措施。抵押财产随时都可能基于其他民事诉讼和执行的需要而被查封，抵押权人不能以财产已被设定抵押为由来对抗人民法院对抵押物的查封、扣押行为，但优先受偿权仍然受到保护。根据最高人民法院《关于人民法院执行工作若干问题的规定》第九十一条，对参与被执行人财产的具体分配，应当由首先查封、扣押或冻结的法院主持进行。对于抵押权人所担心的首封法院怠于清偿债务的问题，部分省份出台规定，债权人申请执行的法院可向首次查封法院发函，要求其于一定期限处置或者移交处置权，如首次查封的法院怠于处置或移交，则债权人申请执行的法院可以取得处置权。对于法院怠于处置，或者抵押人通过各种手段阻挠，破坏正常处置程序的，信托公司应该向有关部门申明，保障自身权益。

三、相关风险点分析

虽然相关法规保障了抵押权人的合法权益，但在实际执行过程中，信托公司仍有可能面临诸多风险。根据《执行中土地使用权抵押与查封并存的现实困境与出路》（邵照学，2013）一文，笔者将相关风险总结为四点。

（1）《执行规定》明确抵押权人对人民法院查封、扣押或冻结的财产有优先受偿权、可以参与分配程序，主张优先受偿权。同时规定，应当由首先查封、扣押或冻结的法院主持对参与被执行人财产的具体分配。首先查封、扣押、冻结的法院所采取的执行措施如系为执行财产保全裁定，具体分配应当在该院案件审理终结后进行。如果相应的债权纠纷未经审理、判决并进入执行程序的，那么抵押权人的抵押权就难以实现。

（2）现实中，抵押物预计变现价值与评估价值出现差异的概率很大，当被查封财产的变现价值预期不能满足首轮查封法院涉及案件的清偿额时，先行查封法院很可能对查封财产怠于处理，或者要求抵押权人给予首封债权一定的清偿额度，使得抵押权人优先受偿权的实现具有不确定性。实践中，查封法院在无益拍卖的情况下，不同意由抵押权案件的法院处置抵押物的情况屡见不鲜，协调成本大，并且容易遇到地方保护主义，造成享有优先受偿的债权人无法实现抵押权。

（3）抵押人为逃避债务清偿，与关联的企业虚构债务，恶意诉讼，申请当地法院首先对其核心财产、已抵押财产进行查封，并在相关财产被查封后，通过关联企业与抵押人和解的方式达成还款期限很长（如 5~10 年）的还款协议，并约定在还款协议未履行完毕前不解除对财产的查封，以此来对抗抵押权人行使抵押权，使抵押权人的优先受偿权无法有效实现。

（4）抵押物被先行查封，协议处置方式无法实现。根据《物权法》第一百九十五条："债务人不履行到期债务或者发生当事人约定的实现抵押权的情形，抵押权人可以与抵押人协议以抵押财产折价或者以拍卖、变卖该抵押财产所得的价款优先受偿。协议损害其他债权人利益的，其他债权人可以在知道或者应当知道撤销事由之日起一年内请求人民法院撤销该协议。抵押权人与抵押人未就抵押权实现方式达成协议的，抵押权人可以请求人民法院拍卖、变卖抵押财产。抵押财产折价或者变卖的，应当参照市场价格。"可以看出，如果出现抵押物同时被其他债权人申请法院查封，根据相关法律，则协议处置行为无效，只能通过法院处置一种途径实现抵押权。而通过法院处置，将提高处置成本，而且时间上存在很大不确定性。

对于上述风险点，上海高院2014年8月发布的、关于印发《关于在先查封法院与优先受偿债权执行法院处分查封财产有关问题的解答》的通知为司法执行提供了参考，相关内容如下：

实践中经常出现对特定财产（以下称查封财产）享有优先受偿权的债权（以下称优先受偿债权）进入执行程序后发现此前查封财产已被其他法院（以下称在先查封法院）在诉前、诉中、申请执行前或者仲裁前、仲裁中以及在执行中在先查封、扣押或者冻结（以下称在先查封）的情形，在此情形下往往会产生在先查封法院与优先受偿债权的执行法院、在先查封债权人与优先受偿债权人就查封财产应由哪个法院负责处分等相关问题产生争议。为了公平保护各方债权人的合法权益和提高执行效率，现就相关问题作出如下解答，供实践中参照执行。

（1）在确定查封财产的处分法院时需要考虑哪些原则？

答：第一，方便执行原则，即原则上由财产所在地法院负责处分，避免由查封财产所在地法院以外的执行法院处分查封财产而产生的执行不便；第二，终局执行原则，即原则上由首先进入终局执行的法院负责处分，避免因有关案件尚未进入终局执行而造成的执行迟延；第三，无益拍卖禁止原则，即原则上由优先受偿权在先但查封、扣押或者冻结顺位在后的法院负责处分，避免出现在先查封法院对查封财产进行处分并清偿优先债权和强制执行费用后无剩余可能。第四，公平保护原则，即原则上在根据债权性质公平保护各债权人合法权益的同时也要公平保护被执行人的合法权益，避免优先受偿债权随着迟延履行期间的增加而增加，从而损害其他债权人和被执行人的合法权益。

（2）在确定查封财产的处分法院时需要综合考虑哪些因素？

答：基于上述原则，在确定查封财产的处分法院时需要综合考虑以下因素：第一，查封财产的种类及其所在地；第二，优先受偿债权与在先查封债权之间的优先顺位；第三，在先查封债权所处的诉讼阶段；第四，在先查封债权的数额、优先受偿债权的数额与查封财产的价值之间的关系。

（3）基于上述原则和综合考虑相关因素后，应当如何确定查封财产的处分法院？

答：在先查封法院与优先受偿债权的执行法院均系上海法院的，原则上应当由已经进入终局执行且享有在先优先受偿权的债权的执行法院负责查封财产的处分。

（4）在上述处理原则之外，哪些情形下应当由在先查封的法院处分查封财产？

答：第一，在先查封的债权即为享有在先优先受偿权的债权，其虽未进入执行程序，但查封财产在依法清偿在先查封的债权以及执行费用等后无剩余的；第二，在先查封债权对查封财产已经进入财产变现程序，且查封财产在依法清偿在先的优先受偿债权以及执行费用后能够全部或者部分清偿在先查封债权的。

（5）优先受偿的债权主要包括哪些种类？

答：优先受偿权的债权主要包括对查封财产依法享有抵押权、质权、留置权等担保物权的债权，依法享有优先受偿权的建设工程款以及依法享有船舶优先权的债权等依法享有优先权的其他债权。

（6）在先查封法院与优先受偿债权的执行法院之间如何办理查封财产的移送处分手续？

答：根据上述原则和情形应当由进入终局执行且享有在先优先受偿权

的债权的执行法院处分查封财产的，优先受偿债权的执行法院应当发函给在先查封法院，在先查封法院应当在收到函件后 7 日内作出回函并将查封财产移送优先受偿债权的执行法院处分。在先查封法院与优先受偿债权的执行法院就移送查封财产产生争议的，应当先行协商处理，协商不成的，报请共同的上级法院协调处理。

（7）在先查封法院将查封财产移送优先受偿债权的执行法院处分的，是否需要征得查封债权人的同意？

答：是否将查封财产移送优先受偿债权的执行法院处分由在先查封法院根据本解答所确定的原则和情形依职权审查作出，无须征得查封债权人的同意，但应当向其告知移送情况并释明将查封财产移送给优先受偿债权的执行法院进行处分的理由。

（8）遇有在先查封的债权进入执行程序且执行当事人达成执行和解协议等情形的，查封财产应否移送优先受偿债权的执行法院处分？

答：根据本解答所确定的原则和情形应当将查封财产移送优先受偿债权的执行法院处分的，不受在先查封执行当事人之间达成执行和解协议、在先查封法院依法裁定暂缓执行或者依法裁定中止执行等情形的影响。

（9）在先查封法院与优先受偿债权的执行法院一方系上海法院以外的外地法院的，应当如何处理？

答：上海法院为在先查封法院且根据本解答所规定的原则和情形应当由优先受偿债权的执行法院处分查封财产的，上海法院应当根据外地法院的函请将查封财产移送其进行处分。上海法院为优先受偿债权的执行法院且根据本解答所规定的原则和情形应当由上海法院处分查封财产的，上海法院应当函请外地法院将查封财产移送上海法院进行处分，外地法院未能移送的，优先受偿债权的执行法院可以书面报请高院执行局进行协调处理。

四、项目总结

从本案例来看，虽然法律规定被查封的财产不能再进行抵押，但并没有禁止对抵押的财产进行查封。因此，信托公司应走出设定抵押权后的财产不可能再被查封的误区。在此基础上，信托公司还应该认识到，虽然法律赋予信托公司作为抵押权人应享有的优先受偿权，但这不等于信托公司同时拥有了优先处置权。有的从业人员认为信托项目债权已经有抵押措施作为保障，且依法享有优先受偿权，就忽视了对债务人的经营状况以及抵押物现状的关注，甚至不知道抵押物已经被其他债权人先行查封。在实践中，先申请查封财产的债权人将会取得处置财产的主动权，因此，信托公司应该意识到，在信托项目出现风险苗头的时候，就应该着手做好随时申请查封抵押物的准备，毕竟，是否能够先行查封对保障项目兑付有很大影响。在没有风险事项的情况下，平时也应该多注意对抵押物进行实时监控，多从网络等其他渠道了解法院相关信息，一旦被其他主体先行查封，应该及时提出自身权利，以便能够顺利参与分配，若查封程序出现法律和合规瑕疵，应该提出异议。若查封程序符合相关规定，信托公司应及时申请提交债务债权关系的证明资料，出示信托合同、抵押合同、抵押权证等要件，向法院主张抵押权并申请参与分配，通过与法院积极沟通，并保障自身的优先受偿权。

案例五　N 房地产信托项目

一、项目概况

N 公司成立于 2006 年，注册资本为 2200 万元。融资项目总建筑面积约 15 万平方米，为纯住宅项目，配套少量底商。预计总收入 6 亿元。

项目总投资 3.5 亿元，其中融资人自有资金投入 9000 万元，融资人实际已投入 6000 万元，尚需投入自有资金约 3000 万元。2010 年，融资人获得信托融资额度 1.8 亿元，期限三年，分期发放。

二、风控措施

项目风控措施如下：

（1）项目土地抵押，抵押率为 59.04%。

（2）在建工程抵押，抵押率为 50.03%。

（3）融资人法人代表及其妻子提供个人连带责任担保。

三、项目实施过程

2010 年 6 月，信托公司向融资人共发放信托贷款 8000 万元。2010 年底，融资人顺利取得预售证，但信托公司未对销售回笼资金进行封闭管理。2011 年初，信托公司与融资人办理部分楼盘抵押手续。但未能按照放款条件要求落实全部抵押。2011 年底，融资人按还款约定偿还信托贷款 1000 万元，并承诺将按约定落实后续还款。2012 年初，融资人反映因销售缓慢，资金流紧张，信托公司同意融资人撤销部分抵押物抵押登记。2012 年中，融资人未能按约定偿还部分利息，信托公司向法院提起诉讼。

四、项目问题分析

该项目抵押物价值充足，但由于日常管理不到位，导致操作风险最终转化为了信用风险。问题总结如下：

（一）抵押物管理不到位，对抵押物失控

（1）未完全落实在建工程抵押，在办理在建工程抵押时仅办理部分房产抵押。

（2）未经严格审查，提前撤销部分抵押物。2012年初，融资人以资金周转为由提前解除了部分抵押物。但根据后续查证，该项目当时已累计回笼资金2.4亿元，加上融资人前期投资的0.9亿元以及信托公司发放的0.8亿元，项目实际已获得资金超过4亿元，大于项目总投概算，因此融资人撤销抵押的缘由明显存在瑕疵。由于在建工程抵押不到位且提前撤销部分房产抵押，导致案例项目面临抵押物不足值的风险。

（二）贷后未严格落实封闭管理要求，对资金流向失控

（1）部分款项支付时无合同依据，审查及日常管理松懈，造成信托公司不掌握项目资金实际使用情况。

（2）未做好监管账户资金管理。项目设立的监管账户资金基本是信托贷款资金，而融资人日常款项均汇入结算账户，而非信托公司在银行设立的监管账户。

从该案例可以看出，在房地产信托业务中，应尽量落实项目封闭运作，及时足额办妥抵押，根据销售进度，控制还款和解押工作，落实项目后期检查监控，切实把控操作环节，才能避免操作风险转化为信用风险。

案例六　S信托公司房地产信托计划

一、信托项目基本情况

S信托公司设立股权投资信托计划，信托计划总规模为12亿元，其中优先受益权5亿元，由合格投资者以现金认购；劣后受益权7亿元，由项目建设方以持有的对融资人的债权进行认购。信托计划设立后，将以信托资金 3.5 亿元收购项目公司大股东 3.5 亿元股权，并以信托资金 1.5 亿元对项目公司进行增资，受让股权及增资完成后，信托计划持有目标项目公司股权占比为 70%。

融资人成立于 2003 年，注册资本金为 27000 万元，实际控制人和法定代表人为林某，2005 年，融资人股权结构变为林某和赵某。融资人开发企业资质等级为暂定资质。项目劣后级由某房屋建筑承包公司（以下简称"T 公司"）认购，T 公司也是用款项目的建设方。信托计划成立前，T 公司持有对融资人的债权共计约 10 亿元。

T 公司成立于 1993 年，具有国家房屋建筑总承包一级资质。T 公司注册资本约 4 亿元，融资人与建设方 T 公司事实上同为林某实际控制的两家公司。

该信托计划的融资对象为融资人位于某市 A 项目。A 项目为商住综合项目。项目地段属于城市商务区的中心地段，地块总占地面积约 10 万平方米，总建筑面积约为 40 万平方米，总投资预计约 20 亿元，其中：土地 8 亿元（土地评估价值为 12 亿元）；项目建安及其他成本约 12 亿元。项目收益经初步测算，预计住宅平均销售单价为每平方米 8499 元，商铺为每平方米 16000 元，地下车库每个约 15 万元。预计该项目总销售收入约为 28 亿元。

项目的增信措施为：

（1）项目公司以项目土地使用权及在建工程为信托计划所持有的债权作抵押担保。

（2）项目公司的其余股东将所持项目公司股权全部质押给信托计划；项目建设方及融资人实际控制人为信托计划提供连带责任担保。

（3）T 公司以其持有项目公司的债权作为一般受益权的对价款交付至信

托计划，信托计划可通过项目公司偿还债务而取得债权收益，并优先满足信托计划优先受益人的投资收益的分配，为优先受益权收益实现提供保障。

（4）修改融资人章程，约定 S 信托公司对下列重要事项具有一票否决权：对外借款、对外担保、抵质押、股权转让等。

（5）信托公司与融资人共同管理包括公章、财务章及法人章在内的重要印鉴；公司章程规定：公司副董事长由控股股东派驻，其职能之一为"监督管理项目公司公章、合同章和财务专用章，并根据用印审批流程负责用印审批，并建立用印台账，每周向信托公司报备"。

（6）对项目法律文件做强制公正。截至 2011 年中，项目形势发生变化。融资人未按约定办理完成预售许可证，融资人解释其由于资金紧张，要求其解除抵押，协助其办理预售，并将一部分预售资金释放用于其支付工程款。信托公司随后到当地办理在建工程抵押，被告知无法办理在建工程抵押。为避免项目烂尾风险，信托公司决定放弃在建工程办理抵押，并释放部分保证金用于支付工程款，但要求融资人获得银行按揭款发放后将资金转回至监管户。

融资人在获得一定资金支持后，项目建设提速，并于 2011 年下半年终于取得预售证。项目实现预售后，融资人按照约定向监管账户支付了资金，并向 S 信托公司提供了银行对账单扫描件。然而后经证实，融资人随后便通过早已私刻好的公章，通过私自开立网银支出上述全部保证金。

2011 年底，S 信托公司进行年度房地产项目风险核查，发现融资人监管账户资金已被转移，融资人随即承认公司资金链紧张，项目出现兑付困难。为了防止事态进一步恶化，信托公司立刻全年控制了融资人公章、印鉴、网银密匙、房屋销售密匙等；并司法冻结了项目土地；及时变更了项目公司法定代表人，防止其对外再签署融资、担保或其他合同。

二、项目问题分析

（1）未察觉融资人严重的民间借贷问题。相当一部分民营企业股东即为企业的创始人，或其家族成员、合伙人等，公司高管有时也会持有少量股份。但本案例中，赵某在 2005 年突然成为股东值得注意。实际上，融资人实际控制人林某由于缺乏资本金投入，而向赵某借入高利贷，赵某为保障自身权利，在信托公司进入前持有项目公司大部分股权。但 S 信托公司并未对公司股东背景进行足够谨慎的调查，未发现交易对手涉及高利贷的情况。实际上，融资人的实际控制人在 2010 年就因民间借贷问题被诉诸法院，相关法律文书在网上亦有公布。根据法院文书，林某向某自然人借款金额为 1000 万元，借款期限 6 个月，借款利率高达每月 3.3%。

（2）中后期管理不到位。本案例中，S 信托公司遭遇了融资人伪造印鉴的情况。对于股权投资类项目，信托公司一般都会采取收纳项目公司重要印章的措施，但实践中，该措施往往出现纰漏。比如，项目公司可能会别有用心地保留一些空白章，在紧急情况下非法复刻公章。本案例中，项目公司先是私刻了公章，然后利用公章在银行私自开通网银（信托公司未关闭网银支付功能），使得项目资金监管失控。严格来讲，如果使用印鉴控制这一后期管理方式，那么应该在印鉴卡片预留印鉴，该印鉴除了预留常见三章之外（财务章、法人章、公章），还应该附加设立银行资金受托支付专用（监管）章，当需要从监管账户向外付款时，除核对三章外，要求监管账户开立使用电脑核印的方式，对银行资金受托支付专用（监管）章也进行核验，通过后才可使用资金。由于银行资金受托支付专用（监管）章不易被复制，该项措施对于私刻公章的情况能够起到较好的防范作用。对于开立网银的，应设立三个钥匙盘，使用逐级授权机制。将钥匙盘分为 A、B、C 三个角色，A 是经办、B 是复核、C 是授权，信托公司扮演复核或授权角色，三个角色逐级审批通过后，才可对外付款。同时，如果项目运行过程中，需要收集各类对账单作为放款或者合同约定事项验证时，不应相信交易对手单方面提供的对账单，应该坚持亲自取回，验证原件的原则，避免出现伪造的情况，该措施也适用于抵押登记、合同订立等其他重要事项。除此之外，要实行定期与不定期监管账户资金监管并行，避免程序化操作而造成的监管漏洞。

在预售管理方面。由于监管不到位，融资人在信托公司不知情的情况下，通过非法办理网签，抵债销售等形式售出，使得项目现金流不能回流。对于信托公司而言，不仅需要对包括网上销售密钥、网银、POS 机重要工具需要制定有效的管理措施，同时应该实时查询抵押房产是否出现被违法销售的情况。

（3）对于融资项目由关联方进行建设以及由关联方持有的债权认购信托计划次级未引起重视。本项目的一个重大纰漏在于信托公司认可了项目由融资人实际控制人旗下建筑公司进行建设的情况。通过关联方制造关联交易和资金腾挪是常见的财务舞弊手段。本案例中，林某通过建设方账户转移信托资金用于归还高利贷和其他用途，不仅严重影响项目建设，也使得信托资金监管失控。

而对于以债权认购信托计划份额的问题，本书在第二章《房地产信托风险与防控措施》中的第二部分《房地产信托重要风控措施详解》关于结构化设计中债权认购可能存在的瑕疵进行了解释。对于债权而言，首先是合理合法及真实性，其次是是否能够按时足额收回。如果是与关联方产生的债权债务关系，无论是债权的合理合法及真实性还是收回的预期，都将面临较大的不确定性，可能导致项目的风控措施起不到作用。

三、项目总结

该案例中，融资人作为民营企业，总体资质一般。S信托公司采用了股债结合、受益权分级的交易结构，其设计目的一是全面控制融资人的资产及运营，特别是其项目土地，同时通过融资人关联公司认购次级、实际控制人提供担保等措施，绑定融资人利益。二是通过开立监管账户，管理印鉴等方式控制项目操作风险。可以说，案例信托项目采用了主流的风险控制措施，但信托公司的尽职调查过程中的程序化，未能充分了解融资人及其实际控制人民间的借贷情况，中后期管理手段不到位（如未能及时发现融资人私开网银转移资金等情况），对关联方债权认购次级和提供建设服务也未能进行合理的质疑，加上融资人恶意违约等因素，使得项目最终出现风险。

四、认识和识别民间借贷

关注：

（1）民间借贷一般具有区域性。应了解融资人及当地融资环境和融资习惯。

（2）企业的实际控制人在进行民间借贷前可能已经做好长期准备，将名下固定资产，所拥有企业股权等转让至他人名下，自己则以承租人、管理人的身份继续使用和经营上述资产。

（3）评判企业资产积累是否与其资金实力相当。

（4）预收账款中应注意是否存在未锁定购销关系的预售诚意金或者已签订购销合同但存在回购条款。

（5）如果实际工程进度远远小于存货科目的增长，则地产企业可能通过工程款支付向第三方支付民间借贷本息。

（6）其他应收款存在对股东的往来款。

（7）了解核实资本公积的形成原因，判断是否存在民间借贷。

（8）往来款或财务费用的原始凭证存在小额贷款公司、担保公司、典当行的交易。

（9）来自小股东的出资可能为财务投资。

（10）关注地产企业的对外担保情况。在一般的担保活动中，担保应是一种或有负债（义务），但如果存在民间借贷，则这种担保可能被设计为必然义务。

（11）通过股权变更协议和工商网站查询，了解地产企业每次股权变更历史和原因，特别注意个人股东的加入及合理性。

如果金融机构认为目前融资人民间借贷情况可控，则需在项目启动前，确认每笔民间借贷本息、期限、抵押物，并要求融资人在债权债务清单上签字，必要时，应要求借贷双方补签借款协议；同时要求融资人除债权债务清单上的项目外，不存在其他任何债权债务关系；与项目公司曾经发生资金往来的法人或自然人应书面确认，除基于已签字确认的债权债务关系外，不向融资人及其实际控制人主张任何股权、债权、享受项目分红、资产处置等任何权利。

案例七　T信托公司案例——商业地产项目租赁问题

一、信托项目基本情况

某商业项目房地产开发公司从 T 信托公司取得 3 亿元贷款，信托期限18 个月。信托到期前，该公司资金链断裂，导致贷款逾期。信托公司将融资人起诉至当地法院。

二、项目主要问题分析

在案件执行环节，评估机构发现抵押物超过 60%的面积已经被融资人出租，租赁合同长达 5~7 年，且大部分租金在合同签订时进行了一次性缴付。经过审查走访，法院认定上述租赁合同均为在贷款之前合法有效签订。由于抵押物瑕疵较大，导致多次流拍，信托公司不得不向执行法院申请折价变卖，即允许承租人以差额缴款规则购买抵押物，从处置价款中扣除承租人已经缴纳的租金。最后的结果是，扣除已缴纳租金后，承租人仅缴纳少量资金就获得了抵押物的所有权，信托公司本金损失超过 15%。

三、项目总结

本书第二章《房地产信托风险与防控措施》中的第二部分《房地产信托重要风控措施详解》关于抵押物可能存在的瑕疵进行了详细梳理，其中就包括了抵押物权利瑕疵与可变现价值的相关内容，如果信托公司事先能掌握抵押物的租赁状况（包括但不限于租金、缴纳方式、期限、租金调整和退租的相关规定，违约条款等），了解司法处置时可能面临的处置阻碍，不向融资人发放贷款或进一步降低抵押率，将会减少或避免损失。

第六章　房地产信托项目尽职 调查指引

房地产信托尽职调查对于项目决策，交易结构的设计非常重要。详尽严谨的尽职调查是开展房地产信托的前提条件。尽职调查的内容主要包括：交易结构、交易背景、交易对手基本情况、交易对手财务状况、融资项目基本情况、第一还款来源、第二还款来源等。尽职调查应遵守谨慎、全面和真实的原则。从尽职调查形式来看，房地产信托项目尽职调查应包括现场访谈（访谈提纲样例详见附件）、现有资料查阅和相关数据索取。

一、交易结构审查

（一）常规信托贷款（含特定资产收益权、股权收购附加回购义务等融资类交易结构）

1. 房地产信托贷款的条件审查

（1）房地产项目公司或其控股股东是否具有二级资质。

（2）房地产项目资本金投入比例是否达到国家法定要求。

（3）房地产项目是否四证齐全。

（4）资金需求是否合理。

2. *房地产信托贷款的期限审查*

（1）中长期贷款的分期还本安排。

（2）房地产信托融资期限与项目期限的匹配度。

（3）房地产信托融资期限与资金端期限匹配度，如果需要拆期，则需要进一步了解流动性解决方案。

（二）投资类信托

（1）纯投资类项目关注信托端和交易端的匹配。

（2）股权增资后签订对赌协议的项目关注主债权的设置、明确直接交易对手。

（3）关注信托资金退出方式的可行性。

（4）关注信托收益和风险的匹配关系。

（5）关注现金流获取机制。

二、交易背景审查

（1）了解项目来源与谈判过程。了解融资人与信托公司以往业务合作的情况，包括但不限于合作业务基本信息、运行情况、风险敞口余额、本息偿还情况、增信措施设置、历史融资额度及融资成本情况。

（2）了解融资人融资动机（如，选择信托渠道的原因、整个项目融资规划与融资缺口的合理性等）、可接受当前融资成本的原因，是否存在融资用途与实际用途不匹配的情况及原因。应注意防范信托资金投入股市、不满足监管要求的项目、偿还民间借贷、进行资金拆借等情况。

（3）了解融资人，融资人对项目实施时间的要求，申请的授信额度、用途和期限等，资金缺口解决的难易程度与解决的可能性等。

（4）调查信托财产来源是否满足《信托法》的相关规定。应确保委托人对信托财产拥有完整无争议的所有权，其对信托财产的使用和信托目的无合法合规性瑕疵。

表 6-1　房地产信托的合规审核要点

合规事项	审查要点	审查依据
尽职调查	信托公司开展房地产信托业务应建立健全房地产贷款或投资审批标准、操作流程和风险管理制度并切实执行；应进行项目尽职调查，深入了解房地产企业的资质、财务状况、信用状况、以往开发经历，以及房地产项目的资本金、"四证"、开发前景等情况，确保房地产信托业务的合法、合规性和可行性；应严格落实房地产贷款担保，确保担保真实、合法、有效；应加强项目管理，密切监控房地产信托贷款或投资情况	银监办发[2010] 54 号
可研究报告	信托公司进行结构化信托业务产品设计时，应对每一只信托产品撰写可行性研究报告。报告应对受益权的结构化分层、风险控制措施、劣后受益人的尽职调查过程和结论、信托计划推介方案等进行详细说明	银监通[2010] 2 号
合格投资者	商业银行个人理财资金投资于房地产信托产品的，理财客户应符合《信托公司集合资金信托计划管理办法》中有关合格投资者的规定	银监通[2010] 2 号
	信托公司在开展结构化信托业务前应对信托投资者进行风险适应性评估，了解其风险偏好和承受能力，并对本金损失风险等各项投资风险予以充分揭示	
	结构化信托业务中的劣后受益人，应当是符合《信托公司集合资金信托计划管理办法》规定的合格投资者，且参与单个结构化信托业务的金额不得低于 100 万元	
劣后受益人	不得以利益相关人作为劣后受益人，利益相关人包括但不限于信托公司及其全体员工、信托公司股东等	银监通[2010] 2 号
	结构化信托业务中的劣后受益人，应当是符合《信托公司集合资金信托计划管理办法》规定的合格投资者，且参与单个结构化信托业务的金额不得低于 100 万元	
	不得以商业银行个人理财资金投资劣后受益权	
劣后受益权比例	信托公司以结构化方式设计房地产集合资金信托计划的，其优先和劣后受益权配比比例不得高于 3∶1	银监办发[2010] 54 号
贷款用途	信托公司不得以信托资金发放土地储备贷款。土地储备贷款是指向借款人发放的用于土地收购及土地前期开发、整理的贷款	银监办发[2010] 54 号
	严禁向房地产开发企业发放流动资金贷款，严禁以购买房地产开发企业资产附回购承诺等方式变相发放流动资金贷款，不得向房地产开发企业发放用于缴纳土地出让价款的贷款。要严格防范对建筑施工企业、集团公司等的流动资金贷款用于房地产开发	银监办发[2008] 265 号
房地产开发贷款	信托公司发放贷款的房地产开发项目必须满足"四证"齐全、开发商或其控股股东具备二级资质、项目资本金比例达到国家最低要求等条件	银监办发[2010] 54 号
资本金	股东借款、银行贷款、商业银行普通个人理财资金不得充作项目资本金的部分，放弃优先偿权权利的股东借款（先还贷款后还股东）、商业银行私人银行资金除外	银监发[2009] 84 号

合规事项	审查要点	审查依据
资本金	信托公司要严格执行国家固定资产投资项目资本金管理制度，加强对项目资本金来源及到位真实性的审查认定。对股东借款（股东承诺在项目公司偿还银行或信托公司贷款前放弃对该股东借款受偿权的情形除外）、银行贷款等债务性资金和除商业银行私人银行业务外的银行个人理财资金，不得充作项目资本金。信托公司应要求借款人提供资本金到位的合法、有效证明，必要时应委托有资质的中介机构进行核实认定	银监发〔2009〕84 号
增信措施	信托公司开展房地产信托业务，应严格落实房地产贷款担保，确保担保真实、合法、有效	银监办发〔2010〕54 号
	完善抵押权设置的法律手续，通过合同形式防范抵押悬空的风险。银行业金融机构应按照协议承诺的原则，对现有的借款合同文本和抵押合同文本进行修订和完善。一是要求抵押人和借款人明确承诺，在知悉抵押房屋将被拆迁的信息时，应及时向贷款人履行告知义务。如抵押人和借款人未及时履行告知义务的，应当承担由此产生的违约责任。二是约定抵押房屋如被拆迁后的后续事项。对于采用产权调换补偿形式的，抵押人和借款人应与贷款人协商清偿债务，或重新设置抵押并签订新的抵押协议，在原有抵押房地产灭失后而新抵押登记尚未办理之前，应由具备担保条件的担保方提供担保。对于以补偿款方式进行补偿的拆迁房地产，贷款人有权要求抵押人将拆迁补偿款通过开立保证金专户或存单等形式，继续作为抵押财产	银监办发〔2010〕55 号

注：上述审查依据详见附录关于相关法律法规的梳理。

三、交易对手基本情况审查

（1）融资人组织形式及历史沿革。通过查询工商登记信息、验资报告、增资协议、股东会决议、董事会决议、审计报告、公司章程等，了解包括但不限于融资人的注册资本和实收资本、业务范围（关注是否包含房地产开发和经营及其对应的房地产开发资质）、经营历史、股权变动历史（关注股权是否经过多次转让）、增资情况及管理层、股东和实际控制人变动（可能涉及债权人的参股）情况等。

（2）取得企业营业执照、公司章程、组织机构代码证、审计报告、资本金证明、税务登记证等资料。复印件须与原件核对一致并要求对方加盖公章。

（3）核实交易对手的股权结构及实际控制人信息，获得验资文件、了解各股东持股比例、股东间是否存在关联关系以及股东所持股权的对外质押情况等。股东为法人的，调查了解其主营业务、财务状况，如为房地产企业则须了解其房地产开发资质（需注意关于暂定资质的特殊要求和有效期）；股东为自然人的，了解其个人基本情况（如是否具有境外居留权、从业经历、是否具有不良嗜好），取得控股股东的签字样本。还应通过查询人民银行征信系统及全国法院被执行人信息查询系统记录，分析股东及实际控制人诚信情况。

（4）了解法人（自然人）控股股东控制的其他企业情况（如有）、获得完整的股权结构图，法人（个人）控股股东对融资人的控制关系、控制方式（包括对人员、财务、资金的控制方式等）；主要关联企业（包括但不限于发起人，控股股东、持股比例最大的单一股东、一致行动股东直接或间接控制的其他企业）的基本情况和经营情况。特别注意集团口径下或同一控制人名下企业之间关联交易情况。

（5）法人治理结构。调查了解融资人的法人治理情况，包括"三会"及经营管理层的情况。阅读公司章程，了解公司各项投融资事务决策程序要求。若章程约定信托融资事项的决策机构为股东会，关注议事规则中非同一实际控制人控制的小股东的权限；若为其董事会，取得董事会成员的签字样本。董事会或股东会各项决议应满足章程规定。对于股权投资类信托，还需要重点了解融资人关于增资扩股方面的相关约定。

（6）通过中国人民银行征信系统等途径，调查融资人及其集团或者同一控制人控制的所有企业信用状况。了解其在各金融机构融资情况（资金来源、用途、融资类型、金额、利率、期限、循环和展期安排、五级分类状态、增信措施、第一还款来源、是否资金监管、还本付息状态等）。同时，从各种可利用渠道了解企业是否涉及民间融资（重点关注是否为可能产生不良后果的民间借贷）、信用评级、信用记录、债务纠纷或债务重组情况。严格意义上讲，由于信托项目从前期谈判到报审到放款需要经历一段时间，该段时间内企业信用状况很可能发生巨变。因此原则上要求在项目谈判初期和放款前取得融资人最新的征信报告，对担保、信贷、票据等多项信贷记录进行详细查证。若出现"关注类"、"不良类"等事项，需要企业及相关机构出具盖章版说明，解释相关事项。

（7）法律诉讼调查。通过全国法院被执行人信息查询系统、审计报告或有负债明细及其他可能渠道，查证融资人及相关所有企业是否涉及大额未终结诉讼纠纷、抽逃出资、拖欠工程款等违法行为。

（8）通过网络检索及向其他金融机构问询等方式，了解交易对手的发展历程，了解交易对手的市场评价及社会口碑。

四、交易主体的经营情况审查

若交易对手为同时开发多个项目的集团企业而非项目公司，则应从以下方面进行考察。

（1）了解融资人的房地产开发资质及开发经验。如，累计已经竣工的房地产开发面积、项目个数、去化率等，同时了解资金回笼情况，是否有停工、烂尾等极端情况。必要时可要求提供已经开发完成项目的基本信息进行辅助审查。

（2）交易主体目前在售项目情况，包括项目名称，项目区位，预售开始时间，已签约合同面积，已签约销售额，剩余可售面积、可售金额、已售面积等。结合预售开始时间、去化率、项目周边楼盘情况以及房屋销售网上信息平台综合评价企业提供资料真实性及企业在售楼盘销售效果。

（3）交易对手在建项目情况，统计截至目前在建项目的个数、区域、可售面积、总投资、已投资、"四证"取得情况、预计开盘时间、销售预测、主要产品类型占比（如商业和住宅）等方面的信息进行分析。

（4）交易对手土地储备情况，统计截至目前交易主体名下已经储备的项目情况，包括土地储备的面积、所在地区、土地取得成本、土地出让金缴付情况、土地开发计划、抵押情况以及未来的土地取得计划和土地出让价款的支付安排等。应关注土地储备情况与融资人规模的匹配，既要满足未来几年开发需要，同时也不能过于激进，给融资人造成财务负担。

（5）融资人在其所在区域的市场份额、行业地位、主要竞争者、所开发项目竞争优势（包括但不限于土地取得成本、建设成本、开发项目区位、建筑品质和户型设计、项目资源稀缺性、周转效率等）、与相关职能部门、工程建设单位、监理单位的合作优势；自身管理能力及对开发项目的营运、营销手段等。

（6）了解企业目前的融资渠道，各个融资渠道的占比，融资成本，未来继续融资的空间，金融机构对其认可度等。

（7）了解交易对手未来发展规划。

五、交易对手财务情况分析

（1）审查交易主体财务管理的规范性，核实交易主体的财务管理制度的完备程度，基础资料中的财务报表及审计报告是否已经有权人员签字并加盖骑缝章。

（2）核实财务报表的科目设置及财务记账是否符合房地产开发企业会计准则。结合审计报告意见、附注注释以及企业实际经营情况分析交易主体财务报表的真实性。重点关注带保留意见或说明字段的审计报告。了解并分析重要财务数据与融资人所发生重大事项的对应勾稽关系，通过对各期财务报表期初数与期末数的衔接及一致性、各财务报表间有关科目勾稽关系分析，判断融资人财务报表的真实性和财务数据的可靠性。如有必要，可独立聘请中介机构对融资人财务情况进行全面审计。

（3）交易对手的债务情况分析，分析融资人刚性债务的授信机构、授信金额、期限、成本、担保方式等，关注交易主体是否存在非金融机构借款等信息，关注交易主体是否存在债务重组等信用记录。特别应注意一些隐藏的或有债务，如地产企业作为劣后级通过结构化的方式募集资金，实现资产出表，同时签订远期差额补足或受让协议等，这些或有负债很容易被掩盖，不易发现，信托公司可以调换思路，以企业核心资产为基础，通过抵押关系、产权关系等多角度印证融资人是否充分披露了其债务规模。

（4）结合现场调查获取的情况对企业财务报表进行必要调整，剔除流动性不强、难以成为还款来源的资产，如待摊费用、商誉、长期挂账的应收款等，还原真实的资产流动性及资产质量。

（5）查明企业净资产的构成，对于注册资本较低，而净资产规模较大的企业，应该要求其提供关于净资产有效性的说明，并聘请会计师事务所进行核实。

（6）查明企业是否执行严格的资金管理制度，房地产销售收入、项目代建收入等是否及时入账，特别注意企业是否有体外资金循环通道或者"账内账"，防止项目实施后项目公司腾挪项目回款。

（7）通过施工方、当地房地产圈内人士等渠道了解融资人资金链情况。

（8）分析交易主体财务报表的重点科目。

对财务报表中重要、大额、异动科目情况逐项分析并了解成因。

1）资产负债表中的货币资金（结合企业近三年投融资情况，拿地情况项目开发情况分析交易对手货币资金近三年变动趋势、扣除货币资金中受限部分后对交易对手货币资金充足性，以及满足未来经营和短期债务的偿还保障程度进行判断）。存货（存货核算交易对手在开发项目情况）、预付账款（包括预付工程款等）、其他应收款（包括拆借款等，应重点审查）、投资性房地产、短期借款（了解短期借款规模、期限、抵质押方式）、长期借款（同短期借款，了解主要金融机构对交易对手合作情况）、应付账款、预收账款（通过预收账款规模判断交易对手来年收入确认情况）、其他应付款（包括股东借款等）重点科目的余额及变动情况进行分析，并测算与所开发项目的财务投入和建设开发进度是否相匹配。

2）利润表中的主营业务收入、主营业务成本、主营业务利润，判断主营业务利润水平，关注营业外收入、财务费用、营业外支出等科目的变动和异常。

3）现金流量表中的经营活动净现金流，注意经营活动的现金流情况与项目建设阶段的匹配；关注投资活动和筹资活动现金流的变动和异常。

（9）重要指标分析。

1）偿债能力分析：通过资产负债率、流动比率、速动比率、净资本借贷比、短债指数等指标分析，了解交易对手的财务杠杆情况。重点关注融资人的负债结构，查看是否存在短借长用现象。财务指标分析主要考察交易主体资金平衡能力，着重分析在售项目的销售情况及财务弹性是否可以满足在建项目的未来资本性支出和刚性债务偿还要求；运用净资本负债率等指标衡量财务杠杆运用程度；关注资本公积、少数股东权益等科目所体现的通过股权附加回购等形式进行融资的情况。

2）盈利能力分析：包括但不限于销售收入、销售毛利率、净利润、净利润率、净资产收益率等指标分析，可以参考行业可比企业相关指标及融资人综合融资成本，评价和判断融资人的盈利能力。

3）获取现金能力分析：包括但不限于经营活动、筹资活动、投资活动现金净流量等变化情况分析，关注预收账款、应收账款、应付账款、其他应收款、其他应付款、存货等科目的变化及其对经营活动现金流的影响，重点考察经营活动现金净流量对偿债能力的支撑能力。

4）除对上述三个能力分析外，还要关注融资人的营运能力与成长性。通过分项分析，对融资人的财务实力与还款能力进行总体评价和判断。

5）通过与领先房地产的运营指标对标，了解企业财务杠杆及经营效率的水平。

6）若交易主体为开发单一项目的项目公司，财务指标分析从略，主要考察财务指标与可行性研究报告中揭示的项目建设情况的匹配度，以及股东投入、项目地块及在建工程的核算情况。

六、融资项目分析

（一）项目基本情况审查

（1）调查了解融资项目所处的区域、位置、楼盘的规模、整体档次定位、产品类型、配套设施、投保情况、物业管理以及开发商在当地口碑等。

（2）了解项目各项审批证件取得及合规符合情况，根据项目的施工建设进度，已经取得审批手续或者相关证明文件的，对已经取得的证照进行审核，对"四证"中各要素与融资项目实际状况进行核对，同时查实项目合规性；对尚未取得的必要审批手续，明确未来的取得计划及时间进度安排。

（3）土地：了解融资项目对应土地取得的过程及程序，对合规风险进行判断。核实项目土地取得时间、出让金缴纳情况（取得成本、缴纳比例、时间）；查阅土地出让合同，了解项目开发建设的详细性控制规划，核实是否存在非常规的附加义务（如政府特定要求、拆迁安置等等）或者对融资、抵押、转让等的限制；查阅土地出让价款及契税等相关支付凭证，核实土地出让金已经足额真实缴付完毕；查看土地证，核实土地使用权人、类型及土地使用期限、项目用地面积、土地性质、土地取得方式等信息与土地出让合同相符，查看其附注栏了解是否存在他项权利或者项目开发建设的附加义务等。房地产商如果将土地分割办理土地使用权证，土地使用权证的合计使用面积应当与建设用地规划许可证的证载面积以及土地成交确认书及出让合同中的用地面积保持一致。在实地调研中，应对项目土地及抵押地块地形、位置、整理情况、周边情况有直观判断。

（4）项目用地规划：核实建设用地规划许可证的发证机关和发证时间；确认建设用地规划许可证的土地使用权人、用地单位、位置及面积等符合土地出让合同的约定；必要时取得用地规划许可证的附件核实具体规划信息。了解是否出现土地闲置情况。

（5）建设工程规划：核实建设工程规划许可证的发证机关和取得时间、建设单位、建设项目名称、建设位置及建设规模；确认建设工程规划许可证的信息与建设用地规划许可证和土地使用证相符；必要时取得建设工程规划许可证的附件核实具体信息；对于多本建筑工程规划许可证的情形，特别关注总计计容建筑面积与建设用地规划许可证的信息匹配。

（6）建设施工许可：判断开发项目是否取得"四证"要求时，主要依据建筑工程施工许可证。核实建筑工程施工许可证的发证机关和取得时间，以及建设单位、工程名称、建设地址、建设规模、合同价格、建安成本、设计规划单位、施工单位、监理单位、合同开工及竣工日期、项目经理及结构类型等；了解确认建筑工程规划许可证信息与建设用地规划许可证和建设工程规划许可证相符；必要时取得建筑工程规划许可证的附件核实具体信息。分期开发的项目可能会办理多个建筑工程规划许可证。

（二）投资项目审查

（1）获得项目可行性研究报告，分析项目总投资及其明细构成的合理性和真实性，了解项目投资配比，梳理同区域内同类型项目的投资成本情况。信托公司应根据土地出让合同，相关征地拆迁补偿协议，土地费用缴纳凭证等了解土地成本情况，根据建筑施工合同，装饰装修合同了解建安成本情况。实际业务中，房地产开发企业可能通过与施工企业签订虚假合同以抬高建安成本。

（2）项目投资资金来源分析，了解项目投资的资金来源渠道及其可靠性、真实性及合理性。项目自身销售收入、外部金融机构借款，以及未获得放弃受偿权承诺的股东借款不得算作自有资金投入。

（3）项目投资情况分析，全面梳理该项目已经签署的施工合同、采购合同、装修合同、监理协议等基础文档资料及其对应的招标文件等，核实已投资金收款主体的真实合法；查阅资金支付凭证核实已投入的真实性（重点关注投入来源和凭证与企业财务数据（如存货科目）的对应勾稽关系，已经完成投资与项目的实际进度的对应关系）、待投入情况（计划投入来源）；综合分析项目已投资金的取得方式；分析财务投资进度与项目建设进度的匹配程度；融资项目资本金投入比例不低于30%（保障性住房项目资本金投入比例不低于20%）。融资人同时开发建设多个房地产项目的，应合并计算资本金投入比例；对于股东通过股东借款和追加投资投入的资金，必要时需同时取得股东借款劣后信托融资的相关承诺。

（4）项目资金缺口分析，了解项目投资峰值及其出现的时间点，以及在达到预售条件和主体封顶所需投入的资金，明确该部分资金的取得方式。若资金缺口明显大于信托融资额度，则考虑因资金不足而产生的完工风险，应对后续资金的来源进行必要的限制和约定；若资金缺口明显小于信托融资额度，则考虑资金挪用可能。

（三）施工建设调查

（1）了解项目施工建设计划及每平方米建安成本，根据当地施工成本及项目产品定位判断建安成本作价的公允性。了解建设施工单位资质、设计规划单位资质、融资人（项目公司及其集团或者同一控制人控制的所有企业）与前述两单位的以往合作情况等。

（2）取得生效施工合同，了解融资项目的施工进度、重要施工节点安排和工程款支付进度，分析和判断支付弹性情况等。

（3）实地查看融资项目当前的建设情况，调查建设工程进度情况，留存现场照片。

（4）核实总平面图、施工图等图纸资料所列信息与土地证、规划许可证、工程规划许可证、施工许可证等证照资料相符，重点核实项目建设是否与规划相符，是否存在违建超建现象。

（四）项目竞争力及收益分析

（1）项目定位选择。定位相关的因素包括：开发商自身的品牌定位与风格，项目消费人群、所处地区消费能力、习惯和自然条件及周边配套等。

（2）分析项目营销方案、销售策略和目标客户定位的合理性；明确项目销售是代理还是自销，如是代销情况，需取得代销合同文本；取得销售策划方案后，合理分析销售进度的安排是否符合项目实际情况、信托退出要求及当地房地产市场行情。

（3）周边土地供应状况。主要是3~5公里内近期土地供应及开发情况（含数量、价格），确认项目可能的竞争对手和竞争方式。

（4）配套环境状况。通过公开搜集信息和实地考察，了解项目周边配套，交通及环境信息。包括但不限于：周边商业环境、城市基础设施配套及公共配套设施的完备性，周边地铁、公交等交通便利情况，评价项目所在区域的环境情况（空气污染、噪声污染、水污染等）及自然条件、风水、气候状况等可能给项目带来的影响，全面分析项目的区域环境，发现可能带来的潜在风险。

（5）项目产品市场状况。根据项目提供的产品对于未来市场需求作出预测，不同的产品需要根据项目的开发进度、区块划分等分别分析。

（6）竞品分析。选取区域内与项目类进行对比，调查了解周边 3 个（含）以上可参照比较楼盘近期销售情况。包括但不限于：物业类型、体量、工程进度、开盘时间、开盘时机选择、销售进度、销售价格及走势、主要购买人群、付款方式、与融资项目的距离和方位及相比较优劣势。通过周边区域内同类型项目的销售价格，考察项目的定价策略和销售前景。

（7）基于项目开发经营和融资成本、租售收入等因素（关注楼面地价过高，利润空间小的项目），测算地产项目利润总额、盈亏平衡点：投资利润率、内部收益率、自有资金利润率、项目投资回收期等静态和动态指标，同时进行压力测试和敏感性分析，综合判断项目可行性和还款能力。项目单项实际成本超过预算部分应要求由项目公司原股东予以补足。

（五）信托还款来源分析与现金流测算

（1）明确项目还款来源是项目自身销售回款还是依赖于集团整体资金的调配。其中，第一还款来源是指可控的，且纳入封闭监管的当期和融资期内可直接用于偿还本息的资金来源。不能进行强监管的项目，则需要关注集团整体偿债能力和抵押物的可偿性。

（2）对于还款来自于自身销售的项目，须测算还款来源的充足性和可控程度，并进行评价。

（3）对于项目收益性一般，且由集团担保的项目，须严格分析集团整体的经营情况。

（4）测算现金流情况，对项目的现金流及信托存续期间的现金流进行核算。现金流出包括但不限于：融资人融资期内需支付给股东的款项、需支付的土地出让金及各项税费、支付给施工方的款项及其他不可预见费用等。对以上支出项要关注支出的依据和时间安排。现金流入包括但不限于：融资期内融资项目本身的销售收入流入（分别对销售进度、销售价格、首付与按揭按月、按季测算分析）、筹资流入、股东追加投入、工程垫资（依据工程承包合同测算）及其他项目流入等。对于商业项目或者商业、住宅混合项目，应充分考虑其可售部分对总投资规模的覆盖程度，充分评价抗风险能力。对于现金流测算过于乐观且不同时间提供的可研报告预测差距较大又缺乏合理支撑的，应该特别注意。

（5）以融资项目原有支出、销售收入、融入资金的计划安排为基础，结合实地调查结果进行客观修正测算经营、综合考虑融资项目的具体情况，按月或按季计算现金净流量，据此评价和判断第一还款来源的充足性。

（6）结合相关风险因素，对融资人现金流量预测结果进行敏感性分析，并测算各期的本息覆盖倍率。可按照销售价格下降、销售进度推迟、按揭款回款推迟、取得证照推迟等情况，按照单独或同时发生的情况分别得出融资期内现金流量净额相应的预测值，据此评价和判断第一还款来源的充足性。

（7）结合上述第5条、第6条两种预测结果，对第一还款来源进行综合分析评价并得出最终结论性意见。

（8）应该注意的是：第一，房地产项目通常有尾盘，特别是商业项目容易受到供需和价格等因素导致销售缓慢，特别是调控政策密集出台或者政策不稳定时期，投资需求减弱，刚性需求出现观望态势，因此，现金流预测不可能在 100% 销售的前提下；第二，目前银行开发贷偏紧，贷款到位时间明显滞后，审批额度亦可能出现很大变动；第三，部分城市供需失衡，批售比过大，去化程度往往难以达到预期；第四，应考虑捂盘惜售、抵债销售、关联销售等可能对现金流构成相应的情况；第五，重视预测时点问题。每个项目信托介入的时点不尽相同（如拿地阶段、尚未开工、桩基工程、主体待完工、后续装修等），同时也使得信托资金的匹配性存在问题，甚至导致融资人被动挪用。综合以上，由于可变因素较多，对于销售的预测难度的确很大，因此在基于大环境基础上，保守预估销售现金流入对自身是一种保护。

（六）项目所在区域审查

（1）项目所在地分析。项目组所在地为县级的，分析区域应为项目所在的县级城市；项目所在地为地市级的，在分析项目所在的地市级城市以外，应关注项目所在辖区在该地级市的地位和影响程度。了解项目所在城市的历史，包括原有的城市区域及板块特点、人口的分布与构成，城市产业经济的发展历史、城市规划的方向。关注经济活力欠发达地区，以CBD、某某新区等名义开发的新城地块。其中，对于经济情况的分析包括但不限于：近三年当地户籍（常住）人口数量（包括人口流入、打工群体回乡置业情况等）、人均 GDP、人均可支配收入、房价收入比政府财政收入（除了要看预算内的增长，还要看基金类收入的变化）及其增长情况，城市产业定位（如资源属性城市、某一领域产业链突出城市、发达省份产业转移承接城市等）和产业发展趋势、城市开发现状和未来发展规划等区域社会经济发展状况。关注当地宏观经济的整体发展形势和未来发展潜力，特别关注负面新闻较多（如民间借贷严重）的区域。

（2）重点分析当地土地市场和房地产市场的发展变化及供求情况，就土地市场，应关注当地近年的土地出让面积、价格以及未来的供地计划等；就房地产市场，特别关注项目同类型业态的销售价格和去化情况。同时，通过各年政府统计公报等资料了解：近三年当地房地产开发投资总额及增长情况，年度销售面积（套数）、销售均价及其走势，最近年度商品房存量、新开工面积（套数）等。通过与当地居民交谈，可以从侧面客观了解当地居民对物业类型、面积、区位、户型等的偏好。

（3）区域房地产市场成熟度。包括主流开发商情况，本地开发商与外地开发商占比情况，国内排名前十位的开发商在该地区是否已有开发项目以及认可程度；房地产金融开展情况，包括各类金融机构的介入情况和成本要求等；新房和二手房交易占比及活跃度；消费者主要购买因素，热点区域等。

（4）当地房地产政策情况，包括但不限于：了解当地限购政策及进一步扩大或者解除限购措施的可能性，按揭政策、预售许可政策及对工程投资、形象进度、资金监管、交付时限等方面的要求、强化预售管理的可能性，预售资金的监管政策，网签政策等；当地土地、在建工程抵押以及在建工程追加抵押，第二顺位抵押，抵押土地在开发、预售环节是否需要解押，抵押的在建工程在预售环节是否需要解押的相关规定等。分析出对于融资人未来监管措施的可行性。

七、增信措施分析

（1）法人保证。法人保证担保中对保证人的审查同对交易主体的审查。关注拟提供担保企业与融资人之间是否存在互保关系。关注担保人担保能力和担保意愿。

（2）调查了解包括抵（质）押物的基本情况、合法合规性（具体参照《担保法》、《城市房地产抵押管理办法》等相关规定）、取得情况、取得方式、审批流程、权属证明、权属类别（是否限制性产权）、权属交易信息（历史交易记录和出/转让合同、产权登记证明、支付凭证、相关税费缴纳证明）、抵押物的物理现状、使用现状（是否设置使用人保护条款）、转让条件，资产使用收益状况（如商业地产/物业的经营租赁收入等信息）、评估价值合理性；质押物的现状，权利瑕疵、是否存在变现流通限制等。

（3）调查了解办理抵（质）押登记手续及解押、处置的规定。

1）调查了解国家及当地主管部门对抵（质）押物进行抵（质）押登记手续的具体规定及限制性规定。

2）调查了解抵（质）押权设立后可能涉及的解押规定，包括但不限于项目开发过程中再融资或楼盘销售时是否需要释放抵押权，抵押物销售的属地政策、规定等。

3）抵押物仅为裸地且没有土地权属方控股比例股权质押的，需了解土地闲置收回的规定，裸地出售的相关政策、流程、缴纳增值税的相关规定（缴纳比率、缴纳时间）；需走访当地国土部门了解对土地闲置收回和裸地出售的相关政策、取得以往案例。除此以外，尽量要求质押裸地产权持有法人的股权。

（4）抵（质）押物价值的确定。以单独委托或共同委托的形式对抵（质）押物价值进行评估，取得评估报告或预评估报告，结合实地调查的周边同类可比标的市场价格最终确定抵（质）押物价值。

（5）抵（质）押物变现可能性与可行性分析。结合抵（质）押物的性质、用途、现状、通用性、近期市场成交信息等对其可变现性作出分析评价。

（6）土地（或房产、在建工程）抵押。

1）对于以土地进行抵押的项目，应对土地评估价值的可靠性和合理性等进行分析，着重了解土地评估方法、土地评估取值以及土地评估备案，特别关注处置过程中的各种税费。

2）对于以房产或者其他成熟物业进行抵押的项目，应分析抵押物的权属关系、抵押物的地理位置和周边配套、抵押物的价值确认以及抵押物的处置难易程度和处置税费等。

3）对于土地或房产抵押的项目，应了解抵押手续的办理过程，当地抵押办理的时间和流程，特别注意多个抵押物进行抵押时价值分配和主债权金额的分割问题。

4）如果用在建工程抵押，则需满足如下条件：

根据《担保法》、《城市房地产抵押管理办法》以及其他法律法规等的规定可以得出，在建项目抵押必须满足以下几种条件：①已经交付全部土地出让金，取得国有土地使用权证书。根据《担保法》的规定，债务人不履行债务时，债权人有权以折价、拍卖或变卖的方式处置抵押物，就相关价款优先受偿。集体所有土地或划拨形式取得的土地使用权不能转让，故不得进行抵押。②取得建设用地规划许可证和建设工程规划许可证。《城市房地产抵押管理办法》明确规定在建工程抵押合同应载明土地使用证、建设用地规划许可证以及建设工程规划许可证三证的编号，而只有已经取得三证的情况下，才能按要求填写相应编号。③按提供预售的商品房计算，投入开发建设的资金达到工程建设总投资的25%以上，并已经确定施工进度和竣工交付日期。因为只有符合该比例要求，开发商才能申请商品房预售，在建项目才具有了可转让的属性，满足抵押法定要求。④在建项目与土地使用权必须同时抵押。《城市房地产抵押管理办法》明确规定，以在建工程已完工部分抵押的，其土地使用权随之抵押。这也是与我国房地产法律中的"房随地走"或"地随房走"保持一致的要求。

（7）股权质押。对于股权质押项目，若拟质押股权为融资主体股权，则股权价值分析可以在交易主体审查中进行分析；若拟质押股权非为交易主体股权，则股权价值分析应参照交易主体的审查。

（8）个人连带责任保证担保能力分析。通过网络或其他渠道了解保证人的评价信息，取得财产清单和个人征信报告，了解其控制资产状况和信用记录。调查了解个人、夫妻双方名下主要资产情况（房产、车辆、存款、股票、股权等），取得婚姻状况证明，对于非离异、单身的情况，原则上应由夫妻双方共同提供连带责任保证担保。

八、管理措施分析

（1）明确管理方案，着重从信托资金使用管理、信托存续过程管理、抵质押物管理、还款来源管理等几个方面设定监管措施。

（2）对于信托资金不设监管，还款依赖于集团的项目，应关注集团整体经营情况的管理和未来监测指标的设定，如资产负债率等。通常情况下，房地产企业于项目竣工结算时就应当支付完毕全部工程款以及其他开发费用，如果项目竣工决算后，房地产公司仍有大额的工程款没有结算，则应关注资金链问题。

（3）对于信托资金设定监管的项目，首先应调查了解企业所有现存账户情况（包括基本户和一般户），同时根据新设监管账户（包括信托资金监管账户、保证金账户、销售资金监管账户等）计划，明确监管方案，细化信托资金的使用范围及使用方式，提供资金使用计划表。

（4）对抵押物设定监管措施的项目，应关注信托存续期间开发贷进入时的抵押物置换，以及以土地提供抵押担保的项目在对应项目开始销售时的解押方式，坚持动态抵押率符合要求。

（5）对还款来源设定监管的项目，应考察资金是否需要封闭运行，在满足当地预售资金监管的前提下设立可执行度高的监管措施以确保资金全面归集。测算后续销售返投项目的额度同时明确未来销售资金的使用范围以及资金沉淀的基本要求。

总体看，优质的房地产项目应该具有项目本身质优良（包括融资人资质、区位、需求，以及拿地成本等方面的优势），同时资金配置合理，还款来源有保障且可以控制，后续管理措施较为严格等特征。

对具有：社会口碑较差、法人治理机制不健全、主营业务不突出、涉及行业分散、未纳入合并报表外围企业多、关联交易频繁、拿地激进、销售情况一般、财务杠杆高、现金流紧张、频繁进行兼并重组、信托及其他渠道融资额巨大、主流金融机构合作少、与其他企业互保频繁等特征的房地产企业或项目，应重点予以关注，防范风险。

附　录

附录一　房地产企业访谈提纲

附表1　访谈提纲

访谈对象	访谈纲要
公司 高管	● 公司的发展历史，经营历史，以及发展过程中的重大事件，包括公司设立、历史渊源、体制改革、重大资本运作等 ● 公司近三年经营情况介绍；对过去几年公司经营业务的基本评价，对目前经营现状的分析 ● 公司在行业中地位的自我认识；如何评价经营管理中的优劣势及未来发展机会和潜力 ● 公司当前面临的主要机遇和存在的问题有哪些；具体改进措施如何 ● 公司未来发展战略规划、发展前景和经营预测，公司未来可能的并购与资本运营计划 ● 政府支持及股东支持情况
战略 发展部	● 公司目前业务定位（住宅和商业地产）以及未来经营定位规划 ● 公司项目运作流程的控制（包括可研、立项、规划、拆迁、工程招标、建设及验收结算等）过程介绍及评价 ● 公司业务在全国的布局定位，对目前业务所在地各地房地产市场的判断 ● 公司各地主要项目介绍（包括项目背景、目前开发状况、投资规模等） ● 公司未来发展战略规划、定位以及前景预测
开发部	● 公司项目的前期准备工作流程介绍，遇到的主要问题 ● 公司在各地拿地过程中的竞争力介绍 ● 公司土地获取状况，目前土地储备状况，以及未来规划
市场部	● 公司品牌定位，如何对全国各地项目统一品牌的管理及推广工作 ● 公司客户定位及销售（包括价格）策略 ● 公司销售模式（自行销售或委托代理销售）介绍及效果 ● 公司对目前房地产市场销售低迷的看法，公司的应对策略及效果
商业 地产部	● 公司对商业地产的定位 ● 目前公司持有的商业地产地域分布及主要项目状况 ● 目前公司持有的商业地产出租、经营状况 ● 公司未来商业地产的发展规划，以及目前正在进行的项目

续表

访谈对象	访谈纲要
财务部	• 公司财务管理体制，对全资、控股、参股企业的管理情况（包括资金管理、结算、融资、投资） • 公司融资决策流程，以及对目前宏观融资环境的看法 • 公司近三年财务状况介绍，主要了解资产构成、销售收入、主营业务利润构成状况等 • 公司对外担保、资产抵押、质押情况及其管理 • 公司在银行、税务、财政补贴方面所享受的优惠政策及相关文件 • 公司目前主要合作银行、相关授信额度以及使用情况，银行借贷信用记录 • 公司近三年主要融资途径，筹集资金使用、偿还情况（含直接融资、间接融资），未来融资计划 • 公司目前正在筹划的重要投资活动、收购兼并等 • 本期债券募集资金的实际用途、资金需求的原因以及资金分配使用情况 • 本期融资未来偿还计划、资金来源以及偿债保障措施 • 公司未来收入、成本、利润总额、债务规模增长情况预测及预测的主要依据 • 公司的审计制度、内控制度，及实际执行情况 • 公司如何控制销售费用和管理费用 • 公司高级管理人员离任审计制度和执行情况 • 财务报表释疑
资本运营部	• 公司投资项目的选择、决策程序以及项目选取重点考虑因素 • 近三年公司重大项目投资、股权投资以及并购情况（包括总投资、投资主体、可行性、资金安排与到位情况，项目投产后收益情况等） • 公司未来三年发展规划和重大投资项目介绍，包括项目的可行性；总投资概算及投资概算的调整情况、资金来源及到位情况、资金缺口及后续资金的解决途径等

附录二 房地产信托项目所需资料清单

一、基础资料

（1）公司营业执照副本、贷款卡号及机构代码证复印件。

（2）项目四证、资本金投入凭证。

（3）最新公司章程。

（4）公司股东及关联企业介绍。

（5）最新的中国人民银行《企业基本信用信息报告》。

二、行业资料

公司或母公司所处行业（主要行业）基本情况及发展前景分析：行业现状、行业管理体制、行业内竞争状况、市场容量等；公司所在地区行业发展情况；公司在行业内的地位、有关排名等。

三、公司管理

公司管理体制和管理水平情况，包括人力资源、内部审计考核、财务管理、资金管理、投融资管理、对外担保等方面主要制度及执行情况。

四、生产经营

（1）公司近三年的总经理工作总结。

（2）近三年加一期公司经营情况统计表。

附表 2　统计

项目	2013 年	2014 年	2015 年	2016 年季报
房地产开发完成投资（万元）				
房屋施工面积（万平方米）				
房屋竣工面积（万平方米）				
房屋销售面积（万平方米）				
土地储备情况（万平方米）				
平均价格（万元/平方米）				
实际销售额（万元）				
净利润（万元）				

（3）关于公司土地储备。

附表3　土地储备

地块名称	地区	获得时间	获得价格	目前价格	土地出让金缴纳情况

（4）公司收入构成。

附表4　收入构成

业务	2013 年		2014 年		2015 年		2016 年季报	
	金额	比例	金额	比例	金额	比例	金额	比例
合计								

（5）公司目前重大在建项目。

附表5　重大在建项目

单位：万元，万平方米

项目名称	所在地区	开工时间	建设用地面积	总建筑面积	地上建筑面积	总投资	资金落实情况	目前已完成投资额	预计预售时间	预计单价	未来三年投资额		
											第一年	第二年	第三年
合计													

附表6　目前在售项目情况

单位：万元，万平方米，元/平方米，平方米

案名	地点	类型	开盘时间	总建	楼面价	目前售价	主力面积	已售套数/批准预售

（6）公司近三年经营成果。

附表7　经营成果

项目名称	总投资	施工面积	已销售面积	待售面积	已销售额	已实现净利润

（7）公司未来三年投资计划。

附表8　投资计划

项目名称	总投资	资金筹措		2013 年	2014 年	2015 年
		贷款	自筹			
合计						

（8）公司未来发展战略。公司未来三年或债券偿还期内的经营预测及预测的主要依据。

附表 9　预测

单位：亿元

项目	2013 年	2014 年	2015 年
计划投资			
预计营业收入			
预计利润总额			
预计净利润			
预计折旧			
预计摊销			
预计利息支出			
预计短期债务余额			
预计长期债务余额			
预计少数股东权益			
预计所有者权益			
预计资产总额			

注：①请给出合理预测说明；② 短期债务=短期借款+应付票据+一年内到期的债务；长期债务=长期借款+应付债券。

五、财务资料

（1）公司近三年经审计的财务报告（包括合并报表和母公司报表）。

（2）截至 2015 年底，公司现有长期借款统计。

附表 10　财务资料

单位：亿元

还款期限	借款金额
2016 年	
2017 年	
2018 年	
2018 年以后	
合计	

（3）截至 2015 年，公司对外提供担保等或有负债情况，被担保企业的经营情况和财务实力。

（4）截至 2015 年，公司及子公司（合并口径）银行授信情况。

附表 11 授信情况

单位：亿元

授信银行	授信额度	已使用数额	未使用额度的性质（如流贷、项目贷款）

（5）截至 2015 年底，存货中已完工产品明细。

附表 12 完工产品明细

项目名称	土地获得成本及时间	建造平均成本	目前售价

截至 2015 年底，存货中未竣工开发产品明细。

附表 13 开发产品明细

项目名称	土地获得成本及时间	建造平均成本	目前售价	预计售价

（6）近三年资本化利息支出分别为【　】元、【　】元和【　】元。

（7）近三年费用化利息支出分别为【　】元、【　】元和【　】元。

六、其他资料

（1）公司未来三年扩大生产规模、新投产项目等对流动资金的需求情况。

（2）公司资本市场再融资计划，如债券融资；上市、增发、配股和增资扩股等股权融资等的可能性和具体安排。

（3）请提供公司认为可能影响自身信用水平的其他资料。

附录三　重点房地产开发企业名单

附表 14　2015 年度房企销售金额 100 强

单位：亿元

排名	公司名称	2015 年销售金额
1	万科地产	2627.0
2	恒大地产	2050.4
3	绿地集团	2015.1
4	万达集团	1512.6
5	中海地产	1492.3
6	保利地产	1471.1
7	碧桂园	1401.8
8	华润置地	851.1
9	融创中国	731.2
10	华夏幸福	725.1
11	绿城中国	723.8
12	世茂房地产	670.5
13	金地集团	621.2
14	招商蛇口	570.1
15	龙湖地产	542.8
16	富力地产	535.7
17	雅居乐	429.3
18	远洋地产	421.2
19	中国铁建	372.5
20	荣盛发展	358.0
21	新城控股	323.8
22	泰禾集团	323.3
23	首创置业	323.2
24	保利置业	313.1
25	旭辉集团	312.5
26	正荣集团	306.3

续表

排名	公司名称	2015 年销售金额
27	中国金茂	303.0
28	阳光城	300.1
29	融信集团	295.3
30	首开股份	295.1
31	金科集团	293.0
32	仁恒置地	291.0
33	中国中铁	290.9
34	九龙仓	280.0
35	复地集团	260.4
36	越秀地产	248.0
37	建发房产	239.1
38	龙光集团	235.3
39	滨江集团	234.9
40	卓越集团	233.1
41	中信地产	231.3
42	中南集团	229.0
43	升龙集团	223.1
44	深业集团	220.8
45	鲁能置业	220.7
46	金辉地产	220.6
47	中粮集团	215.0
48	融侨集团	206.0
49	电建地产	202.1
50	时代地产	196.3
51	中天城投	193.1
52	合景泰富	191.5
53	蓝光实业	183.7
54	朗诗集团	180.0
55	五矿地产	178.1
56	中骏置业	175.3
57	华侨城	175.0
58	路劲基建	174.1
59	瑞安房地产	173.8
60	和记黄埔	173.7
61	海亮地产	171.1

排名	公司名称	2015 年销售金额
62	禹洲集团	170.2
63	建业地产	165.7
64	世纪金源	164.6
65	金融街	160.5
66	新世界中国	158.3
67	北京城建	158.1
68	中国奥园	151.0
69	红星地产	145.1
70	陆家嘴	144.2
71	鸿荣源地产	142.4
72	宝龙地产	140.3
73	鑫苑中国	135.6
74	敏捷地产	135.3
75	金隅股份	134.2
76	正商地产	130.3
77	协信集团	129.4
78	光明地产	129.1
79	东原地产	128.0
80	星河房地产	126.2
81	融科智地	125.0
82	凯德置地	121.8
83	海尔地产	120.6
84	华发股份	118.0
85	泛海建设	117.2
86	大华集团	116.1
87	美的地产	115.4
88	花样年	115.0
89	文一地产	113.2
90	合生创展	112.1
91	当代置业	112.0
92	新湖中宝	110.8
93	中交地产	110.0
94	俊发地产	107.7
95	京投银泰	107.0
96	绿都地产	106.2

排名	公司名称	2015 年销售金额
97	信达地产	105.8
98	蓝润地产	105.7
99	宏立城	104.2
100	厦门国贸	103.8

资料来源：克而瑞信息集团、中国房地产测评中心。

附表 15　2015 年度房企销售面积 100 强

单位：万平方米

排名	公司名称	2015 年销售面积
1	恒大地产	2628.6
2	碧桂园	2182.8
3	万科地产	2094.9
4	绿地集团	1820.0
5	万达集团	1574.8
6	中海地产	1285.9
7	保利地产	1160.5
8	华润置地	668.9
9	华夏幸福	665.0
10	荣盛发展	577.9
11	世茂房地产	554.8
12	雅居乐	493.7
13	金科集团	455.8
14	金地集团	455.1
15	龙湖地产	431.0
16	富力地产	410.0
17	绿城中国	394.5
18	中国铁建	383.4
19	融创中国	357.8
20	中国中铁	356.6
21	招商蛇口	356.3
22	新城控股	351.0
23	远洋地产	340.0
24	建业地产	296.8
25	中南集团	279.1
26	龙光集团	271.6
27	首创置业	261.3

排名	公司名称	2015 年销售面积
28	保利置业	260.2
29	正荣集团	235.0
30	中天城投	231.5
31	阳光城	228.8
32	越秀地产	227.4
33	蓝光实业	227.2
34	时代地产	223.8
35	旭辉集团	223.2
36	鲁能置业	219.0
37	中信地产	216.2
38	世纪金源	215.4
39	金辉地产	208.3
40	海亮地产	207.5
41	升龙集团	195.6
42	电建地产	188.9
43	首开股份	187.9
44	中国奥园	187.0
45	美的地产	183.2
46	泰禾集团	181.0
47	融侨集团	180.6
48	复地集团	180.3
49	路劲基建	165.8
50	融信集团	162.9
51	正商地产	161.2
52	九龙仓	159.8
53	禹洲集团	158.4
54	宝龙地产	152.8
55	建发房产	150.8
56	红星地产	145.8
57	宏立城	145.7
58	文一地产	145.6
59	合景泰富	145.2
60	敏捷地产	143.1
61	蓝润地产	142.5
62	绿都地产	141.8

续表

排名	公司名称	2015 年销售面积
63	雨润地产	141.2
64	鑫苑中国	140.3
65	五矿地产	136.8
66	东原地产	135.3
67	中交地产	135.0
68	深业集团	134.3
69	花样年	134.0
70	中骏置业	131.9
71	新世界中国	129.5
72	朗诗集团	128.5
73	当代置业	126.8
74	俊发地产	123.8
75	中粮集团	123.0
76	中国金茂	120.1
77	融科智地	120.0
78	光明地产	114.3
79	信达地产	112.9
80	金融街	112.0
81	北大资源	110.1
82	邦泰集团	109.3
83	海尔地产	109.0
84	协信集团	108.3
85	海伦堡地产	107.6
86	广电地产	103.1
87	华发股份	103.0
88	华强新城市	101.9
89	和昌地产	101.5
90	仁恒置地	101.3
91	和记黄埔	99.1
92	合生创展	98.1
93	阳光 100	97.7
94	滨江集团	97.5
95	卓越集团	95.2
96	五洲集团	94.4
97	新湖中宝	93.7

排名	公司名称	2015 年销售面积
98	联发集团	92.6
99	佳兆业	90.0
100	星河房地产	89.7

资料来源：克而瑞信息集团、中国房地产测评中心。

附录四　房地产信托的相关法律法规

中华人民共和国信托法

第一章　总　则

第一条　为了调整信托关系，规范信托行为，保护信托当事人的合法权益，促进信托事业的健康发展，制定本法。

第二条　本法所称信托，是指委托人基于对受托人的信任，将其财产权委托给受托人，由受托人按委托人的意愿以自己的名义，为受益人的利益或者特定目的，进行管理或者处分的行为。

第三条　委托人、受托人、受益人（以下统称信托当事人）在中华人民共和国境内进行民事、营业、公益信托活动，适用本法。

第四条　受托人采取信托机构形式从事信托活动，其组织和管理由国务院制定具体办法。

第五条　信托当事人进行信托活动，必须遵守法律、行政法规，遵循自愿、公平和诚实信用原则，不得损害国家利益和社会公共利益。

第二章　信托的设立

第六条　设立信托，必须有合法的信托目的。

第七条　设立信托，必须有确定的信托财产，并且该信托财产必须是委托人合法所有的财产。

本法所称财产包括合法的财产权利。

第八条　设立信托，应当采取书面形式。

书面形式包括信托合同、遗嘱或者法律、行政法规规定的其他书面文件等。

采取信托合同形式设立信托的，信托合同签订时，信托成立。采取其他书面形式设立信托的，受托人承诺信托时，信托成立。

第九条　设立信托，其书面文件应当载明下列事项：

（一）信托目的；

（二）委托人、受托人的姓名或者名称、住所；

（三）受益人或者受益人范围；

（四）信托财产的范围、种类及状况；

（五）受益人取得信托利益的形式、方法。

除前款所列事项外，可以载明信托期限、信托财产的管理方法、受托人的报酬、新受托人的选任方式、信托终止事由等事项。

第十条　设立信托，对于信托财产，有关法律、行政法规规定应当办理登记手续的，应当依法办理信托登记。

未依照前款规定办理信托登记的，应当补办登记手续；不补办的，该信托不产生效力。

第十一条　有下列情形之一的，信托无效：

（一）信托目的违反法律、行政法规或者损害社会公共利益；

（二）信托财产不能确定；

（三）委托人以非法财产或者本法规定不得设立信托的财产设立信托；

（四）专以诉讼或者讨债为目的设立信托；

（五）受益人或者受益人范围不能确定；

（六）法律、行政法规规定的其他情形。

第十二条　委托人设立信托损害其债权人利益的，债权人有权申请人民法院撤销该信托。

人民法院依照前款规定撤销信托的，不影响善意受益人已经取得的信托利益。

本条第一款规定的申请权，自债权人知道或者应当知道撤销原因之日起一年内不行使的，归于消灭。

第十三条　设立遗嘱信托，应当遵守继承法关于遗嘱的规定。

遗嘱指定的人拒绝或者无能力担任受托人的，由受益人另行选任受托人；受益人为无民事行为能力人或者限制民事行为能力人的，依法由其监护人代行选任。遗嘱对选任受托人另有规定的，从其规定。

第三章　信托财产

第十四条　受托人因承诺信托而取得的财产是信托财产。

受托人因信托财产的管理运用、处分或者其他情形而取得的财产，也归入信托财产。

法律、行政法规禁止流通的财产，不得作为信托财产。

法律、行政法规限制流通的财产，依法经有关主管部门批准后，可以作为信托财产。

第十五条　信托财产与委托人未设立信托的其他财产相区别。设立信托后，委托人死亡或者依法解散、被依法撤销、被宣告破产时，委托人是唯一受益人的，信托终止，信托财产作为其遗产或者清算财产；委托人不是唯一受益人的，信托存续，信托财产不作为其遗产或者清算财产；但作为共同受益人的委托人死亡或者依法解散、被依法撤销、被宣告破产时，其信托受益权作为其遗产或者清算财产。

第十六条　信托财产与属于受托人所有的财产（以下简称固有财产）相区别，不得归入受托人的固有财产或者成为固有财产的一部分。

受托人死亡或者依法解散、被依法撤销、被宣告破产而终止，信托财产不属于其遗产或者清算财产。

第十七条　除因下列情形之一外，对信托财产不得强制执行：

（一）设立信托前债权人已对该信托财产享有优先受偿的权利，并依法行使该权利的；

（二）受托人处理信托事务所产生债务，债权人要求清偿该债务的；

（三）信托财产本身应担负的税款；

（四）法律规定的其他情形。

对于违反前款规定而强制执行信托财产，委托人、受托人或者受益人有权向人民法院提出异议。

第十八条　受托人管理运用、处分信托财产所产生的债权，不得与其固有财产产生的债务相抵销。

受托人管理运用、处分不同委托人的信托财产所产生的债权债务，不得相互抵销。

第四章　信托当事人

第一节　委托人

第十九条　委托人应当是具有完全民事行为能力的自然人、法人或者依法成立的其他组织。

第二十条　委托人有权了解其信托财产的管理运用、处分及收支情况，并有权要求受托人作出说明。

委托人有权查阅、抄录或者复制与其信托财产有关的信托账目以及处理信托事务的其他文件。

第二十一条　因设立信托时未能预见的特别事由，致使信托财产的管理方法不利于实现信托目的或者不符合受益人的利益时，委托人有权要求受托人调整该信托财产的管理方法。

第二十二条　受托人违反信托目的处分信托财产或者因违背管理职责、处理信托事务不当致使信托财产受到损失的，委托人有权申请人民法院撤销该处分行为，并有权要求受托人恢复信托财产的原状或者予以赔偿；该信托财产的受让人明知是违反信托目的而接受该财产的，应当予以返还或者予以赔偿。

前款规定的申请权，自委托人知道或者应当知道撤销原因之日起一年内不行使的，归于消灭。

第二十三条　受托人违反信托目的处分信托财产或者管理运用、处分信托财产有重大过失的，委托人有权依照信托文件的规定解任受托人，或者申请人民法院解任受托人。

第二节　受托人

第二十四条　受托人应当是具有完全民事行为能力的自然人、法人。

法律、行政法规对受托人的条件另有规定的，从其规定。

第二十五条　受托人应当遵守信托文件的规定，为受益人的最大利益处理信托事务。

受托人管理信托财产，必须恪尽职守，履行诚实、信用、谨慎、有效管理的义务。

第二十六条　受托人除依照本法规定取得报酬外，不得利用信托财产为自己谋取利益。

受托人违反前款规定，利用信托财产为自己谋取利益的，所得利益归入信托财产。

第二十七条　受托人不得将信托财产转为其固有财产。受托人将信托财产转为其固有财产的，必须恢复该信托财产的原状；造成信托财产损失的，应当承担赔偿责任。

第二十八条　受托人不得将其固有财产与信托财产进行交易或者将不同委托人的信托财产进行相互交易，但信托文件另有规定或者经委托人或者受益人同意，并以公平的市场价格进行交易的除外。

受托人违反前款规定，造成信托财产损失的，应当承担赔偿责任。

第二十九条　受托人必须将信托财产与其固有财产分别管理、分别记账，并将不同委托人的信托财产分别管理、分别记账。

第三十条　受托人应当自己处理信托事务，但信托文件另有规定或者有不得已事由的，可以委托他人代为处理。

受托人依法将信托事务委托他人代理的，应当对他人处理信托事务的行为承担责任。

第三十一条　同一信托的受托人有两个以上的，为共同受托人。

共同受托人应当共同处理信托事务，但信托文件规定对某些具体事务由受托人分别处理的，从其规定。

共同受托人共同处理信托事务，意见不一致时，按信托文件规定处理；信托文件未规定的，由委托人、受益人或者其利害关系人决定。

第三十二条　共同受托人处理信托事务对第三人所负债务，应当承担连带清偿责任。第三人对共同受托人之一所作的意思表示，对其他受托人同样有效。

共同受托人之一违反信托目的处分信托财产或者因违背管理职责、处理信托事务不当致使信托财产受到损失的，其他受托人应当承担连带赔偿责任。

第三十三条　受托人必须保存处理信托事务的完整记录。

受托人应当每年定期将信托财产的管理运用、处分及收支情况，报告委托人和受益人。

受托人对委托人、受益人以及处理信托事务的情况和资料负有依法保密的义务。

第三十四条　受托人以信托财产为限向受益人承担支付信托利益的义务。

第三十五条　受托人有权依照信托文件的约定取得报酬。信托文件未作事先约定的，经信托当事人协商同意，可以作出补充约定；未作事先约定和补充约定的，不得收取报酬。

约定的报酬经信托当事人协商同意，可以增减其数额。

第三十六条　受托人违反信托目的处分信托财产或者因违背管理职责、处理信托事务不当致使信托财产受到损失的，在未恢复信托财产的原状或者未予赔偿前，不得请求给付报酬。

第三十七条　受托人因处理信托事务所支出的费用、对第三人所负债务，以信托财产承担。受托人以其固有财产先行支付的，对信托财产享有优先受偿的权利。

受托人违背管理职责或者处理信托事务不当对第三人所负债务或者自己所受到的损失，以其固有财产承担。

第三十八条　设立信托后，经委托人和受益人同意，受托人可以辞任。本法对公益信托的受托人辞任另有规定的，从其规定。

受托人辞任的，在新受托人选出前仍应履行管理信托事务的职责。

第三十九条　受托人有下列情形之一的，其职责终止：

（一）死亡或者被依法宣告死亡；

（二）被依法宣告为无民事行为能力人或者限制民事行为能力人；

（三）被依法撤销或者被宣告破产；

（四）依法解散或者法定资格丧失；

（五）辞任或者被解任；

（六）法律、行政法规规定的其他情形。

受托人职责终止时，其继承人或者遗产管理人、监护人、清算人应当妥善保管信托财产，协助新受托人接管信托事务。

第四十条　受托人职责终止的，依照信托文件规定选任新受托人；信托文件未规定的，由委托人选任；委托人不指定或者无能力指定的，由受益人选任；受益人为无民事行为能力人或者限制民事行为能力人的，依法由其监护人代行选任。

原受托人处理信托事务的权利和义务，由新受托人承继。

第四十一条　受托人有本法第三十九条第一款第（三）项至第（六）项所列情形之一，职责终止的，应当作出处理信托事务的报告，并向新受托人办理信托财产和信托事务的移交手续。

前款报告经委托人或者受益人认可，原受托人就报告中所列事项解除责任。但原受托人有不正当行为的除外。

第四十二条　共同受托人之一职责终止的，信托财产由其他受托人管理和处分。

第三节 受益人

第四十三条 受益人是在信托中享有信托受益权的人。受益人可以是自然人、法人或者依法成立的其他组织。

委托人可以是受益人，也可以是同一信托的唯一受益人。

受托人可以是受益人，但不得是同一信托的唯一受益人。

第四十四条 受益人自信托生效之日起享有信托受益权。信托文件另有规定的，从其规定。

第四十五条 共同受益人按照信托文件的规定享受信托利益。信托文件对信托利益的分配比例或者分配方法未作规定的，各受益人按照均等的比例享受信托利益。

第四十六条 受益人可以放弃信托受益权。

全体受益人放弃信托受益权的，信托终止。

部分受益人放弃信托受益权的，被放弃的信托受益权按下列顺序确定归属：

（一）信托文件规定的人；

（二）其他受益人；

（三）委托人或者其继承人。

第四十七条 受益人不能清偿到期债务的，其信托受益权可以用于清偿债务，但法律、行政法规以及信托文件有限制性规定的除外。

第四十八条 受益人的信托受益权可以依法转让和继承，但信托文件有限制性规定的除外。

第四十九条 受益人可以行使本法第二十条至第二十三条规定的委托人享有的权利。受益人行使上述权利，与委托人意见不一致时，可以申请人民法院作出裁定。

受托人有本法第二十二条第一款所列行为，共同受益人之一申请人民法院撤销该处分行为的，人民法院所作出的撤销裁定，对全体共同受益人有效。

第五章　信托的变更与终止

第五十条　委托人是唯一受益人的，委托人或者其继承人可以解除信托。信托文件另有规定的，从其规定。

第五十一条　设立信托后，有下列情形之一的，委托人可以变更受益人或者处分受益人的信托受益权：

（一）受益人对委托人有重大侵权行为；

（二）受益人对其他共同受益人有重大侵权行为；

（三）经受益人同意；

（四）信托文件规定的其他情形。

有前款第（一）项、第（三）项、第（四）项所列情形之一的，委托人可以解除信托。

第五十二条　信托不因委托人或者受托人的死亡、丧失民事行为能力、依法解散、被依法撤销或者被宣告破产而终止，也不因受托人的辞任而终止。但本法或者信托文件另有规定的除外。

第五十三条　有下列情形之一的，信托终止：

（一）信托文件规定的终止事由发生；

（二）信托的存续违反信托目的；

（三）信托目的已经实现或者不能实现；

（四）信托当事人协商同意；

（五）信托被撤销；

（六）信托被解除。

第五十四条 信托终止的，信托财产归属于信托文件规定的人；信托文件未规定的，按下列顺序确定归属：

（一）受益人或者其继承人；

（二）委托人或者其继承人。

第五十五条 依照前条规定，信托财产的归属确定后，在该信托财产转移给权利归属人的过程中，信托视为存续，权利归属人视为受益人。

第五十六条 信托终止后，人民法院依据本法第十七条的规定对原信托财产进行强制执行的，以权利归属人为被执行人。

第五十七条 信托终止后，受托人依照本法规定行使请求给付报酬、从信托财产中获得补偿的权利时，可以留置信托财产或者对信托财产的权利归属人提出请求。

第五十八条 信托终止的，受托人应当作出处理信托事务的清算报告。受益人或者信托财产的权利归属人对清算报告无异议的，受托人就清算报告所列事项解除责任。但受托人有不正当行为的除外。

第六章 公益信托

第五十九条 公益信托适用本章规定。本章未规定的，适用本法及其他相关法律的规定。

第六十条 为了下列公共利益目的之一而设立的信托，属于公益信托：

（一）救济贫困；

（二）救助灾民；

（三）扶助残疾人；

（四）发展教育、科技、文化、艺术、体育事业；

（五）发展医疗卫生事业；

（六）发展环境保护事业，维护生态环境；

（七）发展其他社会公益事业。

第六十一条　国家鼓励发展公益信托。

第六十二条　公益信托的设立和确定其受托人，应当经有关公益事业的管理机构（以下简称公益事业管理机构）批准。

未经公益事业管理机构的批准，不得以公益信托的名义进行活动。

公益事业管理机构对于公益信托活动应当给予支持。

第六十三条　公益信托的信托财产及其收益，不得用于非公益目的。

第六十四条　公益信托应当设置信托监察人。

信托监察人由信托文件规定。信托文件未规定的，由公益事业管理机构指定。

第六十五条　信托监察人有权以自己的名义，为维护受益人的利益，提起诉讼或者实施其他法律行为。

第六十六条　公益信托的受托人未经公益事业管理机构批准，不得辞任。

第六十七条　公益事业管理机构应当检查受托人处理公益信托事务的情况及财产状况。

受托人应当至少每年一次作出信托事务处理情况及财产状况报告，经信托监察人认可后，报公益事业管理机构核准，并由受托人予以公告。

第六十八条　公益信托的受托人违反信托义务或者无能力履行其职责的，由公益事业管理机构变更受托人。

第六十九条　公益信托成立后，发生设立信托时不能预见的情形，公益事业管理机构可以根据信托目的，变更信托文件中的有关条款。

第七十条　公益信托终止的，受托人应当于终止事由发生之日起十五日内，将终止事由和终止日期报告公益事业管理机构。

第七十一条 公益信托终止的，受托人作出的处理信托事务的清算报告，应当经信托监察人认可后，报公益事业管理机构核准，并由受托人予以公告。

第七十二条 公益信托终止，没有信托财产权利归属人或者信托财产权利归属人是不特定的社会公众的，经公益事业管理机构批准，受托人应当将信托财产用于与原公益目的相近似的目的，或者将信托财产转移给具有近似目的的公益组织或者其他公益信托。

第七十三条 公益事业管理机构违反本法规定的，委托人、受托人或者受益人有权向人民法院起诉。

第七章 附 则

第七十四条 本法自 2001 年 10 月 1 日起施行。

中华人民共和国城市房地产管理办法

第一章 总 则

第一条 为了加强对城市房地产的管理，维护房地产市场秩序，保障房地产权利人的合法权益，促进房地产业的健康发展，制定本法。

第二条 在中华人民共和国城市规划区国有土地（以下简称国有土地）范围内取得房地产开发用地的土地使用权，从事房地产开发、房地产交易，实施房地产管理，应当遵守本法。

本法所称房屋，是指土地上的房屋等建筑物及构筑物。

本法所称房地产开发，是指在依据本法取得国有土地使用权的土地上进行基础设施、房屋建设的行为。

本法所称房地产交易，包括房地产转让、房地产抵押和房屋租赁。

第三条 国家依法实行国有土地有偿、有限期使用制度。但是，国家在本法规定的范围内划拨国有土地使用权的除外。

第四条　国家根据社会、经济发展水平，扶持发展居民住宅建设，逐步改善居民的居住条件。

第五条　房地产权利人应当遵守法律和行政法规，依法纳税。房地产权利人的合法权益受法律保护，任何单位和个人不得侵犯。

第六条　为了公共利益的需要，国家可以征收国有土地上单位和个人的房屋，并依法给予拆迁补偿，维护被征收人的合法权益；征收个人住宅的，还应当保障被征收人的居住条件。具体办法由国务院规定。

第七条　国务院建设行政主管部门、土地管理部门依照国务院规定的职权划分，各司其职，密切配合，管理全国房地产工作。

县级以上地方人民政府房产管理、土地管理部门的机构设置及其职权由省、自治区、直辖市人民政府确定。

第二章　房地产开发用地

第一节　土地使用权出让

第八条　土地使用权出让，是指国家将国有土地使用权（以下简称土地使用权）在一定年限内出让给土地使用者，由土地使用者向国家支付土地使用权出让金的行为。

第九条　城市规划区内的集体所有的土地，经依法征用转为国有土地后，该幅国有土地的使用权方可有偿出让。

第十条　土地使用权出让，必须符合土地利用总体规划、城市规划和年度建设用地计划。

第十一条　县级以上地方人民政府出让土地使用权用于房地产开发的，须根据省级以上人民政府下达的控制指标拟定年度出让土地使用权总面积方案，按照国务院规定，报国务院或者省级人民政府批准。

第十二条　土地使用权出让，由市、县人民政府有计划、有步骤地进行。出让的每幅地块、用途、年限和其他条件，由市、县人民政府土地管理部门会同城市规划、建设、房产管理部门共同拟订方案，按照国务院规定，报经有批准权的人民政府批准后，由市、县人民政府土地管理部门实施。

直辖市的县人民政府及其有关部门行使前款规定的权限，由直辖市人民政府规定。

第十三条　土地使用权出让，可以采取拍卖、招标或者双方协议的方式。

商业、旅游、娱乐和豪华住宅用地，有条件的，必须采取拍卖、招标方式；没有条件，不能采取拍卖、招标方式的，可以采取双方协议的方式。

采取双方协议方式出让土地使用权的出让金不得低于按国家规定所确定的最低价。

第十四条　土地使用权出让最高年限由国务院规定。

第十五条　土地使用权出让，应当签订书面出让合同。

土地使用权出让合同由市、县人民政府土地管理部门与土地使用者签订。

第十六条　土地使用者必须按照出让合同约定，支付土地使用权出让金；未按照出让合同约定支付土地使用权出让金的，土地管理部门有权解除合同，并可以请求违约赔偿。

第十七条　土地使用者按照出让合同约定支付土地使用权出让金的，市、县人民政府土地管理部门必须按照出让合同约定，提供出让的土地；未按照出让合同约定提供出让的土地的，土地使用者有权解除合同，由土地管理部门返还土地使用权出让金，土地使用者并可以请求违约赔偿。

第十八条　土地使用者需要改变土地使用权出让合同约定的土地用途的，必须取得出让方和市、县人民政府城市规划行政主管部门的同意，签订土地使用权出让合同变更协议或者重新签订土地使用权出让合同，相应调整土地使用权出让金。

第十九条 土地使用权出让金应当全部上缴财政，列入预算，用于城市基础设施建设和土地开发。土地使用权出让金上缴和使用的具体办法由国务院规定。

第二十条 国家对土地使用者依法取得的土地使用权，在出让合同约定的使用年限届满前不收回；在特殊情况下，根据社会公共利益的需要，可以依照法律程序提前收回，并根据土地使用者使用土地的实际年限和开发土地的实际情况给予相应的补偿。

第二十一条 土地使用权因土地灭失而终止。

第二十二条 土地使用权出让合同约定的使用年限届满，土地使用者需要继续使用土地的，应当至迟于届满前一年申请续期，除根据社会公共利益需要收回该幅土地的，应当予以批准。经批准准予续期的，应当重新签订土地使用权出让合同，依照规定支付土地使用权出让金。

土地使用权出让合同约定的使用年限届满，土地使用者未申请续期或者虽申请续期但依照前款规定未获批准的，土地使用权由国家无偿收回。

第二节 土地使用权划拨

第二十三条 土地使用权划拨，是指县级以上人民政府依法批准，在土地使用者缴纳补偿、安置等费用后将该幅土地交付其使用，或者将土地使用权无偿交付给土地使用者使用的行为。

依照本法规定以划拨方式取得土地使用权的，除法律、行政法规另有规定外，没有使用期限的限制。

第二十四条 下列建设用地的土地使用权，确属必需的，可以由县级以上人民政府依法批准划拨：

（一）国家机关用地和军事用地；

（二）城市基础设施用地和公益事业用地；

（三）国家重点扶持的能源、交通、水利等项目用地；

（四）法律、行政法规规定的其他用地。

第三章　房地产开发

第二十五条　房地产开发必须严格执行城市规划，按照经济效益、社会效益、环境效益相统一的原则，实行全面规划、合理布局、综合开发、配套建设。

第二十六条　以出让方式取得土地使用权进行房地产开发的，必须按照土地使用权出让合同约定的土地用途、动工开发期限开发土地。超过出让合同约定的动工开发日期满一年未动工开发的，可以征收相当于土地使用权出让金百分之二十以下的土地闲置费；满二年未动工开发的，可以无偿收回土地使用权；但是，因不可抗力或者政府、政府有关部门的行为或者动工开发必需的前期工作造成动工开发迟延的除外。

第二十七条　房地产开发项目的设计、施工，必须符合国家的有关标准和规范。

房地产开发项目竣工，经验收合格后，方可交付使用。

第二十八条　依法取得的土地使用权，可以依照本法和有关法律、行政法规的规定，作价入股，合资、合作开发经营房地产。

第二十九条　国家采取税收等方面的优惠措施鼓励和扶持房地产开发企业开发建设居民住宅。

第三十条　房地产开发企业是以盈利为目的，从事房地产开发和经营的企业。设立房地产开发企业，应当具备下列条件：

（一）有自己的名称和组织机构；

（二）有固定的经营场所；

（三）有符合国务院规定的注册资本；

（四）有足够的专业技术人员；

（五）法律、行政法规规定的其他条件。

设立房地产开发企业，应当向工商行政管理部门申请设立登记。工商行政管理部门对符合本法规定条件的，应当予以登记，发给营业执照；对不符合本法规定条件的，不予登记。

设立有限责任公司、股份有限公司，从事房地产开发经营的，还应当执行公司法的有关规定。

房地产开发企业在领取营业执照后的一个月内，应当到登记机关所在地的县级以上地方人民政府规定的部门备案。

第三十一条　房地产开发企业的注册资本与投资总额的比例应当符合国家有关规定。

房地产开发企业分期开发房地产的，分期投资额应当与项目规模相适应，并按照土地使用权出让合同的约定，按期投入资金，用于项目建设。

第四章　房地产交易

第一节　一般规定

第三十二条　房地产转让、抵押时，房屋的所有权和该房屋占用范围内的土地使用权同时转让、抵押。

第三十三条　基准地价、标定地价和各类房屋的重置价格应当定期确定并公布。具体办法由国务院规定。

第三十四条　国家实行房地产价格评估制度。

房地产价格评估，应当遵循公正、公平、公开的原则，按照国家规定的技术标准和评估程序，以基准地价、标定地价和各类房屋的重置价格为基础，参照当地的市场价格进行评估。

第三十五条　国家实行房地产成交价格申报制度。

房地产权利人转让房地产，应当向县级以上地方人民政府规定的部门如实申报成交价，不得瞒报或者作不实的申报。

第三十六条　房地产转让、抵押，当事人应当依照本法第五章的规定办理权属登记。

第二节　房地产转让

第三十七条　房地产转让，是指房地产权利人通过买卖、赠与或者其他合法方式将其房地产转移给他人的行为。

第三十八条　下列房地产，不得转让：

（一）以出让方式取得土地使用权的，不符合本法第三十九条规定的条件的；

（二）司法机关和行政机关依法裁定、决定查封或者以其他形式限制房地产权利的；

（三）依法收回土地使用权的；

（四）共有房地产，未经其他共有人书面同意的；

（五）权属有争议的；

（六）未依法登记领取权属证书的；

（七）法律、行政法规规定禁止转让的其他情形。

第三十九条　以出让方式取得土地使用权的，转让房地产时，应当符合下列条件：

（一）按照出让合同约定已经支付全部土地使用权出让金，并取得土地使用权证书；

（二）按照出让合同约定进行投资开发，属于房屋建设工程的，完成开发投资总额的百分之二十五以上，属于成片开发土地的，形成工业用地或者其他建设用地条件。

转让房地产时房屋已经建成的，还应当持有房屋所有权证书。

第四十条　以划拨方式取得土地使用权的，转让房地产时，应当按照国务院规定，报有批准权的人民政府审批。有批准权的人民政府准予转让的，应当由受让方办理土地使用权出让手续，并依照国家有关规定缴纳土地使用权出让金。

以划拨方式取得土地使用权的，转让房地产报批时，有批准权的人民政府按照国务院规定决定可以不办理土地使用权出让手续的，转让方应当按照国务院规定将转让房地产所获收益中的土地收益上缴国家或者作其他处理。

第四十一条　房地产转让，应当签订书面转让合同，合同中应当载明土地使用权取得的方式。

第四十二条　房地产转让时，土地使用权出让合同载明的权利、义务随之转移。

第四十三条　以出让方式取得土地使用权的，转让房地产后，其土地使用权的使用年限为原土地使用权出让合同约定的使用年限减去原土地使用者已经使用年限后的剩余年限。

第四十四条　以出让方式取得土地使用权的，转让房地产后，受让人改变原土地使用权出让合同约定的土地用途的，必须取得原出让方和市、县人民政府城市规划行政主管部门的同意，签订土地使用权出让合同变更协议或者重新签订土地使用权出让合同，相应调整土地使用权出让金。

第四十五条　商品房预售，应当符合下列条件：

（一）已交付全部土地使用权出让金，取得土地使用权证书；

（二）持有建设工程规划许可证；

（三）按提供预售的商品房计算，投入开发建设的资金达到工程建设总投资的百分之二十五以上，并已经确定施工进度和竣工交付日期；

（四）向县级以上人民政府房产管理部门办理预售登记，取得商品房预售许可证明。

商品房预售人应当按照国家有关规定将预售合同报县级以上人民政府房产管理部门和土地管理部门登记备案。

商品房预售所得款项，必须用于有关的工程建设。

第四十六条　商品房预售的，商品房预购人将购买的未竣工的预售商品房再行转让的问题，由国务院规定。

第三节　房地产抵押

第四十七条　房地产抵押，是指抵押人以其合法的房地产以不转移占有的方式向抵押权人提供债务履行担保的行为。债务人不履行债务时，抵押权人有权依法以抵押的房地产拍卖所得的价款优先受偿。

第四十八条　依法取得的房屋所有权连同该房屋占用范围内的土地使用权，可以设定抵押权。

以出让方式取得的土地使用权，可以设定抵押权。

第四十九条　房地产抵押，应当凭土地使用权证书、房屋所有权证书办理。

第五十条　房地产抵押，抵押人和抵押权人应当签订书面抵押合同。

第五十一条　设定房地产抵押权的土地使用权是以划拨方式取得的，依法拍卖该房地产后，应当从拍卖所得的价款中缴纳相当于应缴纳的土地使用权出让金的款额后，抵押权人方可优先受偿。

第五十二条　房地产抵押合同签订后，土地上新增的房屋不属于抵押财产。需要拍卖该抵押的房地产时，可以依法将土地上新增的房屋与抵押财产一同拍卖，但对拍卖新增房屋所得，抵押权人无权优先受偿。

第四节　房屋租赁

第五十三条　房屋租赁，是指房屋所有权人作为出租人将其房屋出租给承租人使用，由承租人向出租人支付租金的行为。

第五十四条　房屋租赁，出租人和承租人应当签订书面租赁合同，约定租赁期限、租赁用途、租赁价格、修缮责任等条款，以及双方的其他权利和义务，并向房产管理部门登记备案。

第五十五条　住宅用房的租赁，应当执行国家和房屋所在城市人民政府规定的租赁政策。租用房屋从事生产、经营活动的，由租赁双方协商议定租金和其他租赁条款。

第五十六条　以盈利为目的，房屋所有权人将以划拨方式取得使用权的国有土地上建成的房屋出租的，应当将租金中所含土地收益上缴国家。具体办法由国务院规定。

第五节　中介服务机构

第五十七条　房地产中介服务机构包括房地产咨询机构、房地产价格评估机构、房地产经纪机构等。

第五十八条　房地产中介服务机构应当具备下列条件：

（一）有自己的名称和组织机构；

（二）有固定的服务场所；

（三）有必要的财产和经费；

（四）有足够数量的专业人员；

（五）法律、行政法规规定的其他条件。

设立房地产中介服务机构，应当向工商行政管理部门申请设立登记，领取营业执照后，方可开业。

第五十九条 国家实行房地产价格评估人员资格认证制度。

第五章 房地产权属登记管理

第六十条 国家实行土地使用权和房屋所有权登记发证制度。

第六十一条 以出让或者划拨方式取得土地使用权，应当向县级以上地方人民政府土地管理部门申请登记，经县级以上地方人民政府土地管理部门核实，由同级人民政府颁发土地使用权证书。

在依法取得的房地产开发用地上建成房屋的，应当凭土地使用权证书向县级以上地方人民政府房产管理部门申请登记，由县级以上地方人民政府房产管理部门核实并颁发房屋所有权证书。

房地产转让或者变更时，应当向县级以上地方人民政府房产管理部门申请房产变更登记，并凭变更后的房屋所有权证书向同级人民政府土地管理部门申请土地使用权变更登记，经同级人民政府土地管理部门核实，由同级人民政府更换或者更改土地使用权证书。

法律另有规定的，依照有关法律的规定办理。

第六十二条 房地产抵押时，应当向县级以上地方人民政府规定的部门办理抵押登记。

因处分抵押房地产而取得土地使用权和房屋所有权的，应当依照本章规定办理过户登记。

第六十三条 经省、自治区、直辖市人民政府确定，县级以上地方人民政府由一个部门统一负责房产管理和土地管理工作的，可以制作、颁发统一的房地产权证书，依照本法第六十一条的规定，将房屋的所有权和该房屋占用范围内的土地使用权的确认和变更，分别载入房地产权证书。

第六章 法律责任

第六十四条 违反本法第十一条、第十二条的规定，擅自批准出让或者擅自出让土地使用权用于房地产开发的，由上级机关或者所在单位给予有关责任人员行政处分。

第六十五条　违反本法第三十条的规定，未取得营业执照擅自从事房地产开发业务的，由县级以上人民政府工商行政管理部门责令停止房地产开发业务活动，没收违法所得，可以并处罚款。

第六十六条　违反本法第三十九条第一款的规定转让土地使用权的，由县级以上人民政府土地管理部门没收违法所得，可以并处罚款。

第六十七条　违反本法第四十条第一款的规定转让房地产的，由县级以上人民政府土地管理部门责令缴纳土地使用权出让金，没收违法所得，可以并处罚款。

第六十八条　违反本法第四十五条第一款的规定预售商品房的，由县级以上人民政府房产管理部门责令停止预售活动，没收违法所得，可以并处罚款。

第六十九条　违反本法第五十八条的规定，未取得营业执照擅自从事房地产中介服务业务的，由县级以上人民政府工商行政管理部门责令停止房地产中介服务业务活动，没收违法所得，可以并处罚款。

第七十条　没有法律、法规的依据，向房地产开发企业收费的，上级机关应当责令退回所收取的钱款；情节严重的，由上级机关或者所在单位给予直接责任人员行政处分。

第七十一条　房产管理部门、土地管理部门工作人员玩忽职守、滥用职权，构成犯罪的，依法追究刑事责任；不构成犯罪的，给予行政处分。

房产管理部门、土地管理部门工作人员利用职务上的便利，索取他人财物，或者非法收受他人财物为他人谋取利益，构成犯罪的，依照惩治贪污罪贿赂罪的补充规定追究刑事责任；不构成犯罪的，给予行政处分。

第七章 附 则

第七十二条 在城市规划区外的国有土地范围内取得房地产开发用地的土地使用权，从事房地产开发、交易活动以及实施房地产管理，参照本法执行。

第七十三条 本法自 1995 年 1 月 1 日起施行。

信托公司管理办法

第一章 总 则

第一条 为加强对信托公司的监督管理，规范信托公司的经营行为，促进信托业的健康发展，根据《中华人民共和国信托法》、《中华人民共和国银行业监督管理法》等法律法规，制定本办法。

第二条 本办法所称信托公司，是指依照《中华人民共和国公司法》和本办法设立的主要经营信托业务的金融机构。

本办法所称信托业务，是指信托公司以营业和收取报酬为目的，以受托人身份承诺信托和处理信托事务的经营行为。

第三条 信托财产不属于信托公司的固有财产，也不属于信托公司对受益人的负债。信托公司终止时，信托财产不属于其清算财产。

第四条 信托公司从事信托活动，应当遵守法律法规的规定和信托文件的约定，不得损害国家利益、社会公共利益和受益人的合法权益。

第五条 中国银行业监督管理委员会对信托公司及其业务活动实施监督管理。

第二章 机构的设立、变更与终止

第六条 设立信托公司，应当采取有限责任公司或者股份有限公司的形式。

第七条 设立信托公司，应当经中国银行业监督管理委员会批准，并领取金融许可证。

未经中国银行业监督管理委员会批准，任何单位和个人不得经营信托业务，任何经营单位不得在其名称中使用"信托公司"字样。法律法规另有规定的除外。

第八条　设立信托公司，应当具备下列条件：

（一）有符合《中华人民共和国公司法》和中国银行业监督管理委员会规定的公司章程；

（二）有具备中国银行业监督管理委员会规定的入股资格的股东；

（三）具有本办法规定的最低限额的注册资本；

（四）有具备中国银行业监督管理委员会规定任职资格的董事、高级管理人员和与其业务相适应的信托从业人员；

（五）具有健全的组织机构、信托业务操作规程和风险控制制度；

（六）有符合要求的营业场所、安全防范措施和与业务有关的其他设施；

（七）中国银行业监督管理委员会规定的其他条件。

第九条　中国银行业监督管理委员会依照法律法规和审慎监管原则对信托公司的设立申请进行审查，作出批准或者不予批准的决定；不予批准的，应说明理由。

第十条　信托公司注册资本最低限额为3亿元人民币或等值的可自由兑换货币，注册资本为实缴货币资本。

申请经营企业年金基金、证券承销、资产证券化等业务，应当符合相关法律法规规定的最低注册资本要求。

中国银行业监督管理委员会根据信托公司行业发展的需要，可以调整信托公司注册资本最低限额。

第十一条　未经中国银行业监督管理委员会批准，信托公司不得设立或变相设立分支机构。

第十二条 信托公司有下列情形之一的，应当经中国银行业监督管理委员会批准：

（一）变更名称；

（二）变更注册资本；

（三）变更公司住所；

（四）改变组织形式；

（五）调整业务范围；

（六）更换董事或高级管理人员；

（七）变更股东或者调整股权结构，但持有上市公司流通股份未达到公司总股份 5%的除外；

（八）修改公司章程；

（九）合并或者分立；

（十）中国银行业监督管理委员会规定的其他情形。

第十三条 信托公司出现分立、合并或者公司章程规定的解散事由，申请解散的，经中国银行业监督管理委员会批准后解散，并依法组织清算组进行清算。

第十四条 信托公司不能清偿到期债务，且资产不足以清偿债务或明显缺乏清偿能力的，经中国银行业监督管理委员会同意，可向人民法院提出破产申请。

中国银行业监督管理委员会可以向人民法院直接提出对该信托公司进行重整或破产清算的申请。

信托公司终止时，其管理信托事务的职责同时终止。清算组应当妥善保管信托财产，作出处理信托事务的报告并向新受托人办理信托财产的移交。信托文件另有约定的，从其约定。

第三章　经营范围

第十六条　信托公司可以申请经营下列部分或者全部本外币业务：

（一）资金信托；

（二）动产信托；

（三）不动产信托；

（四）有价证券信托；

（五）其他财产或财产权信托；

（六）作为投资基金或者基金管理公司的发起人从事投资基金业务；

（七）经营企业资产的重组、购并及项目融资、公司理财、财务顾问等业务；

（八）受托经营国务院有关部门批准的证券承销业务；

（九）办理居间、咨询、资信调查等业务；

（十）代保管及保管箱业务；

（十一）法律法规规定或中国银行业监督管理委员会批准的其他业务。

第十七条　信托公司可以根据《中华人民共和国信托法》等法律法规的有关规定开展公益信托活动。

第十八条　信托公司可以根据市场需要，按照信托目的、信托财产的种类或者对信托财产管理方式的不同设置信托业务品种。

第十九条　信托公司管理运用或处分信托财产时，可以依照信托文件的约定，采取投资、出售、存放同业、买入返售、租赁、贷款等方式进行。中国银行业监督管理委员会另有规定的，从其规定。

信托公司不得以卖出回购方式管理运用信托财产。

第二十条　信托公司固有业务项下可以开展存放同业、拆放同业、贷款、租赁、投资等业务。投资业务限定为金融类公司股权投资、金融产品投资和自用固定资产投资。

信托公司不得以固有财产进行实业投资，但中国银行业监督管理委员会另有规定的除外。

第二十一条　信托公司不得开展除同业拆入业务以外的其他负债业务，且同业拆入余额不得超过其净资产的20%。中国银行业监督管理委员会另有规定的除外。

第二十二条　信托公司可以开展对外担保业务，但对外担保余额不得超过其净资产的50%。

第二十三条　信托公司经营外汇信托业务，应当遵守国家外汇管理的有关规定，并接受外汇主管部门的检查、监督。

第四章　经营规则

第二十四条　信托公司管理运用或者处分信托财产，必须恪尽职守，履行诚实、信用、谨慎、有效管理的义务，维护受益人的最大利益。

第二十五条　信托公司在处理信托事务时应当避免利益冲突，在无法避免时，应向委托人、受益人予以充分的信息披露，或拒绝从事该项业务。

第二十六条　信托公司应当亲自处理信托事务。信托文件另有约定或有不得已事由时，可委托他人代为处理，但信托公司应尽足够的监督义务，并对他人处理信托事务的行为承担责任。

第二十七条　信托公司对委托人、受益人以及所处理信托事务的情况和资料负有依法保密的义务，但法律法规另有规定或者信托文件另有约定的除外。

第二十八条　信托公司应当妥善保存处理信托事务的完整记录，定期向委托人、受益人报告信托财产及其管理运用、处分及收支的情况。

委托人、受益人有权向信托公司了解对其信托财产的管理运用、处分及收支情况，并要求信托公司作出说明。

第二十九条　信托公司应当将信托财产与其固有财产分别管理、分别记账，并将不同委托人的信托财产分别管理、分别记账。

第三十条　信托公司应当依法建账，对信托业务与非信托业务分别核算，并对每项信托业务单独核算。

第三十一条　信托公司的信托业务部门应当独立于公司的其他部门，其人员不得与公司其他部门的人员相互兼职，业务信息不得与公司的其他部门共享。

第三十二条　以信托合同形式设立信托时，信托合同应当载明以下事项：

（一）信托目的；

（二）委托人、受托人的姓名或者名称、住所；

（三）受益人或者受益人范围；

（四）信托财产的范围、种类及状况；

（五）信托当事人的权利义务；

（六）信托财产管理中风险的揭示和承担；

（七）信托财产的管理方式和受托人的经营权限；

（八）信托利益的计算，向受益人交付信托利益的形式、方法；

（九）信托公司报酬的计算及支付；

（十）信托财产税费的承担和其他费用的核算；

（十一）信托期限和信托的终止；

（十二）信托终止时信托财产的归属；

（十三）信托事务的报告；

（十四）信托当事人的违约责任及纠纷解决方式；

（十五）新受托人的选任方式；

（十六）信托当事人认为需要载明的其他事项。

以信托合同以外的其他书面文件设立信托时，书面文件的载明事项按照有关法律法规规定执行。

第三十三条　信托公司开展固有业务，不得有下列行为：

（一）向关联方融出资金或转移财产；

（二）为关联方提供担保；

（三）以股东持有的本公司股权作为质押进行融资。

信托公司的关联方按照《中华人民共和国公司法》和企业会计准则的有关标准界定。

第三十四条　信托公司开展信托业务，不得有下列行为：

（一）利用受托人地位谋取不当利益；

（二）将信托财产挪用于非信托目的的用途；

（三）承诺信托财产不受损失或者保证最低收益；

（四）以信托财产提供担保；

（五）法律法规和中国银行业监督管理委员会禁止的其他行为。

第三十五条　信托公司开展关联交易，应以公平的市场价格进行，逐笔向中国银行业监督管理委员会事前报告，并按照有关规定进行信息披露。

第三十六条　信托公司经营信托业务，应依照信托文件约定以手续费或者佣金的方式收取报酬，中国银行业监督管理委员会另有规定的除外。

信托公司收取报酬，应当向受益人公开，并向受益人说明收费的具体标准。

第三十七条　信托公司违反信托目的处分信托财产，或者因违背管理职责、处理信托事务不当致使信托财产受到损失的，在恢复信托财产的原状或者予以赔偿前，信托公司不得请求给付报酬。

第三十八条　信托公司因处理信托事务而支出的费用、负担的债务，以信托财产承担，但应在信托合同中列明或明确告知受益人。信托公司以其固有财产先行支付的，对信托财产享有优先受偿的权利。因信托公司违背管理职责或者管理信托事务不当所负债务及所受到的损害，以其固有财产承担。

第三十九条　信托公司违反信托目的处分信托财产，或者管理运用、处分信托财产有重大过失的，委托人或受益人有权依照信托文件的约定解任该信托公司，或者申请人民法院解任该信托公司。

第四十条　受托人职责依法终止的，新受托人依照信托文件的约定选任；信托文件未规定的，由委托人选任；委托人不能选任的，由受益人选任；受益人为无民事行为能力人或者限制民事行为能力人的，依法由其监护人代行选任。新受托人未产生前，中国银行业监督管理委员会可以指定临时受托人。

第四十一条　信托公司经营信托业务，有下列情形之一的，信托终止：

（一）信托文件约定的终止事由发生；

（二）信托的存续违反信托目的；

（三）信托目的已经实现或者不能实现；

（四）信托当事人协商同意；

（五）信托期限届满；

（六）信托被解除；

（七）信托被撤销；

（八）全体受益人放弃信托受益权。

第四十二条　信托终止的，信托公司应当依照信托文件的约定作出处理信托事务的清算报告。受益人或者信托财产的权利归属人对清算报告无异议的，信托公司就清算报告所列事项解除责任，但信托公司有不当行为的除外。

第五章　监督管理

第四十三条　信托公司应当建立以股东（大）会、董事会、监事会、高级管理层等为主体的组织架构，明确各自的职责划分，保证相互之间独立运行、有效制衡，形成科学高效的决策、激励与约束机制。

第四十四条　信托公司应当按照职责分离的原则设立相应的工作岗位，保证公司对风险能够进行事前防范、事中控制、事后监督和纠正，形成健全的内部约束机制和监督机制。

第四十五条　信托公司应当按规定制订本公司的信托业务及其他业务规则，建立、健全本公司的各项业务管理制度和内部控制制度，并报中国银行业监督管理委员会备案。

第四十六条　信托公司应当按照国家有关规定建立、健全本公司的财务会计制度，真实记录并全面反映其业务活动和财务状况。公司年度财务会计报表应当经具有良好资质的中介机构审计。

第四十七条　中国银行业监督管理委员会可以定期或者不定期对信托公司的经营活动进行检查；必要时，可以要求信托公司提供由具有良好资质的中介机构出具的相关审计报告。

信托公司应当按照中国银行业监督管理委员会的要求提供有关业务、财务等报表和资料，并如实介绍有关业务情况。

第四十八条　中国银行业监督管理委员会对信托公司实行净资本管理。具体办法由中国银行业监督管理委员会另行制定。

第四十九条　信托公司每年应当从税后利润中提取5%作为信托赔偿准备金，但该赔偿准备金累计总额达到公司注册资本的20%时，可不再提取。

信托公司的赔偿准备金应存放于经营稳健、具有一定实力的境内商业银行，或者用于购买国债等低风险高流动性证券品种。

第五十条　中国银行业监督管理委员会对信托公司的董事、高级管理人员实行任职资格审查制度。未经中国银行业监督管理委员会任职资格审查或者审查不合格的，不得任职。

信托公司对拟离任的董事、高级管理人员，应当进行离任审计，并将审计结果报中国银行业监督管理委员会备案。信托公司的法定代表人变更时，在新的法定代表人经中国银行业监督管理委员会核准任职资格前，原法定代表人不得离任。

第五十一条　中国银行业监督管理委员会对信托公司的信托从业人员实行信托业务资格管理制度。符合条件的，颁发信托从业人员资格证书；未取得信托从业人员资格证书的，不得经办信托业务。

第五十二条　信托公司的董事、高级管理人员和信托从业人员违反法律、行政法规或中国银行业监督管理委员会有关规定的，中国银行业监督管理委员会有权取消其任职资格或者从业资格。

第五十三条　中国银行业监督管理委员会根据履行职责的需要，可以与信托公司董事、高级管理人员进行监督管理谈话，要求信托公司董事、高级管理人员就信托公司的业务活动和风险管理的重大事项作出说明。

第五十四条　信托公司违反审慎经营规则的，中国银行业监督管理委员会责令限期改正；逾期未改正的，或者其行为严重危及信托公司的稳健运行、损害受益人合法权益的，中国银行业监督管理委员会可以区别情形，依据《中华人民共和国银行业监督管理法》等法律法规的规定，采取暂停业务、限制股东权利等监管措施。

第五十五条　信托公司已经或者可能发生信用危机，严重影响受益人合法权益的，中国银行业监督管理委员会可以依法对该信托公司实行接管或者督促机构重组。

第五十六条　中国银行业监督管理委员会在批准信托公司设立、变更、终止后，发现原申请材料有隐瞒、虚假的情形，可以责令补正或者撤销批准。

第五十七条　信托公司可以加入中国信托业协会，实行行业自律。

中国信托业协会开展活动，应当接受中国银行业监督管理委员会的指导和监督。

第六章　罚　则

第五十八条　未经中国银行业监督管理委员会批准，擅自设立信托公司的，由中国银行业监督管理委员会依法予以取缔；构成犯罪的，依法追究刑事责任；尚不构成犯罪的，由中国银行业监督管理委员会没收违法所得，违法所得五十万元以上的，并处违法所得一倍以上五倍以下罚款；没有违法所得或者违法所得不足五十万元的，处五十万元以上二百万元以下罚款。

第五十九条　未经中国银行业监督管理委员会批准，信托公司擅自设立分支机构或开展本办法第十九条、第二十条、第二十一条、第二十二条、第三十三条和第三十四条禁止的业务的，由中国银行业监督管理委员会责令改正，有违法所得的，没收违法所得，违法所得五十万元以上的，并处违法所得一倍以上五倍以下罚款；没有违法所得或者违法所得不足五十万元的，处五十万元以上二百万元以下罚款；情节特别严重或者逾期不改正的，责令停业整顿或者吊销其金融许可证；构成犯罪的，依法追究刑事责任。

第六十条　信托公司违反本办法其他规定的，中国银行业监督管理委员会根据《中华人民共和国银行业监督管理法》等法律法规的规定，采取相应的处罚措施。

第六十一条　信托公司有违法经营、经营管理不善等情形，不予撤销将严重危害金融秩序、损害公众利益的，由中国银行业监督管理委员会依法予以撤销。

第六十二条　对信托公司违规负有直接责任的董事、高级管理人员和其他直接责任人员，中国银行业监督管理委员会可以区别不同情形，根据《中华人民共和国银行业监督管理法》等法律法规的规定，采取罚款、取消任职资格或从业资格等处罚措施。

第六十三条　对中国银行业监督管理委员会的处罚决定不服的，可以依法提请行政复议或者向人民法院提起行政诉讼。

第七章　附　则

第六十四条　信托公司处理信托事务不履行亲自管理职责，即不承担投资管理人职责的，其注册资本不得低于 1 亿元人民币或等值的可自由兑换货币。对该类信托公司的监督管理参照本办法执行。

第六十五条　本办法由中国银行业监督管理委员会负责解释。

第六十六条　本办法自 2007 年 3 月 1 日起施行，原《信托投资公司管理办法》（中国人民银行令〔2002〕第 5 号）不再适用。

中国银行业监督管理委员会办公厅

二〇〇七年一月二十四日印发

中国银监会办公厅关于信托公司风险监管的指导意见

银监办发〔2014〕99号

为贯彻落实国务院关于加强影子银行监管有关文件精神和2014年全国银行业监督管理工作会议部署，有效防范化解信托公司风险，推动信托公司转型发展，现提出如下指导意见。

一、总体要求

坚持防范化解风险和推动转型发展并重的原则，全面掌握风险底数，积极研究应对预案，综合运用市场、法律等手段妥善化解风险，维护金融稳定大局。明确信托公司"受人之托、代人理财"的功能定位，培育"卖者尽责、买者自负"的信托文化，推动信托公司业务转型发展，回归本业，将信托公司打造成服务投资者、服务实体经济、服务民生的专业资产管理机构。

二、做好风险防控

(一) 妥善处置风险项目

1. 落实风险责任。健全信托项目风险责任制，对所有信托项目尤其是高风险项目，安排专人跟踪，责任明确到人。项目风险暴露后，信托公司应全力进行风险处置，在完成风险化解前暂停相关项目负责人开展新业务。相关责任主体应切实承担起推动地方政府履职、及时合理处置资产和沟通安抚投资人等风险化解责任。

2. 推进风险处置市场化。按照"一项目一对策"和市场化处置原则，探索抵押物处置、债务重组、外部接盘等审慎稳妥的市场化处置方式。同时，充分运用向担保人追偿、寻求司法解决等手段保护投资人合法权益。

3. 建立流动性支持和资本补充机制。信托公司股东应承诺或在信托公司章程中约定，当信托公司出现流动性风险时，给予必要的流动性支持。信托公司经营损失侵蚀资本的，应在净资本中全额扣减，并相应压缩业务规模，或由股东及时补充资本。信托公司违反审慎经营规则、严重危及公司稳健运行、损害投资人合法权益的，监管机构要区别情况，依法采取责令控股股东转让股权或限制有关股东权利等监管措施。

（二）切实加强潜在风险防控

1. 加强尽职管理。信托公司应切实履行受托人职责，从产品设计、尽职调查、风险管控、产品营销、后续管理、信息披露和风险处置等环节入手，全方位、全过程、动态化加强尽职管理，做到勤勉尽责，降低合规、法律及操作风险。提升对基础资产的动态估值能力和对资金使用的监控能力，严防资金挪用。

2. 加强风险评估。信托公司要做好存续项目风险排查工作，及时掌握风险变化，制定应对预案。同时，加强对宏观经济形势和特定行业趋势、区域金融环境的整体判断，关注政策调整变化可能引发的风险。对房地产等重点风险领域定期进行压力测试。

3. 规范产品营销。坚持合格投资人标准，应在产品说明书中明确，投资人不得违规汇集他人资金购买信托产品，违规者要承担相应责任及法律后果。坚持私募标准，不得向不特定客户发送产品信息。准确划分投资人群，坚持把合适的产品卖给适合的对象，切实承担售卖责任。信托公司应遵循诚实信用原则，切实履行"卖者尽责"义务，在产品营销时向投资人充分揭示风险，不得存在虚假披露、误导性销售等行为。加强投资者风险教育，增强投资者"买者自负"意识。在信托公司履职尽责的前提下，投资者应遵循"买者自负"原则自行承担风险损失。逐步实现信托公司以录音或录像方式保存营销记录。严格执行《信托公司集合资金信托计划管理办法》，防止第三方非金融机构销售风险向信托公司传递。发现违规推介的，监管部门要暂停其相关业务，对高管严格问责。

4. 做好资金池清理。信托公司不得开展非标准化理财资金池等具有影子银行特征的业务。对已开展的非标准化理财资金池业务，要查明情况，摸清底数，形成整改方案，于 2014 年 6 月 30 日前报送监管机构。各信托公司要结合自身实际，循序渐进、积极稳妥推进资金池业务清理工作。各银监局要加强监督指导，避免因"一刀切"引发流动性风险。

5. 优化业务管理。从今年起对信托公司业务范围实行严格的准入审批管理；对业务范围项下的具体产品实行报告制度。凡新入市的产品都必须按程序和统一要求在入市前 10 天逐笔向监管机构报告。监管机构不对具体产品做实质性审核，但可根据信托公司监管评级、净资本状况、风险事件、合规情况等采取监管措施。信托公司开展关联交易应按要求逐笔向监管机构事前报告，监管机构无异议后，信托公司方可开展有关业务。异地推介的产品在推介前向属地、推介地银监局报告。属地和推介地银监局要加强销售监管，发现问题的要及时叫停，以防风险扩大。

6. 严防道德风险和案件风险。强化依法合规经营，严防员工违法、违规事件发生。组织案件风险排查，严格实施违规问责和案件问责，保持对案件风险防控的高压态势。

（三）建立风险防控长效机制

1. 完善公司治理。信托公司股东（大）会、董事会、监事会、经营层要清晰界定职责权限，各司其职，形成运行有效、制衡有效、激励有效、约束有效的良性机制。信托公司实际控制人必须"阳光化"，明确风险责任，做到权责对等。各银监局要将信托公司的公司治理情况作为监管重点，对《信托公司治理指引》等相关规定执行不力的机构和责任人员严格问责。

2. 建立恢复与处置机制。信托公司应结合自身特点制订恢复与处置计划。该计划至少应包括：激励性薪酬延付制度（建立与风险责任和经营业绩挂钩的科学合理的薪酬延期支付制度）；限制分红或红利回拨制度（信托公司股东应承诺或在信托公司章程中约定，在信托公司出现严重风险时，减少分红或不分红，必要时应将以前年度分红用于资本补充或风险化解，增强信托公司风险抵御能力）；业务分割与恢复机制（通过对部分业务实施分割或托管以保全公司整体实力）；机构处置机制（事先做好机构出现重大风险的应对措施）。

各信托公司应将该计划经董事会、股东会批准通过后，于2014年6月30日前报送监管机构审核。各银监局应据此制订机构监管处置计划，并将其与信托公司的恢复与处置计划于7月20日前一并报送银监会。

3. 建立行业稳定机制。积极探索设立信托行业稳定基金，发挥行业合力，消化单体业务及单体机构风险，避免单体机构倒闭给信托行业乃至金融业带来较大负面冲击。

4. 建立社会责任机制。信托业协会要公布信托公司社会责任要求，按年度发布行业社会责任报告。信托公司要在产品说明书（或其他相关信托文件）中明示该产品是否符合社会责任，并在年报中披露本公司全年履行社会责任的情况。

三、明确转型方向

（一）规范现有业务模式

1. 明确事务管理类信托业务的参与主体责任。金融机构之间的交叉产品和合作业务，必须以合同形式明确项目的风险责任承担主体，提供通道的一方为项目事务风险的管理主体，厘清权利义务，并由风险承担主体的行业归口监管部门负责监督管理，切实落实风险防控责任。进一步加强业务现场检查，防止以抽屉协议的形式规避监管。

2. 强化信贷类资金信托业务监管力度。按照实质重于形式和风险水平与资本要求相匹配的原则，强化信贷类业务的风险资本约束，完善净资本管理。

（二）探索转型发展方向

1. 支持治理完善、内控有效、资产管理能力较强的信托公司探索创新。鼓励走差异化发展道路，将资产管理、投资银行、受托服务等多种业务有机结合，推动信托公司发展成为风险可控、守法合规、创新不断、具有核心竞争力的现代信托机构，真正做到"受人之托、代人理财"。

2. 推动业务转型。改造信贷类集合资金信托业务模式，研究推出债权型信托直接融资工具。大力发展真正的股权投资，支持符合条件的信托公司设立直接投资专业子公司。鼓励开展并购业务，积极参与企业并购重组，推动产业转型。积极发展资产管理等收费型业务，鼓励开展信贷资产证券化和企业资产证券化业务，提高资产证券化业务的附加值。探索家族财富管理，为客户量身定制资产管理方案。完善公益信托制度，大力发展公益信托，推动信托公司履行社会责任。

四、完善监管机制

（一）厘清监管责任边界

非银行金融机构监管部和各银监局既要各司其职，又要加强协同，形成监管合力。非银行金融机构监管部要着力研究完善制度设计和机制建设，加强指导、检查和后评价工作。各银监局要按照属地监管原则承担第一监管责任，明确各级监管人员的具体职责，切实做好辖内信托公司风险防范与改革发展工作。

（二）紧盯重点风险领域

各银监局要按照银监会统一监管要求，对融资平台、房地产、矿业、产能过剩行业、影子银行业务等风险隐患进行重点监控，并适时开展风险排查，及时做好风险防范和化解工作。

（三）严格监管问责

各银监局要严格落实《关于进一步明确信托公司风险监管责任的通知》（银监办发〔2013〕200 号）相关要求，对 2013 年以来出现风险的信托项目，实事求是地做好问责工作。对存在违规行为、风险管理或风险化解不当的信托公司及其责任人员，及时实施监管问责并报送银监会。建立风险责任人及交易对手案底制度。

（四）强化持续监管

1. 做好非现场监管工作。监管机构要列席各公司董事会和议决重大事项的经营班子会议。紧盯数据信息系统及行业舆情，督促信托公司提升数据质量。按季开展高管会谈，按年开展董事会、监事会会谈及外部审计会谈。各级监管部门要按月及时跟踪监测信托公司运行情况，编制上报季度风险报告和年度监管报告，同时可抄送股东单位、行政管理部门和党委管理部门，引入约束机制。

2. 做好现场检查工作。将尽职调查、合规管理和兑付风险等纳入现场检查重点，检查方式和频率由各银监局结合辖内机构实际情况合理确定。

3. 实行高管准入"三考"制度。凡新进信托公司的董事、高管都必须通过"三考"，再核准其任职资格。"三考"内容和要求，由非银行金融机构监管部负责制定，属地银监局按统一要求具体实施。包括：考核（对过往业绩做非现场检查）、考试（考察履职能力和业务能力是否相符）、考查（当面谈话，判断是否具备高管能力）。

4.做好法人监管工作。要求信托公司总部的综合部门和业务后台部门所在地原则上与注册地一致；中台部门相对集中，不能过于分散；前台部门规范有序开展业务。

（五）建立风险处置和准入事项挂钩制度

信托公司多次在同一类业务发生风险，严重危及稳健运行的，监管机构应依法暂停其该类业务。信托公司连续在不同业务领域发生风险的，可区分原因采取暂停发行集合信托、责令调整高级管理人员和风控架构等监管措施。对发生风险的信托公司，在实现风险化解前，暂停核准其高管任职和创新业务资格。

（六）完善资本监管

2014年上半年完成信托公司净资本计算标准修订工作，调整信托业务分类标准，区分事务管理类业务和自主管理类业务，强化信贷类信托业务的资本约束，建立合理明晰的分类资本计量方法，完善净资本监管制度。

（七）加强从业人员管理

尽快印发规范信托公司从业人员管理办法，指导信托业协会做好从业人员考试工作，提高信托从业人员素质，加强从业人员资质准入和持续管理，建立从业人员诚信履职评价机制。

（八）建立信托产品登记机制

抓紧建立信托产品登记信息系统，制定信托产品登记管理规则，扩展信托产品登记的监管功能和市场功能，研究设立专门登记机构负责该系统的运营与管理工作。

（九）建立分类经营机制

抓紧《信托公司监管评级与分类监管指引》（银监发〔2008〕69 号）修订工作，适当调整评级指标，综合考察公司治理、内控机制、风控水平、团队建设、资产管理能力和软硬件支撑等要素，按"减分制"开展评级。将评级结果与业务范围相挂钩，逐步推进实施"有限牌照"管理。

中国银监会办公厅关于做好房地产信托业务风险监测工作有关事项的通知

银监办发〔2011〕244 号

银监局、银监会直接监管的信托公司：

为落实银监会关于加强房地产业务风险管理的有关要求，前瞻性地防范房地产信托业务各类风险，现就做好房地产信托业务风险监测工作有关事项通知如下：

一、工作目标

在房地产调控力度加大、市场波动加剧的背景下，通过逐笔监测房地产信托项目运行情况，把握房地产信托业务市场变化和风险情况；通过逐笔监测三个月以内到期信托项目的预期兑付情况，判断兑付风险并采取相应措施，做到对房地产信托项目兑付风险"早发现、早预警、早处置"。

二、工作方式

房地产信托业务风险监测是房地产信托业务监管的基础工作，各银监局应予以充分重视。可采取高管约谈、定期走访以及现场检查等方式逐笔监测房地产信托项目运行情况。

三、工作内容

房地产信托业务风险监测工作包括以下几个方面：

（一）各信托公司应结合当前房地产市场量价波动和土地出让价格松动的实际情况，对房地产信托项目的抵押物价值、预期销售情况等逐月进行评价，填报《房地产信托业务风险监测表》，报送各银监局。银监会直接监管的信托公司报送银监会。

（二）各银监局应严格审核信托公司《房地产信托业务风险监测表》，杜绝出现瞒报、漏报、错报等情况，全面掌握信托公司房地产信托项目面临的各类风险。

各银监局应重点关注三个月以内到期的房地产信托项目兑付风险，对还款来源、抵押担保等预期兑付情况作出判断，并在《房地产信托业务风险监测表》中明确注明对项目兑付风险的判断意见和拟采取措施。

（三）各银监局在风险监测工作中还应评估信托公司房地产信托业务发展速度和风险情况。对于房地产信托业务发展速度过快或者风险隐患加大的信托公司，各银监局可采取项目事前报告或者暂停房地产信托业务等措施。对于已出现风险的房地产信托项目，各银监局应果断处置并将有关情况及时报送银监会。

中国银行业监督管理委员会办公厅

二〇一一年八月十五日印发

中国银监会办公厅关于信托公司房地产信托
业务风险提示的通知

银监办发〔2010〕343 号

各银监局，银监会直接监管的信托公司：

近来，信托公司房地产信托业务增长迅速，个别信托公司开展这项业务不够审慎。为有效落实国家房地产调控政策，进一步规范房地产信托业务，提高信托公司风险防范意识和风险控制能力，根据《信托公司管理办法》及相关规定，现就信托公司房地产信托业务风险提示如下：

各信托公司应立即对房地产信托业务进行合规性风险自查。逐笔分析业务合规性和风险状况，包括信托公司发放贷款的房地产开发项目是否满足"四证"齐全、开发商或其控股股东具备二级资质、项目资本金比例达到国家最低要求等条件；第一还款来源充足性、可靠性评价；抵质押等担保措施情况及评价；项目到期偿付能力评价及风险处置预案等内容。

各银监局要加强对辖内信托公司房地产信托业务合规性监管和风险监控，结合今年开展的专项调查和压力测试，在信托公司自查基础上，逐笔对房地产信托业务进行核查，对以受让债权等方式变相提供贷款的情况，要按照实质重于形式的原则予以甄别。自查和核查中发现的问题，应立即采取措施责成信托公司予以纠正，对违规行为依法查处。各银监局于12月20日前将核查及处理结果书面报告银监会。

各银监局要督促信托公司在开展房地产信托业务时审慎选择交易对手，合理把握规模扩张，加强信托资金运用监控，严控对大型房企集团多头授信、集团成员内部关联风险，积极防范房地产市场调整风险。对执行不力的银监局，银监会将予以通报，并视情况追究相关责任。

请银监局将本通知转发给辖内有关银监分局和信托公司，如有重大问题，请及时向银监会报告。

中国银行业监督管理委员会办公厅

二〇一〇年十一月十二日

中国银监会办公厅关于加强信托公司房地产信托
业务监管有关问题的通知

银监办发〔2010〕54号

各地银监局，各政策性银行，国有商业银行，股份制商业银行、中国邮政储蓄银行、银监会直接监管的信托公司：

为进一步规范信托公司开展房地产信托业务，防范房地产信托业务风险，提高信托公司风险防范意识和风险控制能力，现就有关事项通知如下：

一、商业银行个人理财资金投资于房地产信托产品的，理财客户应符合《信托公司集合资金信托计划管理办法》中有关合格投资者的规定。

二、信托公司以结构化方式设计房地产集合资金信托计划的，其优先和劣后受益权配比比例不得高于 3∶1。

三、停止执行《中国银监会关于支持信托公司创新发展有关问题的通知》（银监发〔2009〕25号）第十条中对监管评级 2C 级（含）以上、经营稳健、风险管理水平良好的信托公司发放房地产开发项目贷款的例外规定，信托公司发放贷款的房地产开发项目必须满足"四证"齐全、开发商或其控股股东具备二级资质、项目资本金比例达到国家最低要求等条件。

四、信托公司不得以信托资金发放土地储备贷款。土地储备贷款是指向借款人发放的用于土地收购及土地前期开发、整理的贷款。

五、信托公司开展房地产信托业务应建立健全房地产贷款或投资审批标准、操作流程和风险管理制度并切实执行；应进行项目尽职调查，深入了解房地产企业的资质、财务状况、信用状况、以往开发经历，以及房地产项目的资本金、"四证"、开发前景等情况，确保房地产信托业务的合法、合规性和可行性；应严格落实房地产贷款担保，确保担保真实、合法、有效；应加强项目管理，密切监控房地产信托贷款或投资情况。

六、各银监局要加强对既有监管规定的执行力度，强化对房地产信托融资的监管，按照实质重于形式的原则杜绝信托公司以各种方式规避监管的行为。

七、各银监局应进一步加强对信托公司房地产业务的风险监控，对发现的风险苗头要及时予以提示或下发监管意见，并在必要时安排现场检查。

请各银监局将本通知转发给辖内有关银监分局、信托公司及有关金融机构，督促认真遵照执行并总结经验。如遇重大问题，请及时报告。凡与本通知不一致的相关规定，以本通知为准。

二〇一〇年二月十一日

中国银行业监督管理委员会办公厅关于提示房地产企业
规避调控政策有关风险的通知

（银监办便函〔2010〕84 号）

办公厅、法规部、研究局、银行一部、银行二部、银行三部、银行四部、非银部、合作部、创新部、融资担保部、处置办、统计部、财会部、国际部、培训中心，各银监局，各政策性银行、国有商业银行、股份制商业银行，各金融资产管理公司，邮政储蓄银行，银监会直接监管的信托公司、企业集团财务公司、金融租赁公司。

近期，中央连续出台的房地产调控政策已初显成效，但一些房地产企业采取各种方式规避监管、套取银行贷款，影响了政策执行效果，从了解的情况看，主要有以下几种表现形式：

（一）通过分期开发，规避《闲置土地处置办法》有关"超过合同约定的动工日期 2 年未开发，应无偿收回土地使用权"的规定。由于缺乏对土地开发项目竣工时限的规定，房地产企业可以在开工后，采用分期开发方式，一再延迟后续开发时间；

（二）通过分期或推迟领取预售证，规避"领取预售证后 10 日应开始销售"的规定；

（三）通过关联企业统一贷款后再周转用于房产项目，规避"商业银行不得向房地产企业发放用于缴纳土地出让金贷款"的规定；

（四）通过抬高申报价格，规避"要严格按照申报价格明码标价对外销售"的规定。有的以抬高后的申报价格为依据，变相"捂盘惜售"，有的给实际销售时随意调整价格留下空间。

根据会领导要求，请各单位认真组织学习，并结合银监会提出的房地产开发贷款四项监管要求，认真落实"三个办法、一个指引"，切实做好房地产信贷管理，严控房地产开发贷款风险。

请各银监局及时将此通知转发到辖内各银行业金融机构。

中国银行业监督管理委员会办公厅

二〇一〇年九月十四日

中国银行业监督管理委员会办公厅文件

银监办发 ［2010］ 55 号

中国银监会办公厅关于房屋抵押贷款风险提示的通知

各银监局，各政策性银行、国有商业银行、股份制商业银行，中国邮政储蓄银行，银监会直接监管的信托公司、企业集团财务公司、金融租赁公司：

近年来，我国城市现代化建设步伐不断加快。在城市建设过程中，房屋拆迁引发的问题不断出现，对银行业金融机构发放的房屋抵押类贷款造成了一定的风险隐患。一些银行业金融机构在信贷管理中不够审慎规范，进一步加剧了这种风险。为规范银行业金融机构房屋抵押经营行为，加强房屋抵押贷款审慎经营管理，促进房屋抵押贷款业务健康发展，现就有关事项通知如下：

一、严把客户准入关，坚持信贷管理的基本原则和标准。银行业金融机构要将目标客户的第一还款来源是否充足作为发放贷款的基本前提条件，从严审核其基本信息、财务状况、信用程度、诚信状况。抵押物等第二还款来源只能作为第一还款来源的补充和风险缓释因素，避免简单依据第二还款来源选择目标客户。

二、严格抵押物准入制度，确保第二还款来源的充足、安全、合法、有效。银行业金融机构应加强对拟抵押房屋的审查和评估，根据其价值、使用年限、变现能力等，审慎选择抵押物并合理确定抵押期限和抵押率。严禁接受无合法有效房屋产权证、房屋权属存在纠纷或产权不清晰的房屋作为抵押物。

三、落实抵押物持续管理制度，强化对抵押物的动态监控。银行业金融机构应完善抵押物管理办法，针对各类抵押物的性质、特点等，合理设定不同抵押物的监控方式、内容和频率。对于房屋类抵押物，应按照双人实地原则，至少按季对其实物状态、价值变动、权属变化情况进行现场核查和持续跟踪。如遇特殊情况，应当进一步加大现场核查频率，并针对存在的风险漏洞，提出有效的控制措施。

四、完善抵押权设置的法律手续，通过合同形式防范抵押悬空的风险。银行业金融机构应按照协议承诺的原则，对现有的借款合同文本和抵押合同文本进行修订和完善。一是要求抵押人和借款人明确承诺，在知悉抵押房屋将被拆迁的信息时，应及时向贷款人履行告知义务。如抵押人和借款人未及时履行告知义务的，应当承担由此产生的违约责任。二是约定抵押房屋如被拆迁后的后续事项。对于采用产权调换补偿形式的，抵押人和借款人应与贷款人协商清偿债务，或重新设置抵押并签订新的抵押协议，在原有抵押房地产灭失后而新抵押登记尚未办理之前，应由具备担保条件的担保方提供担保。对于以补偿款方式进行补偿的拆迁房地产，贷款人有权要求抵押人将拆迁补偿款通过开立保证金专户或存单等形式，继续作为抵押财产。

五、加强与当地城建部门和房屋管理部门的联系与沟通，增强抵押物管理的前瞻性和主动性。银行业金融机构应高度关注当地城市规划的制定和调整以及近期房屋拆迁情况，主动捕捉并分析整理有价值信息，审慎评估抵押房屋的拆迁可能性、价值波动性、处置可行性等，增强抵押物管理工作的针对性。要有效运用法律手段，切实保护自身的合法权益。银行业协会应当积极发挥桥梁和纽带作用，在银行业金融机构与城建部门和房屋管理部门之间搭建信息沟通平台，探索有效的沟通机制。

各银行业金融机构在收到本通知后，应根据上述要求，系统梳理本单位各项抵押物管理制度和相关法律文本，全面清理存量房屋抵押贷款和抵押房屋，深入分析其现状和风险隐患，制定有针对性的应对措施。有关情况应及时向监管部门报告。

请各银监局将本通知转发至辖内银监分局及相关银行业金融机构。

二〇一〇年二月二十日

中国银监会关于加强信托公司结构化信托业务监管有关问题的通知

银监通〔2010〕2号

各银监局，银监会直接监管的信托公司：

为规范信托公司开展结构化信托业务，保护信托当事人的合法权益，鼓励信托公司依法进行业务创新和培养自主管理能力，确保结构化信托业务健康、有序发展，根据《中华人民共和国信托法》、《信托公司管理办法》、《信托公司集合资金信托计划管理办法》等法律法规的规定，现就信托公司开展结构化信托业务的有关问题通知如下：

一、结构化信托业务是指信托公司根据投资者不同的风险偏好对信托受益权进行分层配置，按照分层配置中的优先与劣后安排进行收益分配，使具有不同风险承担能力和意愿的投资者通过投资不同层级的受益权来获取不同的收益并承担相应风险的集合资金信托业务。

本通知中，享有优先受益权的信托产品投资者称为优先受益人，享有劣后受益权的信托产品投资者称为劣后受益人。

二、信托公司开展结构化信托业务，应当严格遵循以下原则：

（一）依法合规原则。

（二）风险与收益相匹配原则。

（三）充分信息披露原则。

（四）公平公正，注重保护优先受益人合法利益原则。

三、信托公司开展结构化信托业务，应当培养并建立与业务发展相适应的专业团队及保障系统，完善规章制度，加强 IT 系统建设，不断提高结构化信托产品的设计水平、管理水平和风险控制能力，打造结构化信托产品品牌。

四、结构化信托产品的投资者应是具有风险识别和承担能力的机构或个人。

信托公司在开展结构化信托业务前应对信托投资者进行风险适应性评估，了解其风险偏好和承受能力，并对本金损失风险等各项投资风险予以充分揭示。

信托公司应对劣后受益人就强制平仓、本金发生重大损失等风险进行特别揭示。

五、结构化信托业务中的劣后受益人，应当是符合《信托公司集合资金信托计划管理办法》规定的合格投资者，且参与单个结构化信托业务的金额不得低于 100 万元。

六、结构化信托业务的产品设计：

（一）结构化信托业务产品的优先受益人与劣后受益人投资资金配置比例大小应与信托产品基础资产的风险高低相匹配，但劣后受益权比重不宜过低。

（二）信托公司进行结构化信托业务产品设计时，应对每一只信托产品撰写可行性研究报告。报告应对受益权的结构化分层、风险控制措施、劣后受益人的尽职调查过程和结论、信托计划推介方案等进行详细说明。

（三）信托公司应当合理安排结构化信托业务各参与主体在投资管理中的地位与职责，明确委托人、受益人、受托人、投资顾问（若有）等参与主体的权限、责任和风险。

（四）结构化信托业务运作过程中，信托公司可以允许劣后受益人在信托文件约定的情形出现时追加资金。

七、信托公司开展结构化信托业务不得有以下行为：

（一）利用受托人的专业优势为自身谋取不当利益，损害其他信托当事人的利益。

（二）利用受托人地位从事不当关联交易或进行不当利益输送。

（三）信托公司股东或实际控制人利用信托业务的结构化设计谋取不当利益。

（四）以利益相关人作为劣后受益人，利益相关人包括但不限于信托公司及其全体员工、信托公司股东等。

（五）以商业银行个人理财资金投资劣后受益权。

（六）银监会禁止的其他行为。

八、结构化信托业务劣后受益人不得有以下行为：

（一）为他人代持劣后受益权。

（二）通过内幕信息交易、不当关联交易等违法违规行为牟取利益。

（三）将享有的信托受益权在风险或收益确定后向第三方转让。

九、信托公司开展结构化证券投资信托业务时，应遵守以下规定：

（一）明确证券投资的品种范围和投资比例。可根据各类证券投资品种的流动性差异设置不同的投资比例限制，但单个信托产品持有一家公司发行的股票最高不得超过该信托产品资产净值的 20%。

（二）科学合理地设置止损线。止损线的设置应当参考受益权分层结构的资金配比，经过严格的压力测试，能够在一定程度上防范优先受益权受到损失的风险。

（三）配备足够的证券交易操作人员并逐日盯市。当结构化证券投资信托产品净值跌至止损线或以下时，应按照信托合同的约定进行平仓处理。

十、信托公司应就结构化信托产品的开发与所在地银行业监督管理机构建立沟通机制，并按季报送上季度开展的结构化信托产品情况报告，报告至少包括每个结构化信托产品的规模、分层设计情况、投资范围、投资策略和比例限制以及每个劣后受益人的名称及认购金额等。

十一、各银监局应切实加强对信托公司开展结构化信托业务的监管。对未按有关法规和本通知要求开展结构化信托业务的信托公司，应责令其改正，并限制或暂停其开展结构化信托业务；情节严重的，应依法予以行政处罚。

十二、中国信托业协会可根据信托公司开展结构化信托业务的实际情况，制订相关行业标准和自律公约。

本通知自 2010 年 2 月 10 日起实施。

请各银监局及时将本通知转发至辖内相关银监分局及信托公司。

中国银监会关于规范银信理财合作业务有关事项的通知

银监发 〔2010〕72 号

各银监局，各政策性银行、国有商业银行、股份制商业银行，邮政储蓄银行，银监会直接监管的信托公司：

为促进商业银行和信托公司理财合作业务规范、健康发展，有效防范银信理财合作业务风险，现将银信理财合作业务有关要求通知如下：

一、本通知所称银信理财合作业务，是指商业银行将客户理财资金委托给信托公司，由信托公司担任受托人并按照信托文件的约定进行管理、运用和处分的行为。上述客户包括个人客户（包括私人银行客户）和机构客户。

商业银行代为推介信托公司发行的信托产品不在本通知规范范围之内。

二、信托公司在开展银信理财合作业务过程中，应坚持自主管理原则，严格履行项目选择、尽职调查、投资决策、后续管理等主要职责，不得开展通道类业务。

三、信托公司开展银信理财合作业务，信托产品期限均不得低于一年。

四、商业银行和信托公司开展融资类银信理财合作业务，应遵守以下原则：

（一）自本通知发布之日起，对信托公司融资类银信理财合作业务实行余额比例管理，即融资类业务余额占银信理财合作业务余额的比例不得高于 30%。上述比例已超标的信托公司应立即停止开展该项业务，直至达到规定比例要求。

（二）信托公司信托产品均不得设计为开放式。上述融资类银信理财合作业务包括但不限于信托贷款、受让信贷或票据资产、附加回购或回购选择权的投资、股票质押融资等类资产证券化业务。

五、商业银行和信托公司开展投资类银信理财合作业务，其资金原则上不得投资于非上市公司股权。

六、商业银行和信托公司开展银信理财合作业务，信托资金同时用于融资类和投资类业务的，该信托业务总额应纳入本通知第四条第（一）项规定的考核比例范围。

七、对本通知发布以前约定和发生的银信理财合作业务，商业银行和信托公司应做好以下工作：

（一）商业银行应严格按照要求将表外资产在今、明两年转入表内，并按照150%的拨备覆盖率要求计提拨备，同时大型银行应按照11.5%、中小银行按照10%的资本充足率要求计提资本。

（二）商业银行和信托公司应切实加强对存续银信理财合作业务的后续管理，及时做好风险处置预案和到期兑付安排。

（三）对设计为开放式的非上市公司股权投资类、融资类或含融资类业务的银行理财产品和信托公司信托产品，商业银行和信托公司停止接受新的资金申购，并妥善处理后续事宜。

八、鼓励商业银行和信托公司探索业务合作科学模式和领域。信托公司的理财要积极落实国家宏观经济政策，引导资金投向有效益的新能源、新材料、节能环保、生物医药、信息网络、高端制造产业等新兴产业，为经济发展模式转型和产业结构调整作出积极贡献。

九、本通知自发布之日起实施。

请各银监局将本通知转发至辖内银监分局及有关银行业金融机构。

中国银监会关于支持信托公司创新发展有关问题的通知

各银监局，银监会直接监管的信托公司：

为应对国际金融危机冲击和国内经济下行风险，结合《中国银监会关于当前调整部分信贷监管政策促进经济稳健发展的通知》（银监发〔2009〕3号）精神，现就信托公司创新发展有关问题通知如下：

一、信托公司以固有资产从事股权投资业务，应符合以下条件：

（一）具有良好的公司治理、内部控制及审计、合规和风险管理机制。

（二）具有良好的社会信誉、业绩和及时、规范的信息披露。

（三）最近三年内没有重大违法、违规行为。

（四）最近一年监管评级 3C 级（含）以上。

（五）货币性资产充足，能够承担潜在的赔偿责任。

（六）具有从事股权投资业务所需的专业团队和相应的约束与激励机制。负责股权投资业务的人员达到 3 人以上，其中至少 2 名具备 2 年以上股权投资或相关业务经验。

（七）具有能支持股权投资业务的业务处理系统、会计核算系统、风险管理系统及管理信息系统。

（八）中国银监会规定的其他审慎性条件。

二、本通知所指以固有资产从事股权投资业务，是指信托公司以其固有财产投资于未上市企业股权、上市公司限售流通股或中国银监会批准可以投资的其他股权的投资业务，不包括以固有资产参与私人股权投资信托。

信托公司以固有资产投资于金融类公司股权和上市公司流通股的，不适用本通知规定。

三、信托公司以固有资产从事股权投资业务，应向中国银监会或其派出机构提出资格申请，并报送下列文件和资料：

（一）申请书。

（二）对公司治理、内部控制及对股权投资业务的内部审计、合规和风险管理机制的评估报告。

（三）最近两年经中介机构审计的财务报告和最近一个月的财务报表。

（四）最近三年信息披露情况的说明（包括信息披露是否真实、完整、及时等合规性描述和每年重大事项临时披露的次数、存在的问题及整改情况等）。

（五）负责股权投资业务的高管人员和主要从业人员名单、专业培训及从业履历。

（六）业务处理系统、会计核算系统、风险管理系统、管理信息系统及对股权投资业务的支持情况说明。

（七）董事会同意以固有资产从事股权投资业务的决议或批准文件。

（八）公司董事长、总经理对公司最近三年未因违法、违规受到相关部门处罚的声明及对申报材料真实性、准确性和完整性的承诺书。

（九）中国银监会要求提交的其他文件和资料。

四、信托公司申请以固有资产从事股权投资业务资格，由属地银监局审批；银监分局负责初审并在收到完整的申报材料之日起20个工作日内审核完毕，报银监局审批。银监会直接监管的信托公司直接报银监会审批。审批机构自收到完整的申报材料之日起3个月内作出批准或不予批准的决定。

信托公司取得以固有资产从事股权投资业务的资格后，可以按照有关法规自行开展业务。

五、信托公司以固有资产从事股权投资业务和以固有资产参与私人股权投资信托等的投资总额不得超过其上年末净资产的20%，但经中国银监会特别批准的除外。

六、信托公司以固有资产从事股权投资业务，应当参照《信托公司私人股权投资信托业务操作指引》，制定股权投资业务流程和风险管理制度，严格实施尽职调查并履行投资决策程序，审慎开展业务，并按有关规定进行信息披露。

七、信托公司以固有资产从事股权投资业务，应遵守以下规定：

（一）不得投资于关联人，但按规定事前报告并进行信息披露的除外；

（二）不得控制、共同控制或重大影响被投资企业，不得参与被投资企业的日常经营。

（三）持有被投资企业股权不得超过 5 年。

八、信托公司以固有资产从事股权投资业务，应当在签署股权投资协议后 10 个工作日内向信托公司所在地银监会派出机构报告，报告应当包括但不限于项目基本情况及可行性分析、投资运用范围和方案、项目面临主要风险及风险管理说明、股权投资项目管理团队简介及人员简历等内容。

九、信托公司管理集合资金信托计划时，向他人提供贷款不得超过其管理的所有信托计划实收余额的 30%，但符合以下条件的信托公司，自本通知下发之日起至 2009 年 12 月 31 日止可以高于 30% 但不超过 50%，2010 年 1 月 1 日后，该比例超过 30% 的，不再新增贷款类集合信托计划，直至该比例降至 30% 以内：

（一）具有良好的公司治理、内部控制、合规和风险管理机制。

（二）具有良好的社会信誉、业绩和及时、规范的信息披露。

（三）最近三年内没有重大违法、违规行为。

（四）最近一年监管评级 3C 级（含）以上。

十、信托公司对房地产开发项目发放贷款，应遵守以下规定：

（一）不得向未取得国有土地使用证、建设用地规划许可证、建设工程规划许可证、建筑工程施工许可证（"四证"）的房地产开发项目发放贷款，但信托公司最近一年监管评级为 2C 级（含）以上、经营稳健、风险管理水平良好的可向已取得国有土地使用证、建设用地规划许可证、建设工程规划许可证（"三证"）的房地产开发项目发放贷款。

（二）申请贷款的房地产开发企业或其控股股东资质应不低于国家建设行政主管部门核发的二级房地产开发资质，但发放贷款的信托公司最近一年监管评级为 2C 级（含）以上、经营稳健、风险管理水平良好的除外。

（三）申请贷款的房地产开发项目资本金比例应不低于 35%（经济适用房除外）。

信托公司以投资附加回购承诺方式对房地产开发项目的间接融资适用前款规定。

信托公司向只取得"三证"的房地产开发项目发放信托贷款的，应在相应的信托合同中以显著方式向委托人或受益人进行相关风险提示，并在后续管理报告中进行充分披露。

十一、严禁信托公司以商品房预售回购的方式变相发放房地产贷款。

十二、信托公司违反审慎经营规则和本通知要求从事业务活动的，中国银监会或其派出机构将责令其限期整改。对于在规定的时限内未能采取有效整改措施或者其行为造成重大损失的，中国银监会或其派出机构将暂停或取消信托公司相关业务或业务资格，责令调整董事、高级管理人员或者限制其权利，或者采取《中华人民共和国银行业监督管理法》第三十七条规定的其他措施。

十三、本通知自发布之日起实施，中国银监会有关规范性文件规定与本通知相抵触的，适用本通知规定。

请各银监局将本通知转发至辖内有关银监分局、信托公司，认真遵照执行并总结经验。如有重大问题，请及时向银监会报告。

二○○九年三月二十五日

中国银监会办公厅关于加强信托公司房地产、证券业务监管有关问题的通知

银监办发〔2008〕265号

各银监局，银监会直接监管的信托公司：

为有效防范和化解信托公司房地产、证券等敏感类业务风险，防止信托公司出现流动性问题，提高信托公司风险防范意识和风险控制能力，现就有关事项通知如下：

一、信托公司要严格按照《中国银行业监督管理委员会关于进一步加强房地产信贷管理的通知》（银监发〔2006〕54号）等有关法规从事房地产业务。

（一）严禁向未取得国有土地使用证、建设用地规划许可证、建设工程规划许可证、建筑工程施工许可证（"四证"）的房地产项目发放贷款，严禁以投资附加回购承诺、商品房预售回购等方式间接发放房地产贷款。申请信托公司贷款（包括以投资附加回购承诺、商品房预售回购等方式的间接贷款）的房地产开发企业资质应不低于国家建设行政主管部门核发的二级房地产开发资质，开发项目资本金比例应不低于35%（经济适用房除外）。

（二）严禁向房地产开发企业发放流动资金贷款，严禁以购买房地产开发企业资产附回购承诺等方式变相发放流动资金贷款，不得向房地产开发企业发放用于缴纳土地出让价款的贷款。要严格防范对建筑施工企业、集团公司等的流动资金贷款用于房地产开发。

（三）应充分认识土地储备贷款风险，审慎发放此类贷款。对政府土地储备机构的贷款应以抵押贷款方式发放，所购土地应具有合法的土地使

用证，贷款额度不得超过所收购土地评估值的 70%，贷款期限最长不得超过 2 年。

（四）信托公司开展房地产贷款、房地产投资等房地产业务应高度重视风险控制。要建立健全房地产贷款审批标准、操作流程和风险管理政策，并加大执行力度；进行尽职调查，深入了解房地产企业的资质、财务状况、信用状况、以往开发经历，以及房地产项目的资本金、"四证"、开发前景等情况，确保房地产业务的合法性、合规性和可行性；严格落实房地产贷款担保，确保担保真实、合法、有效；密切监控贷款及投资情况，加强项目管理。

二、信托公司要继续严格执行《中国银行业监督管理委员会关于信托投资公司证券投资业务风险提示的通知》（银监通〔2007〕1 号）、《中国银行业监督管理委员会办公厅关于规范信托投资公司证券业务经营与管理有关问题的通知》（银监办通〔2004〕265 号）等规定，合规、审慎开展证券投资业务。在开展证券投资信托业务时，应遵循组合投资、分散风险的原则，必须事前在信托文件中制订投资范围、投资比例、投资策略、投资程序及相应的投资权限，确立风险止损点，并在信托文件中约定信托管理期间如改变投资策略及相关内容时，是否需征得委托人、受益人同意以及向委托人、受益人的报告方式。

信托公司要严格控制仓位，实时监控净值及敞口风险，密切关注经济形势和证券市场的具体变化情况，及时调整投资策略，保持投资的灵活性。要认真制定业务应急预案，并保证各项处理方案在紧急情况下的顺利实施，防范各种可能的风险。

三、各银监局应加强对信托公司房地产、证券业务的风险监测，及时了解业务开展情况，有效防范风险。

（一）要进一步加强对信托公司房地产业务的风险监控，每季逐笔排查房地产业务风险，并在必要时安排现场检查。在排查中应逐笔分析业务的合规性和风险状况，一旦发现问题，应立即采取措施予以纠正，并专项报告银监会。

（二）要督促指导信托公司（已宣布停业整顿或撤销的除外）认真按时地填报《信托公司证券业务情况表》（附件一）。从 2008 年 11 月 3 日开始，要求信托公司每周一下午报送上周收盘后数据。同时，应加强对证券业务的监测，对信托公司上报数据进行分析整理，并填报《信托公司证券投资监测结果统计表》（附件二），连同《信托公司证券业务情况表》，于每周二下午下班前通过内网电子邮件上报银监会。

各银监局要注重数据质量和对监测结果的分析，对数据填报质量不高的信托公司要加强督促和指导。

四、在加强对信托公司房地产、证券等专项业务风险监测的基础上，各银监局要重视信托公司的流动性风险。对集合信托项目和银信合作信托项目，各银监局应在项目到期前两个月介入，督促信托公司做好兑付资金准备工作。对可能存在兑付风险的信托项目，应及时制定风险处置预案，并专项报告银监会。

各银监局要充分认识当前宏观经济形势下做好风险防范工作的重要性，扎实工作，认真履责。银监会将加大监督问责力度，对监管不力，工作失职的，将予以通报，并追究监管责任。

请各银监局及时将本通知转发至辖内银监分局和信托公司。

附件：一、信托公司证券业务情况表（略）。

二、信托公司证券投资监测结果统计表（略）。

二〇〇八年十月二十八日

关于信托公司开展项目融资业务涉及项目资本金有关问题的通知

银监发〔2009〕84 号

（一）信托公司要严格执行国家固定资产投资项目资本金管理制度，加强对项目资本金来源及到位真实性的审查认定。对股东借款（股东承诺在项目公司偿还银行或信托公司贷款前放弃对该股东借款受偿权的情形除外）、银行贷款等债务性资金和除商业银行私人银行业务外的银行个人理财资金，不得充作项目资本金。

信托公司应要求借款人提供资本金到位的合法、有效证明，必要时应委托有资质的中介机构进行核实认定。

（二）信托公司不得将债务性集合信托计划资金用于补充项目资本金，以达到国家规定的最低项目资本金要求。前述债务性集合信托计划资金包括以股权投资附加回购承诺（含投资附加关联方受让或投资附加其他第三方受让的情形）等方式运用的信托资金。信托公司按照《信托公司私人股权投资信托业务操作指引》开展私人股权投资信托业务时，约定股权投资附加回购选择权的情形不适用前款规定。

关于进一步加强房地产信贷管理的通知

银监发〔2006〕54 号

一、各银行业金融机构要扎实做好房地产贷款"三查"，全过程监控开发商项目资本金及其变化，严禁向项目资本金比例达不到 35%（不含经济适用房）（注：项目资本金已于 2009 年国发〔2009〕27 号变更）、"四证"不齐等不符合贷款条件的房地产开发企业发放贷款。合理确定贷款期限，严禁以流动资金贷款名义发放开发贷款。对于囤积土地和房源、扰乱市场秩序的开发企业，要严格限制新增房地产贷款。防止开发企业利用拆分项目、滚动开发等手段套取房地产贷款。

二、信托投资公司开办房地产贷款业务，或以投资附加回购承诺等方式间接发放房地产贷款，要严格执行《关于加强信托投资公司部分业务风险提示的通知》（银监办发［2005］212 号）有关规定；用集合信托资金发放房地产贷款，要严格执行信息披露制度。银行业监管部门要根据通知精神加强对信托投资公司房地产贷款业务的监督管理。

三、当前，要把对房地产贷款合规性检查作为现场检查的重要内容，对房地产贷款违规经营、造成贷款损失等问题予以严肃处理，情节严重的，银监会将在媒体公开披露并依法实施业务叫停。

参考文献

［1］周龙腾. 房地产会计全流程演练［M］. 北京：中国宇航出版社，2012.

［2］邵照学. 执行中土地使用权抵押与查封并存的现实困境与出路［EB/OL］. http：//lyzy.sdcourt.gov.cn/lyzy/373491/37349/706031/index.html，2013.

［3］大成律师事务所. 地产项目融资途径及相关法律问题［EB/OL］. http：//wenku.baidu.com/link？url=-RIBr9mygX8tKDAHreZM0PsSY-KjUCXZ5z8lTZ3qd5VJStlPGuIgP2SXdGz6mGU32u2Y_zsz7Yp76Conlwu2RSrTYS34Wwao7I156jz2f2G，2014.

［4］金杜律师事务所. 信托计划《支付协议》类文件的起草原则、项目公司监管要有"章"法［EB/OL］. http：//www.kwm.com/zh/cn/knowledge/insights/trust-series-principles-and-tricks-for-drafting-payment-agreements-2013050，2013.

［5］广西信达友邦会计师事务所有限责任公司. 房地产开发企业审计中的问题与建议［EB/OL］. http：//www.gxsycpa.com/newsview.aspx？id=18，2009.

［6］中国信托业协会. 信托公司经营实务［M］. 北京：中国金融出版

社，2012.

[7] 信托资金监管协议的楞模之道. 信托合同之模棱两可 1 例〔EB/OL〕.
http：//blog.sina.com.cn/s/blog_3f4a7aa10102v24m.html.

[8] 刘柏荣. 结构性融资金融工具操作实务〔EB/OL〕. http：//wenku.
baidu.com/link? url=RcBRkoPzbAL6oF_VZpLA0qm9IncpXv−QNAPsNLSqq W_op
53CmD17Xsgr765swxXHhMHaBTn88z1qwRi4OfEgnC3I7SusXNCSUXHhxiIKqQ，
2013.

注：本书与作者所在机构观点无关。